山东大学
马克思主义理论研究丛书

山东省社会科学规划研究项目文丛·青年项目

当代中国网络空间
马克思主义意识形态话语权研究

王晓霞　著

学习出版社

图书在版编目（CIP）数据

当代中国网络空间马克思主义意识形态话语权研究 / 王晓霞著．-- 北京 ：学习出版社，2025. 7（2025.10重印）. --（山东大学马克思主义理论研究丛书）. -- ISBN 978-7-5147-1323-7

Ⅰ. A811.63

中国国家版本馆 CIP 数据核字第 2025JG7604 号

当代中国网络空间马克思主义意识形态话语权研究

DANGDAI ZHONGGUO WANGLUO KONGJIAN MAKESI ZHUYI YISHI XINGTAI HUAYUQUAN YANJIU

王晓霞　著

责任编辑：李紫薇
技术编辑：胡　啸

出版发行：学习出版社
北京市崇外大街11号新成文化大厦B座11层（100062）
010-66063020　010-66061634　010-66061646
网　　址：http://www.xuexiph.cn
经　　销：新华书店
印　　刷：固安县铭成印刷有限公司

开　　本：710毫米×1000毫米　1/16
印　　张：19.75
字　　数：253千字
版次印次：2025年7月第1版　2025年10月第2次印刷

书　　号：ISBN 978-7-5147-1323-7
定　　价：70.00元

前　言

当代中国网络空间马克思主义意识形态话语权是指当代中国主导意识形态即马克思主义意识形态在网络空间内的传播力、解释力、引领力和影响力，集中体现为马克思主义意识形态对网络思潮的引领力、对网络思想舆论的引导力、对网民价值共识的凝聚力。网络空间马克思主义意识形态话语权的构建是一项关涉国家安全、政治稳定、社会发展乃至中华民族千秋伟业的重大时代课题。当前，多元意识形态在网络空间内共息共存，都极力展示自身话语“魅力”，积极谋求并拓展自身的话语空间，聚合网络大众，争夺话语权，网络意识形态话语生态呈现错综复杂之势，网络空间逐渐演变为意识形态交流交融交锋的主战场和最前沿。如何有效增强马克思主义意识形态在网络空间的话语权，是我们面临的一项重大时代课题，也是本书致力解决的核心问题。本书秉承科学严谨的学术研究态度，坚持以马克思主义的立场、观点和方法为指导，对当代中国网络空间马克思主义意识形态话语权问题展开系统研究。

本书首先从分析和探讨马克思主义意识形态话语权赖以存在和发展的网络话语生态着手。以系统、综合、客观的视角，探究网络空间意识形态话语的动态格局、多元话语主体以及话语生态的秩序规范，力求全面考察网络空间马克思主义意识形态话语权构建所处的“大环境”。其次，从理论层面阐释网络空间马克思主义意识形态话语权生成的逻辑理论。本书探讨网络空间马克思主义意识形态话语权的生成依据、生成机理，并解析马克思主义意识形态话语权生成的关键要素，为马克思主义意识形态网络话语权构建的必然性、合法性与合理性探寻理论与现实支撑。再次，对当代中国网络空间马克思主义意识形态话语权面临的挑战展开研究。基于对网络空间意识形态话语生态的把握，综合国际国内网络空间意识形态话语权竞争大势，着重从马克思主义意识形态话语权面临的时代性挑战、复杂性挑战以及能力性挑战这 3 个主要和关键方面展开研究。最后，本书探讨当代中国网络空间马克思主义意识形态话语权构建的有效对策。基于对当前网络空间马克思主义意识形态话语权现实境遇的把握，既从中观层面提出网络空间马克思主义意识形态话语权构建所应遵循的根本立足点、基本原则和理念等相关策略；也于微观层面，从加强网络空间马克思主义意识形态话语生态治理、推进马克思主义意识形态话语体系建设以及提升网络空间马克思主义意识形态话语引导力这 3 个方面提出马克思主义意识形态网络话语权构建的优化路径。

作为一项宏大复杂的系统工程，网络空间马克思主义意识形态话语权的构建要积极发挥党和政府在网络话语生态治理和网络话语引导方面的主导作用，谋划好顶层设计和宏观把控，做好网络乱象治理以及新闻舆论工作的科学统筹、整体部署和协调配合；要培育好以社会主义核心价值观为引领的正能量充沛的网络主流文化，传承创新中华优秀传统文化，积极引导转化网络非主流文化，处理好与外来文化关系，以文化话语权引领意识形态话语权；要构建一套有解释力、有吸引力、有渗透力的马克思主义意识形态话语体系，增强马克思主义意识形态话语内容说服力，优化话语的表达方式，充分运用多种网络传播渠道；要正确处理好“意识形态泛化”与“意识形态淡化”、创新与坚守、自由与规范、合目的性与合规律性之间关系问题，积极有效推进网络空间多元意识形态话语生态的动态平衡——各种意识形态的话语权利得到不同程度的发展但不滥用，多元意识形态的话语力量获得不同程度的增长却不失控，国家主导意识形态在多元意识形态的话语权竞争中占据绝对优势并始终居于主导。互联网的演进过程永不停息，问题出现与问题解决总是会并驾齐驱，我们探寻马克思主义意识形态话语权的构建永远是进行时，必须持续着力推进，不断夯实国家意识形态安全的思想根基。

目　录

导　论

第一章 当代中国网络空间意识形态话语生态

第二章 当代中国网络空间马克思主义意识形态话语权的生成逻辑

第三章　当代中国网络空间马克思主义意识形态话语权面临的挑战

第四章 当代中国网络空间马克思主义意识形态话语权的构建策略

第五章　当代中国网络空间马克思主义意识形态话语权构建的路径优化

导　论

意识形态是对特定社会集团利益及要求的反映，本质上是阶级意识的集中表达，是国家权力的精神内核；掌握意识形态话语权，是特定阶级意识上升为统治思想与国家意志的必要前提，同时也是确保政权稳固的思想保障。意识形态话语权之争，实质上是舆论喧嚣与观点争鸣之下异质意识形态之间的对立及其对人心的争夺，是国家权力之争，关乎国家发展的旗帜、道路与政治安全。伴随互联网与政治、经济、文化、社会各领域的日益深度融合，虚拟的网络空间与现实的社会生活一体链接，并深刻影响社会公众的思维方式、思想观点与价值观念。虚拟网络的兴起不可避免地随带多元思想意识的暗潮汹涌，网络演变为国家意识形态安全的“最大变量”，同时也日益凸显成为意识形态话语权竞争的主战场。正视网络空间意识形态话语权竞争的现实紧迫性，准确把握网络空间马克思主义意识形态话语权的实质与生成机理，积极应对网络空间意识形态话语权挑战，对维护国家意识形态安全和政权稳定具有重要的理论与现实意义。

一、立论缘由及研究意义

加强当代中国网络空间马克思主义意识形态话语权研究，既是进一步加强网络空间治理、深入推进网络强国建设、构建网络空间马克思主义意识形态话语体系、维护国家意识形态安全等的实践要求，同时也是深入推进马克思主义意识形态理论创新研究、社会主义核心价值观培育研究、中国特色社会主义先进文化建设研究等的理论诉求。

（一）立论缘由

在网络信息技术发展日新月异的形势下，互联网的影响早已超越单纯的工具属性而成为人类社会生活的重要组成。网络空间作为汇聚中国网民意见和思想的重要场域，赋权特征日益明显，成为了多元思潮生成发酵的温床，日益凸显成为国家意识形态博弈的主战场、最前沿。党的十八大以来，习近平总书记在多个重要场合阐述了意识形态领域一系列重大理论与实践问题，反复强调“意识形态工作是党的一项极端重要的工作”，并指出“意识形态工作是为国家立心、为民族立魂的工作”[①]，将意识形态工作摆在了突出位置。其中值得特别指出的是，习近平总书记高度关注互联网对国家意识形态安全产生的深刻影响，在准确把握信息时代网络社会发展的新特点新规律的基础上，对网络空间治理、网络意识形态工作提出了一系列新论断新观点新要求。习近平总书记指出，“网络意识形态安全风险问题值得高度重视。网络已是当前意识形态斗争的最前沿。掌控网络意识形态主导权，就是守护国家的主权和政权。各级党委和党员干部要把维护网络意识形态安全作为守土尽责的重要使命，充分发挥制度体制优势，坚持管用防并举，方方面面齐动手，坚决打赢网络意识形态斗争”[②]。在党的十九大报告中，习近平总书记指出，“意识形态领域斗争依然复杂，国家

① 习近平：《高举中国特色社会主义伟大旗帜　为全面建设社会主义现代化国家而团结奋斗——在中国共产党第二十次全国代表大会上的报告》，北京，人民出版社 2022 年版，第 43 页。

② 《习近平关于网络强国论述摘编》，北京，中央文献出版社 2021 年版，第 54 页。

安全面临新情况”[①]，要“不断增强意识形态领域主导权和话语权”[②]，强调“牢牢掌握意识形态工作领导权”必须“加强互联网内容建设，建立网络综合治理体系，营造清朗的网络空间”[③]。党的十九届四中全会把马克思主义在意识形态领域的指导地位确立为中国特色社会主义的根本制度。在党的二十大报告中，习近平总书记强调，打赢网络意识形态斗争必须“健全网络综合治理体系，推动形成良好网络生态”[④]。这些论断为新形势下认清意识形态领域的复杂局势、维护国家意识形态安全以及做好网络空间意识形态工作提供了指导依据。话语权是意识形态领导权的实现方式，牢牢掌握意识形态工作领导权的关键就在于赢得话语权，把握思想舆论主导权。只有掌握主流意识形态的话语权，才能赢得先机，掌握主动权；只有掌握网络空间主流意识形态话语权，才能引导网络舆论走向，凝聚价值共识，才能抵制网络不良思想文化信息的腐蚀，净化网络生态。面对网络空间非主流意识形态不断增长蔓延、异质意识形态话语交流交融交锋的局面，马克思主义意识形态话语如何实现有效网络传播并增进网络认同，如何在网络空间意识形态话语权的争夺中赢得主动，成为当代中国建设和发展面临的重大时代课题。

在“万物皆媒、人机共生、自我进化”的网络时代背景下，网络不安

---

① 习近平：《决胜全面建成小康社会 夺取新时代中国特色社会主义伟大胜利——在中国共产党第十九次全国代表大会上的报告》，北京，人民出版社 2017 年版，第 9 页。

② 习近平：《决胜全面建成小康社会 夺取新时代中国特色社会主义伟大胜利——在中国共产党第十九次全国代表大会上的报告》，北京，人民出版社 2017 年版，第 23 页。

③ 习近平：《决胜全面建成小康社会 夺取新时代中国特色社会主义伟大胜利——在中国共产党第十九次全国代表大会上的报告》，北京，人民出版社 2017 年版，第 41—42 页。

④ 习近平：《高举中国特色社会主义伟大旗帜 为全面建设社会主义现代化国家而团结奋斗——在中国共产党第二十次全国代表大会上的报告》，北京，人民出版社 2022 年版，第 44 页。

全因素、不确定性因素不断增多，意识形态工作呈现出许多新特点和新趋势，我国传统的社会治理逻辑以及思想宣传工作思维还不能很好地与网络环境和形势相适应，还存在诸多弊端。这已引起学界的高度关注和热烈探讨，目前学界围绕网络空间中意识形态话语权相关问题的研究已取得了较为丰富的理论成果，但在研究的深度和广度方面仍有待进一步拓展。推进网络空间意识形态话语权的系统深入研究，是目前学界努力的方向，也是本书立论的主要缘由所在。

（二）研究意义

在信息高速传输的网络时代，互联网对广大网民的思想观点和价值观念产生了广泛而深刻的影响，部分网民在思想领域出现了政治观念淡化、道德意识缺失、价值观念混乱等问题，国家意识形态安全网络链条是较为薄弱的环节，互联网成为影响国家意识形态安全的“最大变量”。当前，世界各国特别是西方网络强国普遍重视网络空间意识形态斗争的重要性，围绕网络空间话语权展开异常激烈的意识形态较量。面对互联网时代意识形态斗争出现的新情况新问题新形势，努力推进网络空间马克思主义意识形态话语权的学理化研究，对指导网络空间马克思主义意识形态建设、维护国家意识形态安全、确保社会和谐稳定，无疑具有重要的学术价值和现实意义。

（1）理论价值。其一，进一步推进网络时代主流意识形态话语权研究的理论探索。目前理论界对新媒体背景下意识形态话语权的研究较为集中，取得了不少研究成果，但现有研究主要聚焦于从宏观层面探讨网络空间意识形态话语权建设面临的问题与挑战、建构路径等问题，对中观、微观层面上网络空间意识形态话语权生成的关键要素、内在逻辑的研究相对不足，相关方面的研究仍待深化。本书兼具宏观与微观视角，将从网络空间意识形态话语权生成的内在逻辑入手进行系统探讨，为深入推进网络时代主流意识形态话语权研究提供理论参考。其二，丰富现有研究成果。本书尽可能地对相关中外研究成果进行全面的收集、整理和分析，密切关注和及时掌握研究动态，努力在把握现有研究成果基础上，克服现有研究的不足，实现网络空间主流意识形态话语权研究的丰富性和系统性。其三，拓宽研究视野，推动跨学科研究。网络空间意识形态话语权研究具有明显的跨学科研究色彩。本书立足于马克思主义理论学科，融合多学科知识，从新闻学、传播学、舆论学、政治学、语言学等多学科视角对网络空间意识形态话语权问题展开探讨，力求取得创新性成果，为深化网络空间意识形态话语权研究作出学术努力。

（2）实践价值。本书以回应当代中国意识形态话语权建设中存在的现实问题和挑战为基点展开研究，紧扣“如何构建当代中国网络空间马克思主义意识形态话语权”这一研究要旨，为加强网络空间意识形态话语权建设、维护国家意识形态安全和提升国家文化软实力提供参考和指导。面对网络空间非主流意识形态的话语争鸣与喧嚣，主流意识形态话语如何实现有效的网络传播，不断增强吸引力、影响力和认同力？如何打破西方依托互联网技术形成的网络空间话语霸权，防止出现当代中国意识形态话语“被歪曲或被抹黑”的问题？如何构建起适应网络话语生态、具有理论说服力和现实解释力的当代中国意识形态话语体系，形成为广大网民所喜闻乐见的话语表达方式？如何实现对网络话语生态的有效治理，提升网络空间中主流意识形态话语引导力？等等。这些问题都是当代中国网络空间马克思主义意识形态话语权构建需要面对并亟待解决的现实问题。本书将立足于这些现实问题展开研究和探索，以切实发挥本书对加强改进当代中国网络空间意识形态话语权建构咨政建言的作用。

二、国内外相关研究状况

目前，网络空间意识形态话语权研究已成为国内外学界着力探讨的热点问题。立足中国实践和国际形势，国内学界围绕网络空间意识形态话语权展开了广泛研究，成果颇丰，为进一步推进网络空间意识形态话语权研究奠定了良好基础，研究中存在的局限性也为我们深化研究提出了新要求；国外有关研究成果，可为开展当代中国网络空间马克思主义意识形态话语权研究提供参考和借鉴。

（一）国内相关研究状况

经学术文献梳理发现，学界对网络空间意识形态话语权问题的研究自21世纪初至今一直热度不减，“网络空间意识形态话语权”已成为学界重要的研究热点。综合来看，学界有关研究的主要关注点和研究内容有以下几个方面。

1. 关于“网络意识形态话语权”基本内涵的研究

“网络意识形态”“网络意识形态话语权”等术语是网络社会的特定产物，“意识形态话语权”是本书的核心概念，厘清这些概念的基本内涵是我们研究网络空间意识形态话语权的基本前提。学界对“网络意识形态”概念的界定多从网络与现实的关系角度出发，试图将其与现实意识形态、传统意识形态等概念区别开来。有学者认为，网络意识形态既不是现实社会意识形态在线上的简单投影，也不是单指虚拟或线上的意识形态，而是通过网络交往实践而形成的人们意识形态崭新形态。[①]有学者在此观点基

① 黄冬霞、吴满意：《网络意识形态内涵的新界定》，《社会科学研究》2016年第5期。

础上进一步指出，“网络意识形态是在虚拟社会与现实社会、网络个体与现实个体间高度渗透融合、边界模糊的环境生态下生成的意识形态的新样态”[①]。还有观点认为，网络意识形态是基于虚拟的网络社会而产生的一种全新的意识形态，是网民看待网络世界的有机的思想体系，代表着网民的阶层利益，指导网民的“行动”，并通过虚拟社会反作用于现实社会。[②]网络意识形态作为意识形态的一种新样式，有学者从两个方面分析了其内涵：“第一，所谓新样式，并不是指意识形态的本质发生了变化，而是指意识形态生成的社会实践活动场所发生了转变，由传统的现实社会向网络空间转移。第二，网络为人们营造了一个虚拟的空间，在这个虚拟空间中，网民可以发表自己对现实社会的看法和观点，这些看法和观点就形成了网民自身的网络意识形态”[③]。可见，网络空间作为现实社会的延伸，网络空间中的意识形态并非脱离社会现实而“土生土长”于网络空间的思想观念和价值体系，而是现实社会中的意识形态在网络空间内的延伸和拓展，对现实社会意识形态具有反作用。

有学者在研究“意识形态话语权”时指出，话语权包括提问权、论断权、解释权和批判权等。[④]对于“意识形态话语权”的定义有以下几种代表性观点：一是从意识形态话语权的重要性角度来界定，有学者认为，意识形态话语权是指意识形态的传播力和说服力，事关举旗定向、民族凝聚

① 赵欢春：《论网络意识形态话语权的当代挑战》，《河海大学学报（哲学社会科学版）》2017 年第 1 期。

② 张宽裕、丁振国：《论网络意识形态及其特征》，《学校党建与思想教育》（上半月）2008 年第 2 期。

③ 石超：《网络意识形态话语权的构建》，《青年记者》2017 年第 26 期。

④ 侯惠勤：《意识形态话语权初探》，《马克思主义研究》2014 年第 12 期。

力和向心力，事关社会稳定和国家长治久安。[①]二是从意识形态话语权的一般含义来界定，有学者认为，意识形态话语权是指一个社会组织、团体或政党，为确立其自身形象和社会地位，以及组织目标的实现，通过话语体系建设，将其世界观、价值理念以及政治信仰传播于社会，并作用于人们思想意识的一种影响力。[②]三是从中国主流意识形态视角来界定，这里的“意识形态”特指狭义上的马克思主义意识形态、中国共产党意识形态、社会主义意识形态。有学者指出，意识形态话语权指的是发生于意识形态领域之内的一种能够左右“他者”话语的权力，是一种意识形态在多种意识形态话语系统中的主导性话语所拥有的影响力和统治权。[③]有学者认为，所谓主流意识形态话语权，在权力意义上，是指凭借主流意识形态拥有的优势地位，借助话语载体并以其思想形态、价值观念对社会心理、舆论走向形成的一种持续稳定的影响力、凝聚力和支配力。[④]有学者指出，意识形态话语权是指马克思主义意识形态被认可、接受和推广应用的程度，是依据自身地位，拥有控制、引导或规范社会，以致足以为社会立言的权力，也就是马克思主义意识形态的价值判断、理论观点有资格、有能力主导、领导、指导社会的问题[⑤]；也有学者认为，马克思主义意识形态话语权就是指马克思主义意识形态所具有的影响力、引导力和支配力，是马克思主义意识形态为国家和社会“立言”的权力，具体表现为马克思主

---

① 张传泉：《中国共产党构建意识形态话语权的理论基础、光辉历程及宝贵经验》，《理论学刊》2023 年第 6 期。

② 聂筱谕：《西方的控制操纵与中国的突围破局——基于全媒体时代意识形态话语权争夺的审视》，《世界经济与政治论坛》2014 年第 3 期。

③ 贾英健：《当代视野下的马克思主义意识形态话语权》，《理论学刊》2017 年第 6 期。

④ 李江静：《网络空间主流意识形态话语权的国际挑战探微》，《思想教育研究》2018 年第 1 期。

⑤ 葛彦东：《掌握意识形态话语权初探》，《思想理论教育导刊》2015 年第 1 期。

义意识形态对我国政治、经济、文化、社会所发挥的指导作用，对多种思想观点及人们言行的统摄、聚合、教育等作用。[①]国内学者关于意识形态话语权的研究主要聚焦于主流意识形态话语权，即马克思主义意识形态话语权、中国共产党意识形态话语权、社会主义意识形态话语权，关于这些概念内涵的界定，总的来看大同小异，但也存在某些争论。

关于“网络意识形态话语权”，学界现普遍使用这一概念，但对于如何理解其内涵存在着争议。综合现有研究成果来看，学者对“网络意识形态话语权”的研究主要是从宏观视角，以网络社会、网络空间、网络环境等为背景研究主流意识形态的话语权问题，而非从一般意义上研究网络空间内意识形态的话语权问题。对于“网络意识形态话语权”的内涵，有学者认为其主要包括 3 个方面的内容：一是借助网络平台具有话语生产的资格和权力，二是在网络空间中具备引导、调控意识形态话语的自由和能力，三是借助网络平台实现国家意识形态目标的效力和权益。[②]也有学者从网络意识形态话语权的生成过程角度指出，以核心价值观为基础的网络意识形态话语权蕴含着认知图式、解释框架、思维方式，它在互联网传播过程中不仅生产知识、舆论和权力，而且还实现对舆论秩序的整理，并通过价值渗透、语言塑造等产生支配性力量，促使人们认同主流意识形态。[③]简言之，网络意识形态话语权是意识形态话语权在网络空间中发挥作用的延伸[④]，学界关于“网络意识形态话语权”的研究，重点关注的是

① 申文杰：《马克思主义意识形态话语权理论阐释与实践探索》，北京，人民出版社2017 年版，第 26 页。

② 郑元景：《当代我国网络意识形态话语权的变迁与重构》，《社会科学辑刊》2015年第 6 期。

③ 赵丽涛：《我国主流意识形态网络话语权研究》，《马克思主义研究》2017 年第 10 期。

④ 石超：《网络意识形态话语权的构建》，《青年记者》2017 年第 26 期。

网络空间内主流意识形态话语权的构建问题，某种程度上存在“网络意识形态话语权”和“网络主流意识形态话语权”概念不清和模糊使用的问题。

关于“网络空间主流意识形态话语权”，学界对其内涵概念基本达成共识。有学者指出，网络领域主流意识形态话语权就是指党通过发挥自身优势，以马克思主义意识形态的科学理论、价值立场和观点方法，在网络领域实现控制、引导、规范、主导舆论的权力与权威。话语互动是其生成起点，话语内容是其生成载体，话语模式是其生成手段，话语情境是其生成结构。①

2. 关于构建网络空间主流意识形态话语权战略意义的研究

传统意识形态斗争阵地已转向网络空间，鉴于网络空间意识形态话语权建设具有不同于传统意识形态话语权建设的新特点、新规律和新要求，深刻分析构建网络空间意识形态话语权的战略意义，无疑具有重要研究价值。有学者认为，构建主流意识形态网络话语权具有重要的政治功能：一是通过网络交往与对话掌握舆论主导权；二是维护我国网络意识形态安全，提升文化软实力；三是回应西方网络意识形态的质疑与偏见，防止出现“被言说或被表述”问题。②有学者指出，掌握网络空间意识形态话语权关系马克思主义意识形态指导地位的巩固与加强，关系思想认知和价值观念的塑造与传播，关系未来道路和时代使命的选择与指向。③有学者立足于新时代的伟大斗争角度指出，新时代中国建构网络意识形态话语权

① 王晓菊、朱喆：《网络领域主流意识形态话语权的生成逻辑及其提升策略》，《社会主义研究》2022 年第 3 期。

② 赵丽涛：《我国主流意识形态网络话语权研究》，《马克思主义研究》2017 年第 10 期。

③ 饶苗苗、何小春：《新媒体视域下网络空间意识形态话语权的逻辑生成》，《中国矿业大学学报（社会科学版）》2019 年第 4 期。

的价值意蕴在于：掌握网络空间舆论主导权，营造风清气正的网络舆论生态；回应西方网络意识形态的偏见与质疑，提升中国意识形态的国际话语权。[①]从目前的研究情况来看，学界对网络意识形态话语权的研究成果无不立足于国家意识形态安全战略以及国家网络安全战略考量，研究成果较多，为我们深刻把握网络空间意识形态话语权的战略意义奠定了基础。

3. 关于网络空间意识形态话语权争夺特点的研究

信息技术的迅猛发展使得网络空间中意识形态话语权争夺不断呈现出一些新特点和新态势，深入研究这些新特点、新态势是增强网络空间意识形态话语权建设针对性和有效性的必要前提。从目前的研究成果来看，学者不断探索网络意识形态领域规律，深刻洞察互联网技术特性，从网络意识形态斗争的动态变化层面展开研究。有学者立足动态网络安全形势，指出了网络意识形态斗争的新形势：网络空间的自由化提高了意识形态斗争的难度系数；网络主体的多元化增加了意识形态斗争的干扰因素；网络内容的娱乐化加大了意识形态斗争的认同难度；网络文化的圈层化加剧了意识形态斗争的复杂程度。[②]有学者从互联网发展变化的视角出发，认为互联网意识形态话语权的争夺呈现出从“阵地争夺”到“话题抢夺”、从“自在”状态到“自为”状态、从“完整叙事”到“碎片传播”3个新特点和新趋势。[③]有学者从话语构成要素的角度指出，网络虚拟社会空间中的话语权变革呈现出从现实环体转向虚实结合环体、从单一话语主体转向多

① 刘艳：《新时代中国网络意识形态话语权建构的三维审思》，《理论月刊》2021年第6期。

② 王永贵：《以历史主动精神打赢新时代网络意识形态斗争》，《思想理论教育导刊》2023年第4期。

③ 李江静、徐洪业：《准确把握互联网意识形态话语权争夺的新形势》，《红旗文稿》2015年第22期。

元话语主体、从传统主流媒体传播转向新型媒体传播等新特征。[①]有学者基于网络开放性、虚拟性、自由性、交互性等特质，从4个角度分析了网络环境下意识形态话语权争夺的新态势：争夺对手从境外扩散至境内，争夺性质从清晰转变为模糊，争夺目标从一般演化为特殊，争夺方式从显性转向为隐性。[②]也有学者认为，意识形态话语权在网络环境下呈现出虚拟与现实相统一、超时空渗透、自由交互、多元化的新特征。[③]有学者从网络话语传播范式的角度指出，网络空间意识形态呈现出以“体验主体”为内核的传播机制、以“威权解构”为表象的传播格局、以“跳跃式节点”为路径的传播模式。[④]把握好网络空间意识形态话语权存在的动态格局是我们切实提升网络主流意识形态话语权的基本前提，从网络特征、网络传播特性视角研究网络空间中意识形态话语权的特点已取得丰硕成果，但意识形态话语的传播、生成机制有其特殊性，对于这一问题的研究视野有待拓展、研究内容有待深化。

4. 关于网络空间主流意识形态话语权构建面临的挑战及困境研究

立足当代中国实际，以问题为中心、积极回应和解决问题是目前学界研究意识形态话语权的基本理路，也是意识形态话语权理论不断创新发展的动力。因此，面对网络空间中日益激烈的意识形态话语权“争夺战”，深入研究网络空间中马克思主义意识形态话语权面临的挑战和困境是近年来学界关

① 杨亮才：《网络虚拟社会与意识形态话语权的变革》，《理论学刊》2024年第3期。

② 白毅：《网络环境下意识形态话语权的争夺与掌控》，《安徽师范大学学报（人文社会科学版）》2016年第5期。

③ 郑元景：《当代我国网络意识形态话语权的变迁与重构》，《社会科学辑刊》2015年第6期。

④ 王涛、姚崇：《网络虚拟空间社会主义意识形态传播及其建设研究》，《北京师范大学学报（社会科学版）》2017年第2期。

注的焦点、热点问题。关于网络空间意识形态话语权面临的挑战的研究视角灵活多样，论述也较为深入全面，研究的基本观点存在一些共通之处。网络空间意识形态话语权面临的挑战及困境主要表现在以下 3 个方面。

其一，网络空间意识形态话语权面临西方话语霸权的强势挑战。在网络信息化浪潮中，马克思主义意识形态话语权受到了西方话语霸权的挑战，这已在学界达成普遍共识。有学者认为，西方国家凭借传播技术优势通过经济、文化等产业链对我国进行价值观渗透，民众在不知不觉中对异于传统意识形态的生活理念和价值观念给予理解、接受甚至推崇，这将会严重威胁我国社会主义意识形态话语主导权和意识形态安全。[①]还有学者认为，西方掌握非对称性的网络信息技术优势，通过柔性话语向我国意识形态发起挑战，网络空间中我国主流意识形态话语权建构面临着西方话语挤压[②]；以美国为代表的西方国家控制着互联网的“制网权”和“制信息权”，挤压着社会主义主流意识形态的话语空间[③]；西方话语霸权的直接挑战导致中国意识形态话语的“缺位失语”[④]。由此可见，西方国家所掌握的信息技术优势赋予了西方话语压制我国意识形态话语的战略优势，“核心技术是国之重器”，掌握核心技术是摆脱网络信息领域核心技术受制于人的困境或是提升意识形态话语权的有效途径。

其二，网络技术变革引发网络信息生态变迁，网络空间意识形态话语

① 周耀宏:《新媒体场域下社会主义意识形态话语权的建构》,《理论探讨》2017 年第 2 期。

② 赵丽涛:《我国主流意识形态网络话语权研究》,《马克思主义研究》2017 年第 10 期。

③ 赵欢春:《论网络意识形态话语权的当代挑战》,《河海大学学报（哲学社会科学版）》2017 年第 1 期。

④ 胡刚:《当代中国马克思主义意识形态话语权的审视与建构》,《社会主义研究》2016 年第 5 期。

权面临新情况新问题。互联网的发展改变了信息传播方式，有学者指出，网络的多元化与自由性分化了话语主体的引导力，网络的碎片化与非理性淡化了话语内容的说服力，网络的去中心化与交互性弱化了话语方式的吸引力，网络的开放性与虚拟性虚化了话语环境的调控力。[①]有学者认为，5G时代信息传播领域的深刻变革带来网络意识形态传播主体智能化、传播内容视频化、传播方式多维化、传播受众类型化等新特征，智能化带来网络主流意识形态传播权脱域、评价权转移、把关权弱化，导致传播主导力式微；视频化削弱网络主流意识形态话语权的导向功能和教育功能，导致传播话语权式微；多维化带来虚拟和立体互动的信息传播监管困难，导致传播管控力式微；类型化带来“信息茧房”效应和“群体极化”现象，导致传播认同度式微。[②]还有学者认为，人工智能在改变我们生活的同时也使网络主流意识形态话语权建设面临着“信息茧房”扩大、多元思潮横行、“把关人”弱化、人的主体性“失落”的现实困境。[③]有学者从网络传播特性和缺陷的视角分析了网络空间马克思主义意识形态话语权面临的挑战，认为互联网的发展对马克思主义意识形态话语权产生了消极影响，其表现在：政党和政府控制话语权的难度加大，网络信息的庞杂性及网民的情绪化可能使话语表达出现扭曲，网络谣言损害着主流意识形态话语权。[④]有学者从网络空间意识形态传播范式角度指出，新媒体时代的信息传播方式

---

① 侯天佐：《网络空间中提升马克思主义意识形态话语权的对策》，《思想理论教育导刊》2018年第1期。

② 谢俊：《5G驱动下网络意识形态传播的新特征、新风险及应对策略》，《探索》2022年第6期。

③ 张磊、王建新：《从释放到赋权：人工智能嵌入网络主流意识形态话语权建构研究》，《新疆社会科学》2021年第1期。

④ 申文杰：《马克思主义意识形态话语权理论阐释与实践探索》，北京，人民出版社2017年版，第96—100页。

发生了转变，以自媒体为代表的新兴媒体的迅速发展促使信息传播真正实现从“传者本位”到“受众本位”的转换，并给国家网络意识形态工作带来一系列挑战，尤其是信息甄别难度加大、信息传播“去中心化”趋势严重、信息管控难度加大和主流媒体满足受众需要能力不足问题突出。[①]有学者认为，网络拟态环境容易造成意识形态传播偏离“本真”状态，催生“碎片化”风险。[②]综合来看，网络技术特点及其衍生出的信息传播范式的变革，催生出马克思主义意识形态话语权构建所面临的诸种挑战或困境。

其三，网络舆论引导力式微弱化了网络空间马克思主义意识形态话语权。有学者指出，话语主体“佛系”与“魔系”的两类对话风格，影响主流意识形态话语的传播力；话语载体分散与集权的二元权力结构，削弱主流意识形态话语的影响力；话语“环体”异化与虚化的两种价值倾向，销蚀主流意识形态话语的引导力。[③]有学者认为，网络负面信息呈放大效应、网络舆论引导力式微，使得主流意识形态话语权的影响力和控制力面临压力。[④]有学者指出，受内外部环境因素和网络自身发展所带来的各种风险挑战的影响，网络场域主流意识形态面临话语主体缺位失语、话语传播样式单一、话语回应迟滞低效以及话语表达囿于传统等诸多方面的问题，一定程度上陷入公信力、传播力、解释力以及吸引力流失的话语困境。[⑤]还

① 罗桢、徐建军：《“受众本位”下把握网络意识形态领域话语权的挑战与策略》，《思想教育研究》2017 年第 6 期。

② 赵丽涛：《我国主流意识形态网络话语权研究》，《马克思主义研究》2017 年第 10 期。

③ 袁堂卫、张志泉：《网络空间主流意识形态话语权的价值意蕴、问题研判与优化策略》，《思想教育研究》2021 年第 5 期。

④ 赵欢春：《论网络意识形态话语权的当代挑战》，《河海大学学报（哲学社会科学版）》2017 年第 1 期。

⑤ 郝良华、许晓：《网络场域主流意识形态话语权的理性审视》，《理论学刊》2021 年第 6 期。

有学者认为，自媒体舆论生态的自由、平等、多元，给马克思主义意识形态话语传播带来挑战。[①]还有学者指出，制造并操纵网络舆论成为网络环境下意识形态话语权争夺的重要手段。从形成过程和结果来看，那些蕴含着负向能量的网络舆论多是出自网民对现实问题的偏激看法。在别有用心者的推动和渲染下，这些舆论的负向能量会爆发出来，侵蚀着马克思主义话语权根基。[②]舆论引导权作为话语权的重要方面，网络舆论生态的恶化必然导致网络空间意识形态话语权的弱化。

总的来看，学者们对网络空间意识形态话语权面临挑战的分析将意识形态话语权置于网络信息化的时代背景中，强调网络技术特征和信息传播特性层面的宏观分析，侧重探究网络技术革新以及网络生态环境对中国主流意识形态话语权的影响和挑战，具有一定的合理性，但又存在大量同质化内容，研究内容仍需要进一步分析和整合，丰富并深化现有研究。

5. 关于网络空间主流意识形态话语权弱化原因的研究

网络空间意识形态话语权的强弱大小，不仅与网络空间生态以及网络技术特性密切相关，而且还与意识形态话语体系本身的现实解释力、管理与宣传等因素有关。因此，互联网发展所带来的负面效应仅仅是网络空间意识形态话语权弱化的一个方面，还存在其他方面的原因。从意识形态话语权构建主体方面来看，有学者认为，就思想政治教育而言，由于没有处理好显性教育与隐性教育、话语创新与内核保留、现实空间与网络空间之间的关系，其对马克思主义在网络意识形态领域话语权的式微难辞其

① 胡刚：《当代中国马克思主义意识形态话语权的审视与建构》，《社会主义研究》2016 年第 5 期。

② 白毅：《网络环境下意识形态话语权的争夺与掌控》，《安徽师范大学学报（人文社会科学版）》2016 年第 5 期。

咎。[①]有学者指出，我国主流意识形态网络话语权建构方式仍停留于“前宣传时代”，存在意识形态网络话语权建构主体比较单一、网络意识形态的议题设置能力不强、网络意识形态话语表述方式过度政治化和空泛化等问题。[②]有学者试图借助传播学的理论，从执政党意识形态话语体系、话语表达形式、话语传播途径、受众对象等几个方面探究新媒体时代中国共产党意识形态话语权“弱化”的原因：执政党意识形态话语体系建设滞后，缺乏解释力；执政党意识形态话语表达形式过于高大上，缺少凝聚力；执政党意识形态话语传播途径单一，传播广度和范围不够；执政党意识形态话语受众对象大幅度减少。[③]从网站管理方面来看，有学者认为没有管理，就无所谓安全有序；没有监督，就必然会乱象丛生。中国的网络发展，早期推动者是商业和资本，网络意识形态工作从一开始就没有得到根本的重视，文化意识形态管理部门也相对缺位，“网络管理永远滞后于现实的结果”，行政主体存在诸如管控观念的落后、网络立法的滞后、管理手段滞后、管理主体单一等问题。[④]也有学者认为，我国网络管理部门对错误思潮的传播管理不到位，管理部门缺乏政治意识和大局意识，对于马克思主义话语传播有应付或抵触心理，内生动力不够，难以从思想和行动上提升重视程度，使得网络空间中马克思主义认同面临诸多挑战。[⑤]

① 朱效梅、谢萌：《网络意识形态话语权建构研究》，《社会主义核心价值观研究》2016 年第 3 期。

② 赵丽涛：《我国主流意识形态网络话语权研究》，《马克思主义研究》2017 年第 10 期。

③ 张振、郝凤：《新媒体时代中国共产党强化意识形态话语权的多维路径》，《江苏社会科学》2016 年第 5 期。

④ 奉鼎哲、张永祥等：《网络意识形态博弈的力量分析》，《新闻界》2017 年第 5 期。

⑤ 陈联俊：《网络空间中马克思主义认同的挑战与应对》，《马克思主义研究》2017 年第 6 期。

6. 关于网络空间主流意识形态话语权建构路径的研究

深入剖析网络空间意识形态话语权面临的挑战或困境，其最终目的是解决这些挑战和问题，提出加强改进网络空间意识形态话语权构建的对策和路径，这是当代中国网络空间意识形态话语权研究的重点和最终落脚点。针对目前中国网络空间意识形态话语权面临的挑战与问题，国内学者主要从宏观、中观、微观三重视角提出了一系列的对策建议。

立足宏观视角，学界主要观点认为，要以理论创新、话语转换、培育和践行社会主义核心价值观为保障，加强意识形态能力，不断提升网络空间意识形态话语权。有学者指出，增强网络主流意识形态的说服力、凝聚力与吸引力需要处理好马克思主义一元主导与多元社会思潮的关系，要毫不动摇地坚持马克思主义在网络意识形态中的主导地位，也要开放包容多元社会思潮，尊重差异，批判扬弃，用马克思主义引领多元社会思潮；需要运用显性手段与隐性手段创建社会主义核心价值观的网络宣传阵地，让社会主义核心价值观落实、落细、落小，避免形式主义，使其信念化、信仰化，挤压错误价值观念。①有学者认为，“四个自信”为网络意识形态话语权构建提供了理论指导和行动指南，在“四个自信”引领下，通过走中国特色社会主义道路，完善中国特色社会主义意识形态理论，构建中国特色社会主义制度，发扬中国特色社会主义文化，是网络意识形态话语权构建的必由之路、必然工作、必备支撑。②有学者指出，主流意识形态话语体系建设的方向，是准确把握时代主题，积极回应时代挑战，不断发展马克思主义理论的新范畴、新论断，为解决“失语”“失踪”“失声”问题提

---

① 冯茜、黄明理：《中国网络主流意识形态面临的挑战与应对》，《华南师范大学学报（社会科学版）》2017 年第 4 期。

② 林昱君：《“四个自信”引领下网络意识形态话语权的构建研究》，《出版发行研究》2018 年第 9 期。

供当代中国马克思主义的思想和理论支持。[①]有学者指出，提升我国网络意识形态话语权应牢固树立网络意识形态阵地意识，正确处理马克思主义与多元网络文化的关系，持续创新马克思主义网络话语体系，大力推进网络信息技术发展。[②]

立足中观视角，学界主要观点认为，要以网络空间意识形态治理为重点，形成构建网络空间意识形态话语权的合力。有学者指出，进一步推进网络治理体系建设，要以先进技术为支撑、内容建设为根本，技术治网与依法治网相结合，加强网络文明建设，构建分层分类立体化传播体系，形成发展和治理互联网的中国智慧与中国方案，完善网络思想政治教育的理论框架和实践策略。[③]有学者认为，要从增强主流舆论引导、加强规范体系建设、推动主体功能整合、推进传播方式转型等方面入手，推进网络意识形态安全治理体系和治理能力现代化，有效防范和化解网络意识形态安全风险。[④]有学者提出，做好网络空间意识形态工作，要建立网络综合治理体系，调动各方面力量，发挥各方面积极性，形成网络治理的强大合力，特别要把强化互联网企业主体责任和管理部门监管责任结合起来，分清责任边界，确保责任落地，走出一条齐抓共管、良性互动的新路。[⑤]有学者认为，掌握网络意识形态话语权，需要理智地看待政府干预网络媒体的正义性，积极地探索网络言论自由与政府规范管制的“临界点”，把网

① 吴琼：《我国主流意识形态话语困境及提升路径》，《科学社会主义》2017 年第 1 期。

② 吕峰、王永贵：《提升我国网络意识形态话语权的思路》，《理论探索》2022 年第 4 期。

③ 周家雅：《全媒体时代的网络治理：风险变量及其科学应对》，《思想理论教育导刊》2021 年第 10 期。

④ 杨志超：《全媒体时代推进网络意识形态安全治理论析》，《思想战线》2024 年第 3 期。

⑤ 蔡勇春：《牢牢掌握意识形态工作领导权》，《求是》2017 年第 23 期。

络治理纳入各级各部门的责任范围，重点解决网络的无区域性、跨区域性与政府区域性设置之间的矛盾。尽快成立由公安人员、意识形态工作者和网络专职人员组成的网络监管机构，以便对危害社会主义意识形态的网络言论，旗帜鲜明地“亮剑”、理直气壮地发声、有理有据地批判。①

立足微观视角，学界主要观点认为，以把握意识形态话语权构成基本要素为关键节点，探寻意识形态话语权的生成路径。有学者根据拉斯韦尔的5W传播模式：谁→说什么→通过什么渠道→对谁→取得什么效果，将话语权生产机制的研究分解为语境、话语主体、话语（言语和意义）、话语传播、话语客体以及背后的权力网络。认为话语权的生产要从话语主体经过权力的传播链条，在对话语客体产生影响、取得效果后才生成话语权，而传播过程中的两个环节——“说什么”（议程设置）和“怎么说”（构建框架）对传播效果至关重要。因此，话语主体只有牢牢把握议程设置和构建框架两个环节，才能有针对性地生产出预想的传播效果，进而实现话语权。②有学者认为，加强网络空间主流意识形态话语权建构要加强主体培育，形成多主体参与的主流意识形态话语主体队伍；要注重话语方式转换，建构适应移动传播特点的主流意识形态话语方式；要加强内容优化，生产网民喜闻乐见的主流意识形态话语内容；要加强环境营造，构建媒体融合发展的主流意识形态话语环境。③有学者认为，网络意识形态话语权构建需从以下4个方面着力：一是加强话语主体队伍建设，增强主流意识形态话语的解释力；二是整合话语资源配置，增强主流意识形态话语的说

① 奉鼎哲、张永祥等：《网络意识形态博弈的力量分析》，《新闻界》2017年第5期。

② 吴瑛：《信息传播视角下的话语权生产机制研究》，《四川大学学报（哲学社会科学版）》2011年第3期。

③ 张筱荣、吴学琴：《移动网络空间主流意识形态话语权建构路径探讨》，《广西社会科学》2021年第2期。

服力；三是提高受众接受话语水平，增强主流意识形态话语的传播力；四是拓宽话语平台建设，增强主流意识形态话语的可知力。[①]有学者聚焦意识形态话语视角提出，更新理念、调整话语方式、创新话语体系、精准把握话语对象、培养大量传播正能量的意见领袖、净化话语环境是应对新媒体挑战的重要举措。[②]有学者聚焦话语受众的接受视角指出，把握网络意识形态话语权需要着力解决好的事情主要有：诉诸话语受众的利益关切；引领话语受众的精神追求；汇聚话语受众的价值呼应；激发话语受众的情感认同。[③]有学者认为视听微叙事是网络意识形态话语权建构的新视角，要明确“价值引领”与“制度规约”双管齐下、“技以载道”与“文以载道”有机融合、“积极入圈”与“破壁出圈”协同并行的实践指向，以破解视听微叙事推动网络意识形态话语权建构的困境与挑战。[④]有学者立足政治认同视角指出，建构网络意识形态话语权本质上是做民心政治工作，网络意识形态话语权建构应回归认同路径，立足政治认同逻辑加强网络意识形态话语体系建设，积极探索自下而上的网络意识形态话语权建构机制以及虚实共进地发展网络意识形态话语权策略。[⑤]有学者立足人民至上视角指出，网络空间意识形态话语权要为人民发声，维护人民的正当权益；要相信群众，依靠群众，争取人民的支持拥护；要满足人民的价值追求，

① 石超：《网络意识形态话语权的构建》，《青年记者》2017 年第 26 期。

② 文大山：《挑战与回应：新媒体时代的意识形态话语权》，《中国社会科学院研究生院学报》2016 年第 3 期。

③ 贾英健、贾茗琛：《从话语受众的接受视角把握网络意识形态话语权》，《理论学刊》2024 年第 3 期。

④ 张慧双：《视听微叙事：网络意识形态话语权建构的新视角》，《海南大学学报（人文社会科学版）》2024 年第 3 期。

⑤ 唐庆鹏：《政治认同：网络意识形态话语权的建构路径》，《探索》2021 年第 2 期。

引领舆论方向；要突出共享理念，引导人民的愿景期待。[①]

综观之，国内学界对网络空间意识形态话语权问题给予了高度的重视和关注，并取得了许多颇具创新性和建设性的理论成果。目前，学界关于网络空间意识形态话语权的研究内容广泛，涉及学科众多，路径分析较全面，显示了学界对意识形态话语权问题把握的敏锐性和洞察力。这些研究成果为本研究奠定了良好基础，但现有研究也存在一些局限性。其一，以宏观研究为主，对微观领域的精深研究不足。现有成果主要围绕网络空间意识形态话语权构建的战略意义、现存问题、构建路径等展开宏大叙事式的研究，而“宏大叙事”之下对某一具体问题、具体方面缺少精细的深入研究。其二，对网络空间意识形态话语权建设的特殊性、规律性研究不够。现有研究多嫁接网络特征、网络信息传播特点，追随网络技术革新下的新变化，多流于“互联网技术特性＋意识形态话语权”框架下的讨论，对网络空间意识形态话语权生成规律、演进态势、建构经验的深入研究较为少见，从而造成现有研究成果对实践的指导性不够、研究的针对性不足、可操作性不强等问题。其三，对核心概念界定不清、把握不准、使用混乱。“网络意识形态”在学界已基本达成共识性概念，“网络意识形态话语权”为学者所广泛使用却在其思想内涵上存在诸多争论，“意识形态话语权”内涵广泛但主流意识形态话语权是众多学者研究旨趣所在。“主流意识形态话语权”“马克思主义意识形态话语权”“中国共产党意识形态话语权”“社会主义意识形态话语权”等概念的内涵及相互关系有待进一步厘清。此外，还存在研究范式固化、实证性研究和比较性研究较弱等问题。这些不足之处，正是本书得以拓展的学术研究空间。

① 陈联俊：《人民至上视域下网络空间意识形态话语权探析》，《思想理论教育导刊》2023 年第 4 期。

（二）国外研究现状

从国外的研究来看，直接探讨网络空间意识形态话语权研究成果的并不多，国外学界的有关研究主要以“话语权”“意识形态”“网络空间”为主要论域，在论域融合中探讨网络意识形态话语权问题。

1. 关于话语权的研究

话语即权力。福柯是研究话语权的奠基式人物，其“话语即是权力”的思想被认为是话语权研究中最有影响力的观点，成为时至今日被众多研究话语权的学者奉为的经典理论。福柯认为，话语权在本质上并不是指“权利”，而是“权力”，人通过话语来赋予自己以权力。法国社会学家布迪厄在此基础上进一步指出，语言是一种符号权力，是一种通过语言将被合法化的世界观强加给行动者的能力，是用于特殊动员的几乎魔术的权力，几乎不容行动者所察觉，它可以使人获得那种只有通过强制力量才能获得的东西的等价物，它只有在被认同的时候才能发生功效。[①]由此可见，布迪厄所说的话语权是一种不以强制性的力量使人顺从或转变立场的方式，而是依靠话语将合法化的意义施于人所产生的话语认同力，从这一层面来讲，话语权是一种“软权力”。“话语即权力”“符号权力”等理论都为意识形态话语权研究奠定了重要的理论基础。

文化领导权。意识形态与文化无法截然分离，它们是相互交织在一起的。意大利马克思主义理论家安东尼奥·葛兰西提出了著名的“文化领导权”理论，其实质就是意识形态话语权。按照葛兰西的理论，社会作为各种权力相互博弈、争斗和妥协的领域，不是简单靠强制力来维护统治的，“一个社会集团的霸权地位表现在以下两个方面，即‘统治’和‘知识与道德的领导

① P.Bourdieu: *Language and Symbolic Power*, Harvard University Press, 1991, p.170.

权’”[①]。而葛兰西更注重知识和道德的领导权，也就是文化领导权。他认为，资产阶级意识形态作为市民社会的基石，就在于资产阶级掌握着文化领导权，因此，想要取得革命的成功，必须由革命党掌控社会的文化领导权，依靠其在知识和道德上的优势，争取广大民众自发甚至自觉地同意和拥护。美国著名学者罗宾·洛克夫也强调了文化之于话语权争夺的重要性，他认为，话语权的争夺“这种基于语言的争执实际上就是在问，哪一个集团在步入新的千年的时候，掌握着对社会和政治的控制权？谁对事情的理解才算数？谁为我们大家确定事物的含义？也就是谁去创造和定义我们的文化”[②]？

媒介话语权。新闻媒体在西方国家被称为“第四种权力”。麦奎尔认为，媒介是使我们看到身外世界的窗口，是帮助我们领悟经历的解说员，是传送信息的站台或货车等。[③]根据葛兰西的文化领导权理论，统治阶级文化领导权正是通过新闻机构（媒介）在内的民间机构而获得；根据哈贝马斯的行动交往理论，媒介是公民政治参与工具。法兰克福学派吸收了葛兰西的意识形态理论，从工具理性批判入手，认为媒介不仅是制造和传播意识形态、宰制大众思想意识的工具，媒介本身也是一种意识形态。卡尔·曼海姆认为，“人们之所以强调为了赢得各种公众群体的青睐而竞争，是因为只有突出的思想方式才会有越来越多的公众表达它，并获得越来越高的效力”[④]。他分析了媒介赢得话语权的四大要素——赢得信任感、增强

---

① ［意］安东尼奥·葛兰西：《狱中札记》，曹雷雨等译，北京，中国社会科学出版社2000年版，第38页。

② ［美］罗宾·洛克夫：《语言的战争》，刘丰海等译，北京，新华出版社2001年版，第4页。

③ ［美］斯蒂文·小约翰：《传播理论》，陈德民等译，北京，中国社会科学出版社1999年版，第575页。

④ ［德］卡尔·曼海姆：《意识形态与乌托邦》，姚仁权译，南昌，江西教育出版社2014年版，第10页。

吸引力、强化依赖感和提高服务性。随着网络技术的发展以及新媒体的出现及广泛应用，传统媒介话语权格局发生了根本性变化，但媒介的意识形态属性并没有变化，其对大众思想认知、心理和行为的影响作用愈加深刻，媒介话语权的争夺也更加激烈。施尔玛赫在《网络至死：如何在喧嚣的互联网时代重获我们的创造力和思维力》一书中指出，当前“各种各样新媒体的涌现和它们所带来的海量信息的传播已经使我们很多人的思考和记忆方式进行了重新构建”[①]。克里斯蒂安·福克斯在《社交媒体时代的权力》一文中总结道，今天有很多关于社交和其他媒体权力的说法：有人说我们经历过 Twitter 和 Facebook 的革命；其他人声称社交媒体使经济民主化或带来参与性文化；其他观察者更加持怀疑态度，并强调社交媒体作为控制工具的现实。其认为，理解社交媒体需要一种使用辩证的权力概念的社会批判理论。[②]这些研究为我们分析网络空间意识形态话语权建设提供了重要的思想理论资源。

话语权的国际格局。爱德华·沃第尔·萨义德的东方学理论对东西方不平等的话语权关系进行了深入探讨。在其成名作《东方学》一书的开头便引用了马克思《路易·波拿巴的雾月十八日》中的一句话，“他们无法表述自己；他们必须被别人表述”[③]，用来描述东方和西方的不平等关系，即东方处于“被表述”的失语地位，西方才具有完全的话语权。在东西方格局中，东方人不具备主体的认识能力，无法对世界进行理性全面的

① ［德］弗兰克·施尔玛赫：《网络至死：如何在喧嚣的互联网时代重获我们的创造力和思维力》，邱袁炜译，北京，龙门书局 2011 年版，第 18 页。

② Fuchs C., 2015: “Power in the age of social media”, *Heathwood Journal of Critical Theory*, Jan.

③ ［美］爱德华·沃第尔·萨义德：《东方学》，王宇根译，北京，生活·读书·新知三联书店 1999 年版，扉页。

阐释，他们对于自身文化的认识也必须经过西方来建构，东方人始终是“沉默的他者”形象，是“被言说被表述”的失语者。正是基于对自主性缺失所造成的失语地位的深刻认识，我们强调要破除对西方理论的照搬照抄，构建具有中国气派、中国风格、中国特色的话语体系，提升我国的话语权。近年来，中国提升话语权的努力取得了一定成效，但中国世界影响力的扩大也造成了西方国家恐慌情绪的蔓延，美国国家民主基金会在2017年年底发布的报告——《从软实力到锐实力：威权国家在民主世界中渐渐扩大影响力》中指出，中国通过民间交流、文化活动、教育项目和逐渐增强的媒体影响力来影响民主世界的公共舆论。其目的不再是增强吸引力和赢得人心，而是“扰乱”和“操纵”。①中国强劲的经济和军事实力使得西方国家感到焦虑，以舆论霸权方式遏制中国发展是西方国家的一贯手段。

2. 关于马克思主义意识形态的研究

尽管当代西方学界对“意识形态”有各种各样的界定和理解，但在西方学者的研究视野中，意识形态往往意味着虚假、错误和极权主义，特别是马克思主义意识形态被西方学者赋予了强烈的贬义色彩。美国学者恩格尔说：“我们具有政治哲学，他们具有意识形态；我们有的是固有的价值，他们有的是教条；我们有国父与领袖，他们有假先知与暴君；我们永远忠诚矢志不二于我们的原则，他们是狂热分子。……意识形态之于哲学，就如迷信之于宗教。”②类似的贬义倾向在西方非常流行。此外，“意识形态终结论”成为西方盛行的一股思潮，他们将意识形态与马克思主义、社会主义、共产主义等同起来，企图“终结”马克思主义意识形态学说，甚至

① Walker C., Ludwig J., 2017: “From ‘soft power’to ‘sharp power’: Rising authoritarian influence in the democratic world”, *National Endowment for Democracy*.

② ［美］恩格尔:《意识形态与现代政治》，张明贵译，台北，桂冠图书股份有限公司1981年版，第4页。

主张建立一种以形而上学为基础的超阶级、超党派的“总体的意识形态”概念。卡尔·曼海姆被认为是“意识形态终结论”的先驱，他在1929年的《意识形态与乌托邦》中探讨了意识形态衰竭的问题，西方的一些哲学家、社会学家、政治学家也都先后发表过“意识形态终结”的观点，如丹尼尔·贝尔的《意识形态的终结：50年代政治观念衰微之考察》、西蒙·李普塞特的《政治人：政治的社会基础》、弗朗西斯·福山的《历史的终结与最后的人》等是其中的代表。李普塞特在其《政治人：政治的社会基础》中明确指出，所谓“意识形态的终结”其实并不是说所有意识形态的死亡，或者不再有任何政治分歧或意识形态分歧，“意识形态终结”只是意味着所谓一般的意识形态已不足以指导民众政治行动，这特别适用于马克思列宁主义，在先进资本主义国家，剧烈的意识形态冲突和政治冲突在日渐枯萎。[①]社会主义失败论、不战而胜论、历史终结论、马克思主义过时论等都是西方意识形态终结论的延续和变种。这股淡化意识形态的思潮本身就是意识形态的变形，其最终指向是对马克思主义意识形态的终结，“意识形态终结论”以其成熟的话语架构及迷惑性，已成为西方国家对我国进行意识形态进攻的旗帜与口号，对我国马克思主义意识形态话语权构成了极大挑战。

3. 关于互联网政治的研究

20世纪90年代末，加州大学传播学院西班牙裔教授曼纽尔·卡斯特完成了《信息时代三部曲：经济、社会与文化》，即《网络社会的崛起》《认同的力量》《千年终结》3卷书，对互联网进行了全景式的研究，形成了他的网络社会基本理论体系，将互联网研究推上了学术研究的高峰。关于互

① ［美］西摩·马丁·李普塞特：《政治人：政治的社会基础》，张绍宗译，上海，上海人民出版社1997年版，第491页。

联网政治、互联网治理的研究成为热点研究议题。互联网的产生使人类进入了技术赋权的时代。从表象上来看，“信息时代超越了政治，是因为它使得每个人都可以得到极大丰富的权力。政治的定义特征、对稀有权力资源的争夺，都被消除了”[①]。但实质上，网络并非是没有界限的虚拟世界，不是所谓的“无政府地带”，而是“一个有界限的网络，在其中，国界性的法律、政府权力以及国际关系同技术发明一样重要”[②]。互联网还是一种政治参与工具，“互联网既是一种传播方式，也是一种彻底改变民主进程的工具。这种媒体的互动性鼓励更多的公民参与公众舆论表达、政府治理和决策”[③]。安德鲁·查德威克（Andrew Chadwick）在其《混合媒介系统：政治与权力》一书中指出，新的通信技术重塑了媒体和政治，政治越来越多地被最能够融合旧媒体逻辑和新媒体逻辑的组织、团体和个人所定义。[④]大卫·贝茨（David J. Betz）在其《网络空间与国家：迈向网络强国战略》一书中着重探讨了网络空间对国家地位和国家体系最核心方面——权力、主权、战争和统治权的影响。[⑤]如今，是否拥有网络技术优势已经成为强国的必要条件。正如阿尔温·托夫勒所说，未来世界政治的魔方将控制在拥有强权人的手里，他们会使用手中掌握的网络控制权、信息发布权，利用英语这种强大

① ［加］莫斯可：《数字化崇拜：迷思、权力与赛博空间》，黄典林译，北京，北京大学出版社 2010 年版，第 32 页。

② Goldsmith J.& Wu T.: *Who controls the Internet? Illusions of a borderless world*, Oxford University Press, 2006.

③ Savigny H., 2002: “Public Opinion, Political Communication and the Internet”, *Politics*, Jan.

④ Chadwick A.: *The hybrid media system: Politics and power*, Oxford University Press, 2013.

⑤ Betz D. J.: *Cyberspace and the State: Towards a Strategy for Cyber-power*, Routledge, 2017.

的文化语言优势，达到暴力金钱无法征服的目的。[①]以美国为代表的西方国家无疑具有网络技术先发优势，互联网成为西方国家推行霸权主义的又一利器。“引人注目的是，美利坚和平女神的吸引力在当前并不主要依靠美国的军事和经济力量，而是靠美国对信息高速公路的主导地位。”[②]安德鲁·查德威克也有着同样的观点，他在《互联网政治学：国家、公民与新传播技术》一书中指出，互联网已成为西方价值观出口到全世界的终端工具[③]。网络空间中的意识形态斗争愈加频繁且隐蔽。迈克尔·梅奥（Michael Moyer）在《网络意识形态战争：谷歌与中国的冲突会重塑传统网络自由》一文中论述了中国政府与国外企业之间的意识形态论争问题，并指责中国对网络空间的管制，认为美国谷歌公司退出中国市场是对中国的网络攻击作出的回应，是中美之间的网络空间意识形态斗争的结果。[④]

综合来看，国外学界针对当代中国意识形态话语权展开的专题性研究较少，但对一般意义上的话语权、意识形态、网络空间相关问题的研究成果较为丰富，对网络时代的媒体话语权、互联网政治、互联网治理等相关研究走在前沿，对我国当前网络空间意识形态话语权研究具有重要的借鉴和参考价值。总体来看，虽然西方学者所持具体观点不尽相同，但其对中国意识形态、话语权的认知与评价带有鲜明的西方中心主义立场。坚持马克思主义的基本观点、立场，批判借鉴国外相关研究成果应成为我们的基本研究态度。

---

① ［美］阿尔温·托夫勒：《权力的转移》，刘红等译，北京，中共中央党校出版社1991年版，第465页。

② ［美］奥托·纽曼、［美］理查德·德·佐萨：《信息时代的美国梦》，凯万等译，北京，社会科学文献出版社2002年版，第193页。

③ ［英］安德鲁·查德威克：《互联网政治学：国家、公民与新传播技术》，任孟山译，北京，华夏出版社2010年版，第35页。

④ Moyer M., 2010: “Internet Jdeology War”, *Scientific American,* Apr.

三、研究内容与研究方法

（一）总体研究思路与研究内容

本书以深化对“如何构建当代中国网络空间马克思主义意识形态话语权”这一中心问题的探索为要旨，紧扣“当代中国网络空间马克思主义意识形态话语权”这一核心主题，既有疑难求解的理论研究意愿，也有为现实建言的应用希冀。本书坚持理论联系实践、逻辑与历史相统一的研究规律，在系统分析和理论分析的基础上，深刻剖析了当前马克思主义意识形态话语权面临的现实挑战和存在的问题，进而提出有针对性的话语权建构策略和优化路径。

本书具体研究框架如下：

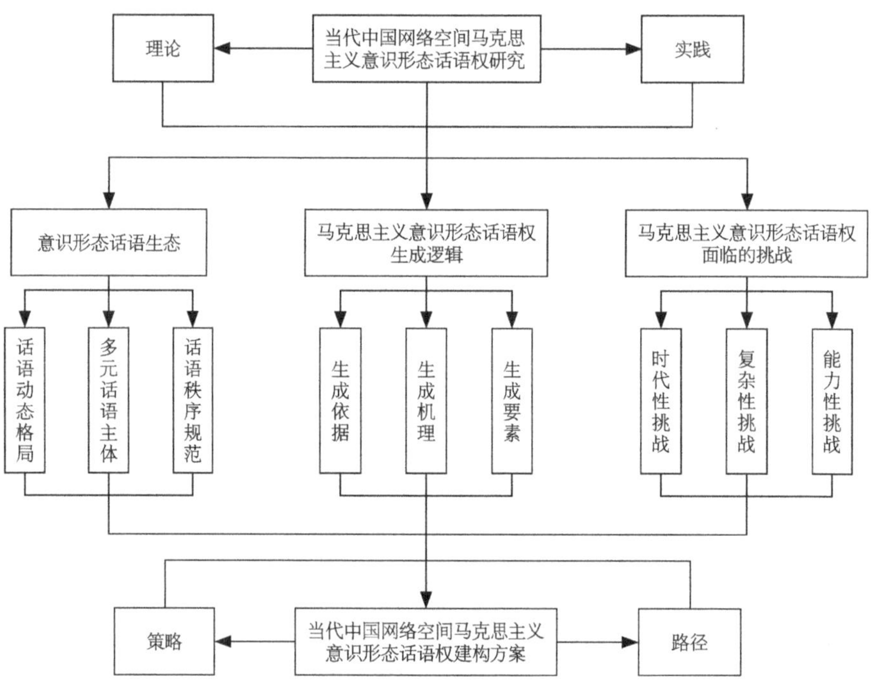

本书主要内容包括以下部分：

导论。主要介绍本研究立论的缘由以及研究意义、本研究的国内外研究现状、主要研究内容与研究方法、研究的重难点及创新之处，并对本研究的核心概念进行了界定。

第一章是“当代中国网络空间意识形态话语生态”。厘清马克思主义意识形态话语赖以存在和发展的网络话语生态是探究马克思主义意识形态话语权生成和构建的基本前提。多元意识形态的共息共存，是当代中国网络空间意识形态话语生态的基本场景，本章从系统论出发，以中性、客观、综合的视角，对网络空间马克思主义意识形态话语所处的“大环境”“大前提”进行了考察，探究了网络空间意识形态话语的基本发展态势、话语主体以及话语生态的秩序规范，较为全面地洞察了网络空间马克思主义意识形态话语权生成的“水文”“土壤”“气候”“养分”等生态条件及其内在规定性，为我们进一步探讨话语权生成的内在机理与逻辑奠定了基础。

第二章是“当代中国网络空间马克思主义意识形态话语权的生成逻辑”。从理论层面来阐释网络空间马克思主义意识形态话语权生成的逻辑理路。本章尝试探索网络空间马克思主义意识形态话语权的生成依据、生成机理，解析马克思主义意识形态话语权生成的基本要素，为马克思主义意识形态网络话语权的必然性、合法性与合理性构建探寻理论支撑。

第三章是“当代中国网络空间马克思主义意识形态话语权面临的挑战”。本章内容基于对网络空间意识形态话语生态的把握，综合国际国内网络空间意识形态话语权竞争大势，从马克思主义意识形态话语权面临的时代性挑战、复杂性挑战以及能力性挑战3个角度，较为全面地分析了当前马克思主义意识形态网络话语权面临的现实挑战。

第四章是“当代中国网络空间马克思主义意识形态话语权的构建策

略”。本章内容从中观层面来探讨当代中国网络空间马克思主义意识形态话语权所面临挑战的应对之策，从构建的根本立足点、构建的基本原则、构建的理念3个方面提出了具有长远指导意义的话语权构建策略。

第五章是“当代中国网络空间马克思主义意识形态话语权构建的路径优化”。本书的最终落脚点是为网络空间马克思主义意识形态话语权的构建提出切实可行的对策建议。本章从微观层面致力于为网络空间马克思主义意识形态话语权的构建提出有指导性、有针对性和具有可操作性的具体路径，主要围绕加强网络空间意识形态话语生态治理、推进网络空间马克思主义意识形态话语体系建设以及提升网络空间马克思主义意识形态话语引导力3个方面展开。

（二）研究方法

本书坚持马克思主义基本观点和立场，综合运用以下4种研究方法。

（1）文献研究法。本书在研究中将尽可能地对相关中外研究成果进行全面的收集、整理和分析，密切关注和及时掌握研究动态，努力为本书研究的深入推进奠定坚实的学术基础，提升本书研究的理论深度。

（2）规范研究法。本书将遵循马克思主义的立场、观点和方法而展开研究，深化对网络空间马克思主义意识形态话语权理论和实践问题的认识，深入探讨当代中国网络空间意识形态话语生态，网络空间马克思主义意识形态话语权生成依据、生成机理及其生成要素，形成网络空间马克思主义意识形态话语权的整体理论认识和分析框架。

（3）系统分析法。本书研究将从系统的角度对网络空间马克思主义意识形态话语所处的“大环境”“大前提”进行了考察，探究了网络空间意识形态话语的基本发展态势、话语主体以及话语生态的秩序规范；对网络空间马克思主义意识形态话语权的生成逻辑展开了综合研究，探究其生成发展的内在机理、关键要素，揭示其面临的现实挑战，提出网络空间意识形态话语权建设的策略和优化路径。

（4）案例分析法。网络空间马克思主义意识形态话语权有其独特的内在运行逻辑和构建机制，在研究剖析过程中也必然涉及网络意识形态安全案例、网络舆情事件、网络话语、网络文化、网络舆论、网络谣言等诸如此类的多种实例。本书在行文中精心挑选了一些具有代表性的案例，以期能对文章主题的表达起到画龙点睛的作用，增强行文的解释力和文章的生动性，增强路径的可操作性。

四、研究的重点、难点与创新点

（一）研究重点与难点

（1）本书需回答的重点问题：在当代中国网络空间马克思主义意识形态话语权生成逻辑方面。在错综复杂的网络话语生态中，在多元网络意识形态竞逐、众生喧嚣的网络话语纷争中，如何透过表象把握马克思主义意识形态网络话语权的本质？如何提炼出网络空间马克思主义意识形态话语权的生成机理？如何准确把握网络空间马克思主义意识形态话语权的生成要素？在当代中国网络空间意识形态话语权构建对策研究方面，如何确立与当下网络空间意识形态斗争形势以及马克思主义意识形态特点相适应的话语权构建策略？如何构建起适应网络传播情境、具有理论说服力的意识形态话语体系？如何有效提升马克思主义意识形态话语的网络引导力？等等。

（2）本书需解决的难点问题：探究网络空间马克思主义意识形态话语权的生成逻辑。其难点在于，探究网络空间马克思主义意识形态话语权的生成逻辑，必须基于对网络空间意识形态话语生态、意识形态话语权实质、依据、内在机理、要素等的准确把握，而目前学界对上述有关问题的研究或存在较大争议，或研究成果较少，研究基础的薄弱无疑大大增加了本问题研究的难度。除此以外，网络空间马克思主义意识形态话语权研究具有明显的跨学科色彩，网络空间马克思主义意识形态话语权的生成受到网络、政治、经济、文化、社会等多重复杂因素的影响，探究其生成逻辑必然要求研究者掌握马克思主义理论、语言学、政治学、社会学、网络传播学、网络舆论学等多学科知识，对研究者的知识储备、研究能力等提出了更高要求。

（二）研究创新点

1. 研究视角的创新

一是对网络空间马克思主义意识形态话语权进行了系统研究。本书既重视对网络空间意识形态话语权实践问题的回应，也重视加强有关理论问题的探索；既重视从宏观视角、系统论的角度对网络空间马克思主义意识形态话语权的生成逻辑以及话语生态展开体系化研究，也重视从微观视角精细化探讨网络空间马克思主义意识形态话语权构建的具体路径。二是坚持多学科的研究视角。借鉴新闻学、网络政治学、网络传播学、网络舆论学、生态学、语言学等多学科的研究成果，力戒研究视角的单一化。力求深入探察网络空间马克思主义意识形态话语权生成和运行的特点以及规律，更为全面准确地展现网络空间马克思主义意识形态话语权构建的独特性，以期提出有可操作性的路径。相比而言，本书更加注重多维研究视角的审思，研究视域更加宽广，这是相对已有研究的创新点之一。

2. 研究内容的创新

一是从一般意义上对当前网络空间意识形态话语生态进行了考察。目前学界大多从宏观层面对“网络空间意识形态话语权”展开研究，对马克思主义意识形态在网络空间多元意识形态话语生态中所处方位、所占优势、所呈态势等问题关注较少，本书从“宏观”走向“精深”，较全面地洞察了网络空间马克思主义意识形态话语所处的“大环境”——网络空间意识形态话语生态。本书认为，对于网络意识形态话语权的研究不能脱离“网络意识形态话语生态”而孤立地加以研究。网络空间意识形态话语生态的动态平衡和新陈代谢是以多元意识形态话语的交流交融交锋为现实基础的，我们既不能回避多元网络意识形态话语之间的矛盾冲突，也不能否认其在现实性上的一种共在共生关系。二是尝试探索网络空间马克思主义意识形态话语权的生成逻辑。学界对马克思主义意识形态话语权的外在结构，如话语主体、话语客体、话语载体、话语主题、话语资源等问题研究较多，但对网络空间马克思主义意识形态话语权的生成机理、生成要素等内容涉及较少，本书对网络空间马克思主义意识形态话语权生成逻辑这一难点问题作出了新的阐释。三是融合了马克思主义意识形态网络话语权、现实话语权和国际话语权视野。网络空间无法脱离现实社会而存在，其本身也是一个“全球化”的意识形态传播空间，因此，本书对网络空间马克思主义意识形态话语权的研究兼具线上线下相结合、国内国际相融合的视野，既有对网络话语权的独特性分析，也有对现实社会话语权、国际话语权的普遍性剖析。

五、核心概念界定

本书围绕“话语权”“意识形态话语权”“马克思主义意识形态话语权”等核心概念而展开。概念是思维的基本单位，厘清核心概念的内涵，是实现本书破题、解题的基础和前提。

（一）“话语权”与“意识形态话语权”

近年来，“话语权”成为人文社会科学的一个重要概念，对话语权的探讨也成为多学科领域关注的热点话题。话语权问题在生活中随处可见，究竟何谓话语权？厘清话语权的本质内涵是我们进行深入研究必不可少且不可回避的基本问题。法国思想家米歇尔·福柯是话语权研究的开拓者，其提出的“话语即权力”观点成为话语权研究中最有影响力的观点。福柯指出，人类的一切知识都是通过话语而获得的，任何脱离话语的事物都不存在，人与世界的关系是一种话语关系。“话语意味着一个社会团体依据某些成规将其意义传播于社会之中，以此确立其社会地位，并为其他团体所认识的过程。”[①]可见，话语背后隐藏着极为复杂的权力关系，话语是权力关系运作的产物。在此基础上，福柯认为权力是通过话语产生和再生的，“话语传递着、产生着权力，它强化了权力”[②]。福柯的观点为话语权研究提供了理论基础。目前，理论界对话语权概念的探讨侧重点各有不同，但也形成了基本共识，认为话语权具有权利和权力的双重属性。“话语权就是说话权、发言权，亦即说话和发言的资格和权力。”[③]从权利维度来说，话语权“是人们为了充分地表达思想、进行言语交际而获得和拥有说话机会的权利”[④]，即人人普遍享有的说话权、发言权；从权力维度来看，“话语权就是思想领导权，是话语主体主导话语导向、控制话语资源以表

① 王治河：《福柯》，长沙，湖南教育出版社 1999 年版，第 159 页。

② ［法］米歇尔·福柯：《权力的眼睛：福柯访谈录》，严锋译，上海，上海人民出版社 1997 年版，第 60 页。

③ 张国祚：《关于“话语权”的几点思考》，《求是》2009 年第 9 期。

④ 冯广艺：《论话语权》，《福建师范大学学报（哲学社会科学版）》2008 年第 4 期。

达自己的思想观念、价值取向和政治立场的权力”[①]，是一种对话语的支配能力，是以价值认同为基础而形成的话语影响力。从这一层面来讲，话语权是一种“软权力”，并非以强制性的力量使人顺从或转变立场，而是依靠话语内含的价值观所产生的解释力、说服力和吸引力来获取话语认同力，它的形成受个人身份、地位、资源、知识多少以及诸多其他因素的形塑限制。目前，理论界在学术研究中更多的是从“权力”意义上使用“话语权”概念。总的来看，话语权是指言说者的话语具有影响和左右他人思想认知、被他人认可并转化为他人意志的能力。这种能力是一种塑造他人喜好的能力，是个人影响力与价值的彰显，是个体利益的有效保障。综合而言，话语权既是一种资格，也是一种能力和影响力。

意识形态是对特定社会集团利益及要求的反映，本质上是阶级意识的集中表达，是国家权力的精神内核。话语作为思想的外在表现，不可能独立存在于意识形态之外；一定阶级或集团的意识形态同样必须借助于一定的话语体系表达出来，政治权力的实现也要诉诸一定的话语，因此，意识形态总是力求通过获取话语权来维护自身阶级的利益。意识形态是话语的真正内核，当下愈演愈烈的话语权之争、软实力竞争本质上就是意识形态和价值观之争，集中体现为意识形态话语权之争。意大利马克思主义思想家葛兰西较早从意识形态宏观视角探究话语权相关问题，他提出的所谓“文化领导权”，区别于强制性的政治统治权，是统治阶级思想理论、价值观念对广大民众的感召力、吸引力和同化力，其实质就是意识形态领导权和话语权。有学者对意识形态话语权的目的、实现方式、效果进行分析指出，意识形态话语权是一个社会组织、团体或政党，为确立其自身形象和社会地位，以及组织目标

---

① 庄文城:《论意识形态话语权的本质与建设之要》,《中国社会科学院研究生院学报》2016年第5期。

的实现，通过话语体系建设，将其世界观、价值理念以及政治信仰传播于社会，并作用于人们思想意识的一种影响力。[①]意识形态话语权作为人们思想意识领域的一种影响力，牢牢掌握它是特定阶级意识上升为统治思想与国家意志的必要前提，也是确保政权稳固的思想保障。归根结底，意识形态话语权是指特定阶级或集团的文化观念、价值体系、思想原则、政治理论等话语体系在社会精神领域中占支配地位而体现出的一种主导权和影响力。意识形态话语权的获得需要政治权力的支撑，但并非来自自上而下的强制性和命令方式，而是来源于人们自下而上的广泛心理认同和支持，因为“权力在短时段的有限空间内产生速效的、速朽的话语影响力，真理在长时段的无限空间中产生缓慢的、不朽的话语影响力”[②]，意识形态话语体系的科学性至关重要，这也是为什么马克思主义意识形态始终保持旺盛生命力的根本所在。意识形态话语权的争夺实质上是舆论喧嚣与观点争鸣之下异质意识形态之间的对立及其对人心的争夺，而主流意识形态话语权的掌握关乎国家发展的旗帜、道路、制度、文化与政权安全，所以我们再怎么强调主流意识形态话语权的战略重要性都不为过。

（二）“马克思主义意识形态话语权”与“网络空间马克思主义意识形态话语权”

不同的理论具有不同的话语体系，代表不同群体的利益。话语权由谁掌握，谁就会从其自身利益出发来构建、解读意识形态话语体系。马克思主义意识形态作为我国的主导意识形态，目前理论界关于话语权的研究无

① 聂筱谕：《西方的控制操纵与中国的突围破局——基于全媒体时代意识形态话语权争夺的审视》，《世界经济与政治论坛》2014 年第 3 期。

② 何玉兴：《话语影响力研究的学术价值和现实意义》，《社会科学论坛》2017 年第 12 期。

论是“中国共产党意识形态话语权”还是“社会主义意识形态话语权”抑或是“主流意识形态话语权”，其最终落脚点都必须回到我国在社会主义现代化建设中如何巩固马克思主义意识形态的主导地位并不断增强其影响力和感召力这一根本问题上，其实质就是马克思主义意识形态话语权的构建问题。因此，本书以“马克思主义意识形态话语权”作为主题词，在明晰话语权、意识形态话语权基本含义的基础上，不难理解马克思主义意识形态话语权的内涵。简单来说，马克思主义意识形态话语权就是马克思主义在意识形态领域的主导力、支配力和影响力，具体体现为马克思主义意识形态对社会思潮的引领力、对思想舆论的引导力、对价值共识的凝聚力等。马克思主义意识形态话语权实质上是一种“软权力”，但也需要“硬力量”的支撑。马克思主义意识形态话语权并非一种强制性权力，它的力量和影响力生发于马克思主义意识形态真理性、科学性所内蕴的解释力、说服力和吸引力，但马克思主义意识形态话语权的获得同样也需要国家经济实力为其奠定经济基础，需要国家政治权力为其提供政治支撑。当前，多元意识形态话语缠绕交织，多种思想意识不断进行思想碰撞、交锋甚至“交战”，意识形态多元化的态势逐渐明朗化。马克思主义意识形态话语权的巩固和增强直接关涉国家主权安全、国家政权稳定、社会主义事业的兴衰成败和执政党的存亡。马克思主义意识形态话语权在任何时候都不能旁落，唯有将其紧紧掌握在中国共产党手中，才能避免马克思主义意识形态被敌视社会主义的势力歪曲、修正和解构所带来的风险。

意识形态是国家制度体系建立与权力运行的内在根据；意识形态的稳定，是国家政治稳定的压舱石。意识形态防线上的任何一处撕裂，都可能成为焚百尺之室的突隙之烟[①]，导致国家政权的合法性遭受质疑、保障政

① 《韩非子·喻老》。

治稳定的民意基础发生动摇，甚至引发社会动乱、政治动荡与政权更迭。可以说，意识形态安全是国家安全的思想防线和不可触碰的警示红线。理论与实践证明，只要阶级对立以及作为阶级统治工具的国家依然存在，意识形态持续斗争的态势便不会根本改变，其改变的至多是斗争的形式与交锋的战场。这一点，在互联网时代表现得尤为真切。

随着互联网与政治、经济、文化、社会各领域的日益深度融合，虚拟的网络空间与现实的社会生活一体链接，并深刻影响社会公众的思维方式、思想观点与价值观念。虚拟网络的兴起不可避免地随带多元思想意识的暗潮汹涌，网络演变为国家意识形态安全的“最大变量”，同时也日益凸显成为意识形态话语权竞争的主战场和最前沿。“工业社会控制依赖于一种强制力，网络空间的社会控制则主要依赖于一种认同性”[①]，这种认同性便是话语权的本质内涵。网络空间马克思主义意识形态话语权是指当代中国主导意识形态即马克思主义意识形态在网络空间内的传播力、解释力、引领力和影响力，集中体现为马克思主义意识形态对网络思潮的引领力、对网络思想舆论的引导力、对网民价值共识的凝聚力。对于网络空间马克思主义意识形态话语权，我们要注意把握以下两点：其一，网络空间马克思主义意识形态话语权是现实性与虚拟性的统一。网络空间是现实社会的延伸，马克思主义意识形态并非生于网络的“虚无”，而是生于“现实”社会存在，由社会经济基础决定；马克思主义意识形态话语的接受主体——网民，也是现实社会中的主体；马克思主义有效掌握网络意识形态话语权的强大力量，植根于其对现实需求的回应和对社会现实问题的解答。因此，社会存在是网络空间马克思主义意识形态话语权生成的现实基

① 刘贵占：《网络空间的权力：技术与话语》，《东北大学学报（社会科学版）》2015年第2期。

础，是马克思主义意识形态话语权生成的内在源泉。当然，与传统意义上的马克思主义意识形态话语权相比，网络空间马克思主义意识形态话语权的生成方式、构建方式及其所面临的话语生态等方面具有网络社会的独特性。其二，网络空间马克思主义意识形态话语权是主导性与多样性的统一。从生态学意义上来说，任何一种单极化的生态系统都是不健康且不能够持续发展的，网络意识形态话语生态系统中允许合理范围内的话语流动不平衡与话语主体间竞争。马克思主义在网络意识形态领域掌握话语权，并不是说网络空间中只允许有马克思主义意识形态话语的存在，只能有一种声音、一个调子、一种观点。在话语承继中有创新、在价值分化中有共鸣、在思想舆论多元中有主导、在意见观念冲突中有交融才是健康的，有利于稳固马克思主义意识形态在多元动态网络意识形态话语生态中的话语权。从这一层面来看，网络空间马克思主义意识形态话语权的获得关键要处理并协调好多元与主导、多样与共识之间的关系，以形成网络空间多元意识形态话语生态发展的动态平衡——各种意识形态的话语权利得到不同程度的发展但不滥用，多元意识形态的话语力量获得不同程度的增长却不失控，国家主导意识形态在多元意识形态的话语权竞争中仍能够占据优势并始终居于主导。

以自由、平等、开放、交互为信息传播特征的网络空间为网民平等行使话语表达权提供了广阔的空间和顺畅的渠道，网络空间逐渐演变为意识形态交流交融交锋的新场域与主战场，一场场争夺民心的较量正在网络空间上演。西方敌对势力、反华势力企图利用网络“扳倒中国”的伎俩层出不穷，汇聚于互联网的各种信息真伪难辨，多元思想观点、价值理念呈现“乱花渐欲迷人眼”之势……这些现象无不挑战着马克思主义意识形态的话语权威，挑战着中国网络空间治理能力和宣传思想工作能力。在信息互联时代，谁掌握了网络，谁就占据了意识形态阵地的制高点，谁就稳住了国家安全的思想“防火墙”，网络意识形态话语权的争夺直接关系我国意识形态安全和政权安全。党的十八大以来，历经新时代十多年来的伟大变革，网络空间逐步变得风朗气清，网络生态持续向好向善，意识形态领域形势也发生了全局性、根本性的转变。但我们须正视，网络意识形态安全形势依然处于动态发展之中，意识形态斗争不可能一劳永逸，网络空间意识形态话语权成为意识形态斗争的聚焦点，网络空间意识形态话语权之争已然进入常态化，只有牢牢把握网络空间马克思主义意识形态话语权，才能在危机中育先机、于变局中开新局，让互联网这个最大变量变成我国事业发展的最大增量。学界近年来对于“网络空间马克思主义意识形态话语权”问题进行了诸多有价值、有意义的探讨，也提出了很多具有创新性、前瞻性的观点，但是对这一问题的探究还需进一步丰富和完善。如何增强马克思主义意识形态在网络空间的话语权这一重大的时代课题仍具有继续探索和探讨的现实必要。

第一章

当代中国网络空间意识形态话语生态

意识形态是对社会经济关系与阶级关系的反映，其以独特的话语体系集中表达特定社会集团的利益及诉求，以系统性的话语来建构自身的社会身份、地位甚至权力。而任何意识形态话语，又必然是在特定的话语生态环境中生成和发展的。伴随互联网的兴起和发展，网络空间衍生出意识形态话语权竞争的新环境新场域，形成了网络空间意识形态新的话语生态。因此，要认识和掌握当代中国网络空间马克思主义意识形态话语权，必须首先回溯至其赖以存在和发展的网络意识形态话语生态之中，探究多元网络意识形态及其话语生成的缘由与渊源，洞察网络空间意识形态话语生成的“水文”“土壤”“气候”“养分”等生态条件及其内在规定性，进而掌握我国主流意识形态网络话语权生成的内在机理与规律，构建起当代中国网络空间马克思主义意识形态话语权。

网络空间意识形态话语生态是网络空间内不同意识形态话语主体在不断的话语生产、话语传播过程中生成特定意识形态话语结构的动态话语系统，呈现为网络空间内话语主体、话语内容、话语资源、话语规则以及话语环境之间的联动共生关系。习近平总书记指出，“从全球范围看，媒体智能化进入快速发展阶段。我们要增强紧迫感和使命感……用主流价值导向驾驭‘算法’，全面提高舆论引导能力”[①]。从复杂的网络空间意识形态话语生态体系透视话语主体、话语内容、话语资源、话语规则以及话语环境之间的联动共生关系，把握当代中国网络空间意识形态话语生态，成为

① 习近平：《加快推动媒体融合发展　构建全媒体传播格局》，《求是》2019 年第 6 期。

站稳新时代“意识形态工作的主战场、最前沿”[①]，牢牢掌握网络空间马克思主义意识形态话语权的基础性和紧迫性课题。

第一节 网络空间意识形态话语生态的动态格局

在前互联网时代，意识形态话语的生成与传播受时空制约较为明显，意识形态话语生态空间相对密闭。迅速崛起的互联网跨越了不同媒介形态的界限以及时空的拘囿，在极大程度上打破了意识形态话语的传统生态环境，重塑起新的网络话语生态，开辟了贯联全球的意识形态话语网络生态空间。在政策、资本、技术等多重力量主导的时代背景下，网络话语生产和传播方式产生的深刻变革，推动着网络意识形态话语生态不断变迁。立足当代中国而言，伴随我国互联网治理的不断深入推进，网络法律法规的相继完善，以及国家网信办等部门开展了一系列网络“清朗”专项行动，网络乱象丛生的状况得到了有效改善，网络生态环境整体趋好，当代中国网络意识形态话语生态朝着向上向好的态势发展。

一、网络空间意识形态话语生态的基本态势

毋庸置疑，多元意识形态的共息共存、竞相争逐，是当代中国网络空间意识形态话语生态的基本场景。在网络意识形态话语生态中，任何意识形态都极力谋求并拓展自身的话语空间，以扩大自身的影响力。从某种意义上讲，网络多元意识形态的话语空间即其生存空间，网络多元意识形态话语传播的广度、深度以及时间跨度是其存在的合法性合理性及其生存能

① 《习近平新时代中国特色社会主义思想三十讲》，北京，学习出版社、人民出版社2018年版，第220页。

力的直接体现；网络多元意识形态在话语生态格局中的地位与空间，直接影响不同意识形态在网络空间内的生存权与话语权。在网络空间内，多元意识形态总是在交流交融交锋的话语生态中实现彼此关系的动态平衡和新陈代谢。当前，我国网络空间内价值观念与思想观点的多元化态势更加明朗化，多元意识形态呈现出动静相宜、平衡共生的话语生态图景。

（一）网络空间多元意识形态“千帆竞逐”

如同自然生态系统呈现出生物多样性一样，网络空间意识形态话语生态也呈现出其独特的多样性——意识形态的多元化以及由此产生的多样意识形态话语。多元意识形态话语彼此间交流交融交锋，是网络空间意识形态话语生态的常态表征。对于当代中国而言，伴随中国式现代化进程的跨越式演进，我国社会已进入加速转型期，经济结构、社会结构以及发展模式的深刻变化带来了社会存在的深刻变革，引发了不同阶层、群体、集团之间新的利益纠葛，激荡社会心理，并最终导致意识形态领域多元、多样、多变的特点日益凸显。而互联网自由开放宽松的话语生态环境，为当前中国社会多元化意识形态表达诉求、传播思想、谋求认同、聚合民心等提供了新平台新空间新场域新机遇。在此现实境遇之下，无论是马克思主义意识形态，还是非马克思主义意识形态甚至是反马克思主义意识形态，皆在网络空间内纷纷挥舞起各自旗帜、扬起风帆，我国网络意识形态话语空间呈现出马克思主义意识形态领航之下多元意识形态话语“千帆竞逐”“百舸争流”的生态景象。

这种景象，表面上看是多元意识形态的话语争鸣、观点碰撞与思想冲击，而实际上则是不同利益群体主张的网络伸张，是多元意识形态所聚从的不同利益群体或政治集团在网络空间内的众声喧嚣，是网络空间马克思主义意识形态整体共鸣下的部分分化甚至冲突。因此，对于当前中国网络空间意识形态的“千帆竞逐”要加以辩证审视和区别对待：其一，存在多元意识形态及其话语喧嚣，是网络空间意识形态话语生态的正常表征，其问题不在于自由的“百家争鸣”或近似喧闹的诉求表达，而在于如何实现多元意识形态话语的有序表达、规范争鸣。其二，允许马克思主义意识形态以外的多元意识形态“千帆竞逐”，维护网络空间意识形态话语生态的蓬勃生机，不代表纵容和姑息任何非马克思主义意识形态特别是反马克思主义意识形态的肆意妄为、横冲直撞，对于故意煽动网民暴戾情绪、别有用心的进行政治颠覆、恶意攻击党的领导及社会主义制度等言行“要敢抓敢管，敢于亮剑，着眼于团结和争取大多数，有理有利有节开展舆论斗争，帮助干部群众划清是非界限、澄清模糊认识”，“一切数字报刊、移动电视、手机媒体、手机短信、微信、博客、播客、微博客、论坛等新兴媒体都不能为之提供方便”[①]。其三，网络空间多元意识形态的“千帆竞逐”向马克思主义意识形态话语权提出了现实挑战，马克思主义意识形态必须牢牢占据网络空间意识形态话语阵地，在其主导之下领航网络空间多元意识形态的“百舸争流”。总的来讲，在当代中国网络空间多元意识形态话语“众说纷纭”、乐音噪音杂音勾连同存的生态格局中，马克思主义意识形态仍居主流、占据主导地位。

（二）网络空间意识形态话语“风起云涌”

在中国传统媒体格局当中，普通民众发言、传输信息、表达诉求的渠道相对匮乏，往往处于大众传播的“接收端”，沦为“无声者”，而“互联网的出现一下子成为公众最便利和顺畅的发言平台，网络舆论也出现了‘井喷’现象”[②]，网络为不同意识形态话语增添了新的表达渠道和传输

---

① 《习近平关于社会主义文化建设论述摘编》，北京，中央文献出版社 2017 年版，第 27—28 页。

② 秦露：《互联网时代如何执政与为官》，北京，党建读物出版社 2012 年版，第 46 页。

窗口。在网络空间意识形态话语生态中，表达不同意识形态主张的话语交流碰撞、反复激荡，形成了多元意识形态“千帆竞逐”图景中“风起云涌”的舆论场景——某些能够与公众切身利益、价值观念、心理因素等发生碰撞或能够广泛激起民众情绪的导火索性质的重大新闻、社会问题、突发事件、刺激信息，可能“一石激起千层浪”，“瞬间”引爆整个网络舆论空间，掀起舆论热潮，对不同意识形态产生不尽相同的影响。在当前中国网络空间意识形态话语环境中，增进马克思主义意识形态认同的正向舆论与诋毁抹黑甚至“妖魔化”马克思主义意识形态的负向舆论共时存在、拉锯纠葛。比如，2022 年召开的党的二十大引起国际社会的热议，多国政要、专家学者认为，党的二十大为当今世界面临的诸多全球性课题提供了“中国答案”。[①]“党的二十大”议题也引起国内网民的广泛热议，相关话题线上线下的互动极大增进了国民对中国特色社会主义理论与实践的理解与认同。但与此同时，反马克思主义的舆论也不时发出刺耳的噪音。近年来，历史虚无主义、新自由主义、民族主义、民粹主义、“普世价值论”等错误思潮在网络空间沉渣泛起、混淆是非，妄图动摇甚至颠覆马克思主义意识形态的指导地位及其话语权威。当前，反马克思主义意识形态在网络空间暗潮涌动，与马克思主义意识形态展开或明或暗的激烈对抗，与我争夺人心，是当代中国网络空间意识形态话语生态中值得高度关注和警惕的现象。

意识形态斗争的主战场由线下转至线上，网络已成为意识形态交锋的主战场与最前沿。当前，西方国家利用互联网技术与应用的先发优势，抓住中国互联网治理存在的缺陷和漏洞，对华积极发动意识形态网络战。美国前驻华大使洪博培在角逐 2012 年美国总统时就曾直白而露骨地宣称，

---

① 《国际社会热议二十大：求解世界之问的“中国答案”》，https://world.gmw.cn/2022-10/23/content_36107444.htm，2022 年 10 月 23 日。

要利用中国新生的互联网一代“扳倒中国”；以传递美国价值理念为主导的“美国之音”开设了中文网站、网络电台，注册了推特和微博，推出了一系列适用于安卓、苹果等系统的移动网络应用，对华展开网络新媒体上的意识形态猛烈攻势。网络空间已处在意识形态斗争的风口浪尖，成为国家意识形态安全的新场域和主战场。

（三）网络空间意识形态话语生态的动态平衡

诚然，在当代中国网络空间中，多元意识形态的“千帆竞逐”及不同意识形态话语交锋的风起云涌和暗潮涌动，对马克思主义意识形态的主导地位及话语权产生了极大挑战，但整体上，当代中国网络空间意识形态话语生态仍处于动态的平衡之中。网络空间意识形态话语生态的平衡，绝非指除国家主导意识形态以外的其他意识形态话语“万马齐喑”的景象，而是国家主导意识形态的主导下多元意识形态五彩纷呈、互容碰撞的动态图景。这种“平衡”，是网络空间多元意识形态话语生态发展过程中的动态平衡——各种意识形态的话语权利得到不同程度的发展但不滥用，多元意识形态的话语力量获得不同程度的增长却不失控，国家主导意识形态在多元意识形态的话语权竞争中仍能够占据优势并始终居于主导。对于当代中国网络空间意识形态话语生态而言，不同意识形态的话语论争确实呈现频发的态势、日趋复杂的形势，“互联网已经成为舆论斗争的主战场”①，“已是当前意识形态斗争的最前沿”②。但我们要清醒地认识到，网络意识形态斗争形势所随带的此种危机感，并不是因为马克思主义意识形态已经失去或即将失去这块极具战略意义的网络阵地，而实际上主要来源于传统媒介

① 《习近平关于社会主义文化建设论述摘编》，北京，中央文献出版社 2017 年版，第 28 页。

② 《习近平关于社会主义文化建设论述摘编》，北京，中央文献出版社 2017 年版，第 36 页。

意识形态斗争思维尚未转变而导致的对网络意识形态斗争环境及形势的不适应，以及尚未掌握网络新媒介意识形态斗争法门而产生的“本领恐慌”两个方面。“由于中国执政党和政府具有很大的政治权威”，大众传播媒介及网络新兴媒介具有鲜明而强烈的官方属性，“因而它们对个人意见和群体意见的影响比任何国家的都强大”[①]，网络空间虽不乏戾气，但马克思主义意识形态在网络空间内的主导地位未发生根本动摇，当代中国网络空间意识形态话语生态总体平衡。当前网络意识形态斗争形势同样也警示我们：要始终保持危机意识，“掌握网络意识形态主导权”，“坚决打赢网络意识形态斗争”[②]，维持网络空间良好的意识形态话语生态格局，而避免陷入不可控的话语生态失衡。

总的来看，以自由、开放、交互为信息传播特征的网络空间已成为意识形态交流交融交锋的新场域与主战场。在“自由宽松”的网络传播生态中，各种意识形态粉墨登场，多元意识形态对生存发展空间的自我伸张，集中表现为彼此之间的话语辩论与理论争鸣，即话语权之争。网络空间意识形态话语权成为意识形态斗争的聚焦点，引发了多元意识形态以话语权为中心的攻防对抗，形成了目前网络空间内意识形态话语权竞争的胶着状态——主流意识形态与非主流意识形态对主导地位的争夺，非主流意识形态向主流意识形态转变的竞争；即便国家主流意识形态，其在话语权较量中目前也尚未获得绝对的压倒性优势，对话语权阵地的争夺经常存在局部性的与非主流意识形态攻防易手的拉锯战况。

---

① 陈力丹：《舆论学——舆论导向研究》，上海，上海交通大学出版社 2012 年版，第 62 页。

② 《习近平关于社会主义文化建设论述摘编》，北京，中央文献出版社 2017 年版，第 36 页。

二、网络空间意识形态话语生态中的舆论场

在互联网的虚拟世界中，多元意识形态的话语生产、话语传播及其话语影响总是在话语生态中特定的话语场或舆论场内形成。话语情境、话语主体、话语主题等要素的差异，使不同的舆论场域相互区别。多维多质多样的舆论场域的综合样态及特色异彩，生动而又直观地展现出网络空间意识形态话语生态的多样性。当前，“随着新媒体快速发展，国际国内、线上线下、虚拟现实、体制外体制内等界限愈益模糊，构成了越来越复杂的大舆论场”[①]，当代中国网络空间意识形态话语生态的舆论场域更加复杂多元，多元意识形态话语的相互碰撞甚至力量博弈更加激烈，意识形态话语生产与传播空间的广度与深度发生深刻改变，意识形态网络舆情更加风云变幻。深刻变革的舆论场域，成为把握当代中国网络空间意识形态话语生态的重要参照。

（一）网络舆论空间隔阂消除

表达意识形态的话语总是在一定的时空范围内生成和传播，这一特定的时空范围便是意识形态的舆论空间。在过去传统媒介的主导下，由于受到地域距离、阶层差距、传播渠道、交流手段、文化差异、“意见领袖”主体相对单一、话语主体身份较为透明等多维多重因素的复杂影响，意识形态舆论空间较为密闭且呈现出多维性，存在明显的地域隔阂、阶层隔阂、话语隔阂等限制。而由于互联网创生的“虚拟社会”较单纯地以“平等”的信息交流为社会联络方式，往往可以通过共同的兴趣爱好、思想关注点或利益关切点使原本在现实社会中罕有“交集”的不同社会阶层、宗

---

① 《习近平关于社会主义文化建设论述摘编》，北京，中央文献出版社 2017 年版，第 45 页。

教信仰甚至不同国度、种族的人们实现重新组合而形成网络社群，从而在较大程度上摆脱了传统现实社会政治因素、经济因素、阶层因素、性别因素、民族因素、信仰因素等对舆论空间形成的隔阂，实现了在现实社会较难实现的广泛意义上的“全民交流”，打破了意识形态多维密闭舆论空间的界限。互联网对意识形态舆论空间隔阂的消除，是网络空间意识形态话语生态的鲜明特点，这在当代中国则展现出值得审视的中国样态。中国历史悠久，拥有960多万平方公里国土、56个民族、14亿多人口，具有意识形态话语生产与传播的广袤的物理空间和复杂的历史文化空间；中国是正在崛起的社会主义大国，但马克思主义意识形态国际话语权仍然式微，属于全球范围内意识形态图景中的“红色”少数；中国特色社会主义取得举世瞩目成就但仍处于初级阶段，区域经济发展水平差异明显、社会阶层多样复杂、社会等级观念遗存难除、国民民主意识亟待培植，等等。中国的现实国情，决定了其意识形态工作本身就比任何其他国家都更加复杂和艰巨。互联网淡化了以往现实社会物质因素与文化因素对意识形态舆论空间的种种限制，使当代中国网络空间意识形态话语生态面临空前的挑战和前所未有的机遇。“互联网是我们面临的‘最大变量’”[①]，抑或成为我国意识形态安全和政权安全的“最大增量”，成为对当代中国网络空间意识形态工作亟待解决的重大课题。

（二）网络意识形态话语传播迈向纵深

伴随网络空间意识形态话语生态的舆论场域不断突破现实交流中空间环境因素的制约，当代中国网络空间多元意识形态话语在传播广度上不断得到拓展和延伸的同时，其在传播的深度上也更加深入细致，意识形态话

① 《习近平关于社会主义文化建设论述摘编》，北京，中央文献出版社2017年版，第28页。

语以不拘一格的话语形式、丰富多样的话语内容渗透社会生活的各个领域和方方面面。众所周知，多年来中国互联网持续保持迅猛的发展势头。中国互联网络信息中心（CNNIC）在2024年3月发布的第53次《中国互联网络发展状况统计报告》最新数据显示，截至2023年12月，我国网民规模达10.92亿人，较2022年12月新增网民2480万人，互联网普及率达77.5%。中国朝着全民上网、掌上联网的方向不断迈进；互联网与基础应用、商务交易、金融、娱乐、公共服务等各个领域各个行业日益融合，虚拟社会与现实社会日益融为一体而无法剥离。在此种现实状况下，“不计其数”的中国网民纵然在教育程度、专业背景、职业领域等方面千差万别且信息喜好不尽相同，但网络空间多元意识形态能够以政治话语、经济话语、学术话语、生活话语、网络话语、娱乐话语等各式各样的话语形式传情达意，“总有一款适合你”。网络社会的加速渗透，使当代中国网络空间意识形态话语传播通达人心，深入每一位网民的私人领域，使任何人都无法置身意识形态话语之外。

（三）网络舆情瞬息万变

观察当代中国网络空间意识形态话语生态及其舆论场域，网络舆情的变动是一条宏观而又具象的参照。从严格意义上来讲，舆论并不等同于意识形态，但却可以表达、释解、传播意识形态，意识形态因此往往以舆论的形式展现出来，聚合认同者，期盼形成一定的“气候”。由此，网络舆情可视作网络空间意识形态话语生态的“天气预报”，昭示着不同意识形态在网络空间内的“阴晴雨雪”及其所处的生态位，即网络空间某种意识形态在话语生态中所占据的位置及其发挥的功能和作用。在当代中国网络空间意识形态话语生态的舆论场域内，马克思主义意识形态话语虽是主流话语，但由于官方话语权力的转移、网络“大V”群体的崛起、普通网民话语能力的成长以及信息燃点的不同，网络舆情并不总是于其有利，对马克思主义意识形态有利的网络舆情与不利的网络舆情往往交替出现或者在同时间段内分庭抗礼。这种舆情现象，是任何对网络舆情稍加关注的人都不难发现的事实，有关案例不胜枚举。党的十八大以来，党风廉政建设持续加强，反腐工作成效显著且深入人心，在全社会形成了良好的政治话语生态，网络舆情朝着于我有利的方向发展。但一些不实的网络报道、政治谣言等也不时地跳到台前，成为诋毁抹黑中国政治的“软刀子”。2016 年 G20 杭州峰会前，一篇名为《杭州，为你羞耻》的网文席卷网络，该文“直言”中国斥资 1600 亿元举办 G20 峰会，毫不心疼地花着纳税人的钱等言论对党和国家政府形象、施政理念产生了恶劣影响。而实际上，杭州市 2016 年一般公共预算支出总共才 1230 亿元，经调查发现，该文实为造谣言论。又如，2022 年乌克兰危机爆发不久，网络流传所谓“中国驻乌克兰大使馆提前撤离、置同胞于不顾”等言论，而实际上当时中国驻乌克兰大使仍在基辅，其本人也发视频辟谣，中国驻乌克兰大使馆及总领馆通过包机、包车等方式组织中国公民有序撤离。诸如此类失实消息严重损害我国国际形象。由此可见，当代中国网络空间意识形态话语领域宽泛，信息燃点的“泛政治化”倾向明显，舆情变化可谓是瞬息之间风云变幻。理性看待并科学引导网络空间内意识形态性舆论及舆情的发展变化，是当代中国网络空间马克思主义意识形态话语权建构所必须做实做好的日常功课。

综观之，网络空间成为意识形态交锋的主战场与最前沿。在互联网兴起以前，因受制于信息传播技术与信息传播速度的局限，意识形态斗争表现为一种以现实社会为主战场、以传统媒介与文化形态为武器的持久战。但伴随互联网的兴起与蓬勃发展，意识形态斗争的形势发生深刻变化。在网络空间内，信息传播呈现崭新特点，传统的适用于现实社会的意识形态攻防战略战术存在不同程度的“失灵”；网络信息技术突飞猛进，海量网络信息虚实难辨，政府部门“把关人”的角色与功能呈现式微；微博、微信等新媒体平台蓬勃兴起，官方媒体的权威性与舆论引导力在“人人都有麦克风”的传播生态中遭遇危机，一个突发性的社会事件往往能够瞬时引爆网络，甚至可以由此挑起思想领域内的意识形态斗争，挑战国家主流意识形态的话语权威。在网络空间内，意识形态斗争的胜负之分，不再仅仅表现为不同意识形态持久较量后的一个最终战况（如美苏近半个世纪的冷战），而是越来越鲜明地体现在由不经意的社会事件、网络爆料所引发的意识形态“遭遇战”与“闪电战”之中。这些大大小小战役的输赢成败，深刻影响国家意识形态斗争的最终结果。网络空间意识形态斗争战线之长、涉面之广、不确定因素之多，使网络成为国家意识形态安全链条上最薄弱的环节，也最易成为非主流意识形态妄图“上位”的突破口。

三、网络空间意识形态话语生态的资源配置

网络空间意识形态话语的生产和传播，总是需要依托一定的话语资源。话语资源的配置状况，成为网络空间意识形态话语生态的重要参照。网络空间意识形态话语生态的资源配置，可从两个维度来观察和审视：其一，网络空间意识形态话语生态中有哪些话语资源；其二，网络空间意识形态话语生态中的话语资源如何进行分配，即由谁掌控。把握当代中国网络空间意识形态话语生态的资源配置状况，可沿以上思路进行剖析和呈现。

（一）话语资源形式多样

网络空间意识形态话语生态中的话语资源，从类型上来讲，大致可分为 3 种具体表现形式。其一，网络信息技术。网络信息技术是网络空间意识形态话语生产和传播的最宝贵的资源，是网络空间内任一意识形态赢得话语权的最根本保障。纵观世界互联网发展史，与网络空间意识形态话语权相伴相生的是对网络信息技术的争夺。长久以来，美国一直在网络空间

意识形态话语生产和传播方面占据优势，其根本原因溯源于美国在网络信息技术发展水平和技术上的优势，才使其独占鳌头、占得先机。在网络信息技术方面，西强我弱的旧格局依然发挥着惯性力量，但中国信息技术的创新发展有希望"翻新"失衡的旧格局。2018年以来，量子信息技术作为一种颠覆性技术，在我国不断取得重大突破。清华大学的研究团队首次实现了25个量子接口之间的量子纠缠，打破了先前加州理工学院研究组4个量子接口之间纠缠的纪录；中国科学技术大学的研究团队在国际上首次实现18个光量子比特的纠缠，刷新了所有物理体系中最大纠缠态制备的世界纪录。[①]《世界互联网发展报告2023》构建了"2023年世界互联网发展指数评价体系"，显示美国、中国、新加坡位列互联网发展指数前三名；《中国网络文明发展报告2023》全景展示我国网络空间思想引领、文化建设、道德建设、行为规范、生态建设、法治建设、文明创建、交流互鉴8个方面的生动实践和显著成就。中国网络信息技术的创新发展、网络文明的稳步推进，为中国掌控网络空间意识形态话语资源提供了现实可能。其二，由信息传播渠道、平台等构成的话语媒介资源。在当代中国网络空间内，意识形态话语媒介资源极为丰富，网站、微博、微信、QQ、BBS论坛、贴吧、快手、抖音、直播平台及各类APP等信息传播渠道和平台恒河沙数。第53次《中国互联网络发展状况统计报告》有关数据显示，截至2023年12月，中国累计建成5G基站337.7万个，APP在架数量达261万款、小程序超700万个。丰富的话语媒介资源，为当代中国网络空间意识形态话语的传播渠道提供了广阔的选择空间。其三，以网络新闻报道、政府官方公告、文学、动漫、影视、图片、漫画、自拍及直播影像等为主要形式的

---

① 第42次《中国互联网络发展状况统计报告》，http://www.cac.gov.cn/2018-08/20/c_1123296882.htm，2018年8月20日。

话语载体资源。此类资源在当代中国网络空间意识形态话语生态中亦俯拾即是。综合来看，当代中国网络空间意识形态话语资源形式多样而丰富。

（二）话语资源“全民共享”

共享，是网络空间意识形态话语资源的一个鲜明特点。在网络空间意识形态话语生态中，信息技术资源、话语媒介资源和话语载体资源亦如自然生态系统中的可再生资源一样，取之不尽而又用之不竭；而与自然生态系统可再生资源以年、月、日和小时为时间单位来计量的使用等待周期相比，网络空间意识形态话语资源在一般情况下具有零使用等待周期的鲜明特点。只要维系网络运转的硬件与软件正常运行，网络空间意识形态话语资源就可以夜以继日、随时随地地被使用。由于网络空间意识形态话语资源的这一特质，我们不再像物理空间内的话语传播一样，一方对话语资源的占有往往意味着另一方的“长时间”等待甚至话语资源的失去。在网络空间内，意识形态话语资源所具有的全民使用的开放性、使用权利的“均等性”，是现实社会意识形态话语资源无法企及的。从理论层面及表现形式上来说，网络空间意识形态话语资源真正实现了全民共享。当前，中国网络空间意识形态话语生态中的“众声喧嚣”，实际上正是不同意识形态话语主体凭借对话语资源的共享性而实现的。我们应看到，由于目前中国网络空间治理机制尚不健全、治理能力尚有欠缺，意识形态话语资源在“全民共享”之下部分存在缺乏规制和资源滥用的乱象，为优化当代中国网络空间意识形态话语资源配置提出了现实挑战。

（三）话语资源“有序可控”

网络空间意识形态话语资源的特质，实现了网络空间不同意识形态主体对意识形态话语资源的共享。而实际上，这种“全民共享”只是当代中国网络空间意识形态话语资源配置的表面现象。分析和把握当代中国网络空间意识形态话语资源配置问题的关键，在于透过表象，抓其本质。当代中国网络空间意识形态话语资源的配置，实际上是不同意识形态话语主体对形式多样的意识形态话语资源有序化的掌控。从表面来看，网络空间意识形态话语资源的使用门槛很低，任何人都可以通过网站、微博、微信、论坛、贴吧等各种话语媒介资源发表言论、表达思想、传递信息，但何种言论、思想、观点能够得以在网络上长久存在并得以传播却是经过有意筛查、甄别、选择和控制的。而这种“筛查、甄别、选择和控制”的权利，并不是网民全民共享的。由此可见，网络空间意识形态话语资源的实际掌控权，因话语主体不同而存在显著差异。

从当代中国网络空间意识形态话语资源的实际掌控来看，掌控主体大致可分为四类。一是政治权力主体。政府作为政治权力的代表，拥有所有形式的网络官方媒体和主流媒体，凭借其政治权力对所有网络传播平台、载体以及表达意识形态的话语进行“把关”，拥有极大的网络空间意识形态话语资源配置的控制权。二是资本和市场所代表的传媒主体。在利益的驱使之下，资本与市场参与竞争网络空间意识形态话语资源的生产和配置，对话语资源控制的综合能力仅次于政治权力主体。三是与国家主导意识形态根本对立的国内外政治势力。他们以颠覆国家政权为最终目的，不择手段地争夺和抢占话语资源。四是以集群形式存在的网民社群。由于意识形态话语表达的是群体诉求，因此缺乏从众“支持”和“拥护”的单个网民孤零零地自说自话不能形成意识形态话语，势单力薄的他也必然不能掌控意识形态话语资源。只有当网民因彼此认同或同质的利益诉求而聚合成群时，才会对意识形态话语资源的配置产生一定的影响；而又因其在技术、资本、权力方面的式微，致使其对话语资源配置的实际控制权有限。综合来看，以上四类主体之间存在“权力”势差，并按照“权力”高位主体即政治权力主体制定的规则来掌控话语资源配置。这种网络空间意识形态话语资源的配置状况，在国家主导和主流意识形态具有合法性与合理性的基础和前提下是有序和规范的，不然网络空间意识形态话语资源极易沦为资本和市场操纵的“赚钱工具”、敌对势力制造动乱的“核武器”、摧毁社会共识的“分离器”。在当代中国，马克思主义意识形态是国家主导意识形态，反映广大无产阶级的根本利益，具有合法性与合理性；政治权力对网络空间意识形态话语资源配置掌握绝对权力，制定规则、规范秩序，有助于气朗风清的网络空间意识形态话语生态的形成。当前，中国网络空间意识形态话语资源的配置，呈现出一种在政治权力支配下，资本与市场激烈竞争，国外各方势力跻身参与，网络集群谋求更大控制权的有序可控的格局。

第二节　网络空间意识形态话语的多元主体

对于网络空间意识形态话语生态而言，多元意识形态的话语主体可谓是最核心、最重要、最活跃的构成要素。话语主体身份的隐匿性，是网络空间意识形态话语主体的一大特点。一方面，在网络空间内，除非对方主动亮明身份，不然往往是只闻其声、仅见其文，而未识其人，很难知晓对方是“何方神圣”。但是另一个方面，即便是隐藏得再深，任何人只要“漫步”于网络空间就必然会留下痕迹，凭借强大的数据处理能力，又总能勾勒出他的大致形象。网络空间意识形态话语主体，正是如此若隐若现地存在于网络之中。在当代中国网络空间内，网络意识形态话语主体可大致分为三类，即政府官方主体、商业传媒和网民社群。三大主体各有不同的成员构成和组织形式，彼此之间存在不同的关联方式和相互作用。

一、“把关人”主体：党和政府

互联网的兴起，成就了新媒体的崛起。新媒体实现了传统媒体的大汇合，同时拥有了传统媒体不曾拥有的强大的信息传播和社会动员能力。网络传播，被赋予了广泛而深刻的政治意义。在网络传播当中，国家政治权力主体及其核心代言人（官方媒体与主流媒体等）成为重要的参与力量，其凭借技术、资本及强制性权力，充当“把关人”的角色，对网络空间意识形态话语生态产生不容忽视的影响。

（一）虚拟空间内党和政府面临意识形态工作新境遇

在网络空间意识形态话语生态中，“由于个人以前所未有的方式获取信息，而信息交流也更为频繁，他们对政治信息的了解、知情的渴望是十分强烈的；信息跨国界的传播，使民主比以往更加成为人们的一种需求”[①]，网络虚拟空间越来越成为现实的政治空间，网络政治问题越来越成为国家政治框架下的重要议题。在此议题下，互联网如何被用于政治，政府部门、主流媒体、非官方性质的国内商业媒体、境外政治力量及媒体、广大公民如何使用互联网参与中国政治，网络对媒体的政治报道、意识形态宣传产生了怎样的新的影响等，这一系列亟待研究、回答和破解的问题都充分表明，虚拟空间内党和政府意识形态工作面临新的境遇——网络空间意识形态工作更加艰巨，参与主体更加多元，政治影响更加复杂，等等。而这一“新境遇”对国家意识形态工作带来的最大挑战，莫过于互联网传播有能力挑战政府和主流媒体的统治性话语，冲击国家意识形态话语的权威性。因此，大力抓好网络空间意识形态工作，维护好马克思主义意识形态的权威地位，努力开展网络空间意识形态治理，成为当前中国共产党意识形态工作的新形势。

---

① 胡泳：《众声喧哗：网络时代的个人表达与公共讨论》，桂林，广西师范大学出版社2008年版，第15页。

（二）党和政府“把关人”角色的式微与重塑

一般意义上，国家政治权力主体可以通过对大众传媒、新闻出版、影视影像、学术研究等思想文化领域的各方各面进行集中有力的控制和垄断，充分发挥“把关人”的作用，从最大限度上确保国家主导意识形态的绝对权威和根本指导地位。但是，互联网极大地打破，甚至颠覆了国家政治权力对信息的垄断和控制，削弱了党和政府对信息集权控制的能力。互联网的开放性和自由度，实现了信息的“全民传播”“即时传播”“瞬时传递”，使党和政府对信息的筛查、甄别、选择、控制等把关能力明显式微。特别是互联网衍生出的网络全球化，使得一个国家的内部事务越来越受到世界的围观，一个国家对信息、舆论的管控程度越来越被“泛政治化”为国家的民主程度以及人权状况等，这些现实情境也越来越考验党和政府在“把关”网络新闻、信息、舆论观点时的技巧与能力，考验着中国共产党的执政能力。正如习近平总书记多次强调的，“过不了互联网这一关，就过不了长期执政这一关”，“管好用好互联网，是新形势下掌控新闻舆论阵地的关键，重点要解决好谁来管、怎么管的问题”。①当前，如何重塑党和政府在网络空间的“把关人”角色，有效提升党和政府在网络空间内的信息把关能力，已成为维护我国国家意识形态安全的重要任务。

（三）党和政府积极开辟话语阵地

互联网新兴媒体的传播模式，打破了过去党和政府拥有绝对话语权力优势的旧格局。党政部门想凭借过去的“特权”先天地赋予自己网络空间内的意识形态话语权已无可能。积极开辟网络空间意识形态话语阵地，成为当前中国政府势在必行的抉择。近年来，中央及各级地方政府积极出台

① 《习近平关于社会主义文化建设论述摘编》，北京，中央文献出版社 2017 年版，第 42 页。

有关政策推动政务服务网络化，大力加强微博、微信、客户端“两微一端”新媒体建设，不断提升政府网站集约化程度，优化了塑造政府良好形象的网络窗口，卓有成效地提升了政府信息公开化和服务线上化水平，同时积极推动官方媒体的网络化建设，网络空间意识形态阵地不断开辟并得到加强和巩固。全球领先的移动互联网第三方数据挖掘和整合营销机构 iiMedia Research（艾媒咨询）权威发布的《2017 年 4 月中国微信公众号影响力排行榜 TOP500》显示，人民日报、央视新闻、人民网、新华社、央视财经等传统媒体转型类公众号占据排行榜前五位，官方主流媒体的网络影响力不断壮大。人民日报、央视新闻在微博、抖音平台账号粉丝量均过亿。此外，第 53 次《中国互联网络发展状况统计报告》最新数据显示，截至 2023 年 12 月，我国在线政务服务用户规模达 9.73 亿人，较 2022 年 12 月增长 4701 万人，占网民整体的 89.1%。共有政府网站 13925 个，覆盖全国 31 个省（区、市）和新疆生产建设兵团；经新浪平台认证的政府机构微博达 146638 个，我国 31 个省（区、市）均已开通政务微博。[①]综合来看，党和政府作为“把关人”主体在网络空间内进行信息发布、解读回应、办事服务、互动交流、了解舆情、引导舆论的能力日益提升，马克思主义意识形态话语网络生产力、传播力、影响力不断增强。

二、“趋利者”主体：商业传媒

媒体，一直都是参与意识形态话语生产、表达和传播的核心主体。伴随我国社会主义市场经济的深入发展，特别是网络经济的迅速崛起和勃兴，积极推动商业化越来越成为中国媒体求生存、谋发展的普遍做法。无

① 第 53 次《中国互联网络发展状况统计报告》，https://www.cnnic.net.cn/n4/2024/0321/c208-10962.html，2024 年 3 月 22 日。

论是现实生活中的传统媒体，还是网络空间内的新媒体，都打上了鲜明的商业化烙印。商业传媒因其鲜明的趋利倾向，在信息生产和传播时往往将利润多寡作为重要参考，而信息内容的质量如何、价值观是否正确以及真实程度如何等重要要素往往退居次要地位。这种变化，对网络空间舆论场中意识形态话语的生产和传播产生了不容忽视的影响。商业传媒，在当代中国网络空间意识形态话语生态中的地位与影响作用值得高度关注和深入分析。

（一）官方媒体市场化竞争下的“方程解答”

中国媒体，在经济独立性、管理自主性、受众服务以及政体关系上，具有鲜明的中国特色，所有的媒体都置于“党管媒体”之下，绝大部分的主流媒体都具有官方特色。毋庸置疑，无论是在现实的社会生活，还是虚拟的网络空间，官方媒体始终都是国家意识形态话语生产、传播和引导的最主要力量，是国家意识形态的重要阵地。伴随中国新闻改革的深入，政府“中止为新闻媒介单位提供经营经费、使得媒介单位必须自谋生路”[①]，新闻媒介运作的政治经济环境发生了深刻改变。“党和政府虽然依旧在下达指令规定报道的范围，但它们并不阻止，反而积极鼓励国有媒体互相展开市场竞争”[②]，官方媒体“用国家所有制赋予的政治优势在市场上获取经济收入，又用这种收入完成意识形态领域需要完成的政治任务”[③]。如此一来，官方媒体处于复杂的发展环境并扮演着复杂的角色，既要坚持“政治家办报”，又要生产有市场的卖点，参与市场竞争，具有鲜明的商业化性

---

① 潘忠党：《新闻改革与新闻体制的改造：我国新闻改革实践的传播社会学之探讨》，《新闻与传播研究》1997 年第 3 期。

② 胡泳：《众声喧哗：网络时代的个人表达与公共讨论》，桂林，广西师范大学出版社 2008 年版，第 306 页。

③ 陈力丹：《关于媒介经济的若干问题》，《新闻界》2005 年第 3 期。

质，成为商业传媒中的特殊一员。南方报业传媒集团董事长范以锦曾分析《南方周末》的处境如同解一道“三元方程”——是否符合政策环境、是否符合市场需求、是否符合新闻人的理想且对得起大历史[①]，较为全面和深刻地分析了官方传媒的现实处境。而在当前，伴随网络传媒这一崭新的表达和传播平台的创生与发展，官方媒体既要肩负起在虚拟与现实双重空间内的宣传使命，同时也面临非官方传媒凭借网络传播特质对自身话语权威和话语力量的消解以及参与市场竞争的巨大压力，面临着更加复杂的“多元方程式”的解答问题。

（二）非官方媒体追名逐利中的“乱”与“治”

毫无疑问，网络传播的兴起，为非官方媒体的生存与发展注入了能量与活力。但与官方媒体先天的政治优势、资本优势、技术优势相比，非官方媒体在市场竞争中的压力仍然更为突出。能否在市场中立足并获得利润，直接关系非官方媒体的生死存亡。目前，腾讯网、新浪网、凤凰网等非官方新闻媒体运营良好，具有一定的市场，代表了非官方媒体在网络空间内的成长与崛起。但当追求利润和收益成为媒体报道新闻、发布消息、阐发观点、发布广告等的重要参照的时候，非官方媒体往往容易迷失于“金钱的欲望”之中而忽视了新闻质量、文化产品内涵，导致唯点击率、转载量、播放量、评论量是从，迎合低级趣味、消费大众情感等网络乱象的产生。2019 年年初，知名自媒体公众号“咪蒙”发布了一篇名为《一个出身寒门的状元之死》的文章，在网络中掀起轩然大波，被大量转发和评论，轻松收割数百万点击量和 10W+ 的阅读量。这篇涉及诸多公共议题，并能够引发人们对社会现状、生存现状等政治议题、教育议题、经济议题、民生议题等广泛思考和探讨的“燃文”，竟是有意虚构和杜撰的

① 范以锦:《南方报业战略》，广州，南方日报出版社 2006 年版，第 52 页。

产物，目的则是获取商业利润。当真相被揭露，文章虽被下架和封禁，但其却对国家主流意识形态产生了不容忽视的消极影响。而这一案例，仅仅是自媒体乱象中的冰山一角而已。纵然国家积极出台有关政策和文件加强有关方面的治理，通过约谈和整改等形式规范新媒体市场，但很多媒体却还在“打擦边球”。规范网络媒体市场，尤其重视非主流媒体以及自媒体“乱象”的治理，是营造气朗风清、竞争有序、健康繁荣的网络媒体环境以及网络意识形态话语环境的重要着力点。

（三）境外传媒在竞争博弈中的“明”与“暗”

伴随网络传媒商业化进程的不断深入发展以及中国传媒国际化水平的不断提高，境外传媒借助互联网纷纷涌入中国，海外传媒机构积极布局中国市场，成为当代中国网络空间意识形态话语生态中不容忽视的主体力量之一。2017 年，美国时代华纳集团 HBO 电视网与腾讯 QQ 展开合作，将 QQ 巨大的社交优势开放给外资媒体，积极拓展中国年轻用户。同年 4 月，美国在线电视平台 Netflix 与爱奇艺签署许可协议，在剧集、动漫、纪录片、真人秀等内容领域对后者授权；2018 年 3 月，迪士尼与阿里旗下的阿里巴巴文化娱乐集团合作，将有超过 1000 集动画系列剧集在优酷及相关的 OTT 平台播出。[①]诸多海外企业、媒体通过合作等方式积极拓展中国业务，抢占中国传媒市场，特别是借助互联网向中国传播其文化产品和思想观念，在或明或暗中对中国国家意识形态安全构成了潜在的威胁和挑战。一方面，有关西方国家及海外传媒借中外传媒合作炒作话题，打着“新闻自由”的幌子“光明正大”地攻击我国新闻舆论管理制度，甚至借题发挥，攻击中国政治制度；另一方面，有些国家借此机会暗度陈仓，或寻找

① 猫宁:《国剧批量出海，Netflix 进军中国，这场博弈谁成就了谁？》，https://www.sohu.com/a/222298756_570245，2018 年 2 月 12 日。

“中间人”为其代言，或通过资本投入妄图控制中国国内媒体，在新闻报道、影视产品、文学作品、动漫游戏等中夹带西方个人主义及所谓的“普世价值”，以极强的隐蔽性、迷惑性和煽动性干扰网络舆论，冲击国家主导意识形态的权威与主导地位。当前，中国传媒与海外传媒在网络空间内的竞争博弈依然激烈上演，对当代中国网络空间意识形态话语生态的影响值得高度重视和持续关注。

三、“集群性”主体：网民社群

舆论不直接等同于意识形态，但却反映和影响意识形态；舆论的主体，不是个人，却是由具有相同意见和观点的个人组成的公众或集群。当网络空间内数量庞大而分散的网民因共同的诉求、意见、观点、利益等而聚合成为社群，网民社群便能形成集群效应，网民社群的意见和观点就越以公众意见的形式呈现出来，影响网络舆论，甚至独立形成舆论，进而对意识形态产生影响和作用。在网络空间内，网民社群通过集群的力量，成为意识形态话语生态中的重要人物和角色。

（一）网民社群的入场

在中国过去传统的大众传播环境中，由于掌握话语资源的有限性、新闻传播制度的制约以及政治经济等因素的干预，普通个人和群体的意见除了借助传统媒体得以表达和传播以外，罕有他法。因此，个人或群体的意见观点等能否掀起社会舆论，形成表达特定群体或集团利益的意识形态话语，很大程度上取决于媒体的报道与传播程度。在社会多元意识形态话语生态中，普通个人及群体都是作为被动的参与主体而存在的。但网络媒体的兴起，极大改变甚至颠覆了这种状况。在网络空间内，由一定数量的网民聚合而成的网络社群，无论其是以集中的、有组织的形式存在，如QQ群、微信群等，还是以分散的、临时性的形式存在，如论坛、贴吧、微博中意见相同者在讨论过程中的短暂相聚，它们都是以网民彼此的认同感聚合而成的。这种网民间彼此的认同感，会在社群中放大和强化，进而将网民社群的思想观点促成强大的信息源——通过互联网传播的网状型传播结构，迅速传遍网络的“大街小巷”和“犄角旮旯”，因信息源内容的差异而对意识形态话语生态产生不同程度的影响。网络监督、网络反腐、网络打假以及围绕社会热点问题、社会冲突、社会矛盾而进行的网络揭发、网络评论、网络辩论、网络追问等，都无不生动呈现了中国网民通过网络舆论将个人意见上升为公开甚至公众意见，由此改变事件进程、推动解决社会矛盾、反映民众诉求等的强大话语力量。不难理解，网民社群已成为深刻影响网络空间意识形态话语生态的重要话语主体。

（二）多元意见领袖的崛起

从传播学的角度来看，意见领袖是信息传向受众的中介环节，对传播效果产生极为重要的影响。伊莱休·卡茨早在 1957 年发表的《两级传播：关于一个假设的最新报告》一文中指出，意见领袖比起媒体来，对人们的意见、行动和行为拥有更多的影响力。[①]在传统媒体时代，从整个社会大环境来看，意见领袖多为活跃于特定社群的专业人士——专家学者、商业大亨、政治精英、娱乐明星、记者评论员等，他们对舆论的引导作用往往聚集在其所擅长的单维领域内，且其对社会舆论的整体引导力大多是借助报刊、电视、广播、杂志等传统媒体实现的。传统意义上的意见领袖，具有浓厚的“被筛选”的色彩。而在互联网传播中，社会各特定社群的专业人士具有了“均权”的曝光度，其言论观点有了“均权”传播的可能性与现实性。“被筛选”的枷锁得以解脱，网络意见领袖群体构成更加多元、

① Katz E., 1957: “The two-step flow of communication: An up-to-date report on an hypothesis”, *Public opinion quarterly*, Jan.

数量更加庞大、影响力更加广泛；网络传播的无边界，也使得跨界言说和引领成为网络意见领袖的鲜明特点之一。当社会热点问题、公共事件等在网络热传时，各界知名人士、专业人士以及事件的亲身经历者等通过积极参与，表达观点、传播讯息或解读事件，对自己的“粉丝”及其他关注者的观点和看法产生影响，甚至左右网络舆论的走向。“势单力薄”的个人，其舆论影响力甚至超过媒体平台。《环球时报》特约评论员胡锡进的新浪微博粉丝数为 2488 万，与《光明日报》微博粉丝数 2532.6 万相当，甚至明显超过凤凰网（2194 万粉丝）等新闻媒体微博的粉丝数（截至 2024 年 6 月）。当前，网民社群中多元意见领袖的崛起，对网络舆论引导产生的深刻影响日益凸显，对网络空间意识形态话语生态的影响不断增强。

（三）网民社群政治动员的勃兴

有人的地方，就有江湖。网民密集的网络社群，也存在不同派系力量特别是政治力量的“江湖纷争”。在网络社群内，通过信息发布、舆论鼓动、群体协商、情绪串联来调动政治力量，从而达到现实政治目的的政治动员，已成为悄然兴起的新型的政治实践，对现实政治和网络空间意识形态话语生态产生深刻的影响。2011 年发生的“阿拉伯之春”政治风暴，很大程度上离不开网络社交媒体对阿拉伯青年的联结和动员功能，正是社交媒体的聚集和鼓动，使得革命快速蔓延，“社交媒体能够为招募、筹款、传播信息和图形、集体讨论、行动动员提供强大的、快速的、低成本的工具”[①]。网络政治动员，是通过信息流和意见流的传播诱发网民的意见倾向，进而获得网民认同和支持才得以实现的。简言之，网络政治动员，是首先通过网络政治思想动员而得以实现的。因此，网络政治动员，将对

① Tudoroiu T., 2014: “Social media and revolutionary waves: The case of the Arab spring”, *New Political Science*, Jun.

网络空间意识形态话语生态产生直接影响；而网络政治动员所传播的政治价值观、政治立场、政治态度、政治倾向等政治思想，一旦聚合起以强烈的认同感而“走到一起”的网民社群，网民社群通过集群力量的扩大和发散，进而将会对网络空间意识形态话语生态产生更加广泛和深远的影响。由此不难看出，在网络政治动员勃兴的形势下，网民社群对网络空间意识形态话语生态的影响作用更加凸显。社群内网民如若政治素养较低，政治立场不够坚定，则其极易被各种政治动员领袖人物所动员，对网络空间意识形态话语生态产生负向影响的变动性较大；反之，则其不易被除国家政治主体以外的力量所动员，有助于维护网络空间意识形态话语生态的健康发展。当前，中国网络空间内政治动员主体鱼龙混杂、敌我难辨，密切关注网民社群的政治素养和行为动向，成为当代中国网络空间意识形态话语生态建设的重要抓手。

第三节　网络空间意识形态话语生态的秩序规范

网络空间意识形态话语的生产与传播，具有较高的自由度、开放性以及较强的互动性，但这种自由、开放与互动必然要遵守一定的秩序与规范，而非无规无矩的自我放逐。习近平总书记指出：“网络空间同现实社会一样，既要提倡自由，也要保持秩序。自由是秩序的目的，秩序是自由的保障。我们既要尊重网民交流思想、表达意愿的权利，也要依法构建良好网络秩序，这有利于保障广大网民合法权益。”[①]网络空间内各类意识形态话语主体生产、表达、传播和交流各自话语，都必须遵守一定的秩序规

① 《习近平关于社会主义文化建设论述摘编》，北京，中央文献出版社 2017 年版，第 37 页。

范。这种秩序规范，是网络空间意识形态话语生态健康有序发展的重要保证。从总体上把握当代中国网络空间意识形态话语秩序，深入分析目前存在的问题与挑战，对构建当代中国健康有序的网络空间意识形态话语生态具有重要的理论与实践意义。

一、网络空间意识形态话语生态的失序与规范

自1994年中国正式接入国际互联网，中国互联网发展已走过了从“野蛮生长”到追求“秩序之美”的30多年时间。其间，互联网在给我们的生活增添亮丽的色彩、别样的生活体验和前所未有的感受的同时，也一度乱象丛生。“有的人为了提升人气，不惜造谣传谣。有的人借助热点事件设置负面话题，组织围攻网上正义声音。更有个别无良‘大V’，恶搞丑化英雄，肆意歪曲历史”[①]，蛊惑人心，将虚拟社会搞得乌烟瘴气，折射出了当代中国网络空间意识形态话语生态的失序现象。从乱象当中探析其本质，从本质把握中治理乱象，是营造气朗风清网络空间的必由之路。

（一）被打开的“潘多拉魔盒”

当前，中国网络空间意识形态话语生态在秩序规范上表现出各种“问题”性质，造成这些“问题”的原因是多方面的，但总的原因在于：网络空间意识形态话语生态是一种与现实社会意识形态话语生态迥异的“新生态”，传统社会意识形态话语生态的伦理规范与秩序规则在网络空间的约束力明显减弱，而网络空间内新的秩序规范尚在塑造当中——旧的秩序规范已经失灵，而新的秩序规范尚未成型，这种从现实社会到虚拟社会意识形态话语生态秩序规范的断裂和空档为网络空间意识形态话语生态的失序留下了空间。此外，由于“中国在现实中缺乏一套能充分容纳民意表达，并

---

① 任贤良：《网络社会同样需要“秩序之美”》，《光明日报》2015年8月20日。

将民意反映到公共政策和公共事务的决策和裁判中去的机制”，“而在互联网上，人们终于发现了一个相对可以免于恐惧和限制的公共空间，情绪的亢奋和批评的激烈便犹如洪水出闸”[①]，当人们的权力与权利意识在网络空间内被极大地唤起，而又缺乏话语表达和传播的秩序时，网络空间意识形态话语生态失序的“潘多拉魔盒”被打开了，由此造成了网络空间意识形态话语生态种种非常态、亚健康的表现。同时，又由于“资本逻辑宰制下的互联网商业化运作模式对伦理失序问题起了助推作用”[②]，各股政治势力在网络空间内进行着以颠覆政权、排挤主流意识形态话语为目的的“背光操作”，使得网络空间意识形态话语生态失序的乱象更加错综复杂，剪不断理还乱。加快构建当代中国网络空间意识形态话语生态的良序法则，关闭“潘多拉魔盒”，是当代中国网络空间意识形态话语生态治理的首要任务。

（二）时尚的“审丑”奇观

不知何时，示丑成为网络空间内的一种“时尚”、流行的现象。低俗、媚俗、庸俗等丑陋现象在网络上衍生繁殖，其非但没有被“审美”所压制，被理所应当地铲除、摒弃，反而引起了广大网民的围观，以丑态吸睛的网络“丑星”甚至受到了部分网民的盲目追捧，成为某些人的“偶像”。如何审丑，成为网络空间意识形态话语生态治理中一个非常重要的问题。当前，中国网络空间内的审丑现象，不是以丑的审视来表达对美的追求，而是一种纯粹在他者的示丑、献丑、露丑中寻得扭曲的快感、满足低级的趣味，表达和传扬的是粗俗、恶俗、低俗、媚俗、庸俗“俗不可耐”的价值取向，这种以丑为美、大行其道的奇异文化景观，对主流意识形态和主

---

① 胡泳：《众声喧哗：网络时代的个人表达与公共讨论》，桂林，广西师范大学出版社 2008 年版，第 310、311 页。

② 赵丽涛：《网络空间治理的伦理秩序建构》，《中国特色社会主义研究》2018 年第 3 期。

流文化产生了不容忽视的侵蚀影响，成为当代中国网络空间意识形态话语生态失序的直观表现之一。其实，对于网络空间内看似不可思议的审丑现象，它却有着“合理”的存在根据——部分个人、团体以及媒体在巨大利益（名与利）驱使下丧失底线生产丑陋以满足一些网民对丑的消遣，而绝大部分网民则由一开始的“看客”和“观光者”在不自觉间被“拉拢”为网络审丑大军的一分子，壮大了网络审丑的队伍。而广大网民之所以能被拉拢，一方面在于“丑陋产品”肆意“畅销”于非官方性质的网络平台、自媒体平台以及各类APP，让人目不暇接、免费消费；另一方面在于网民群体心理发展的不成熟以及自律能力的不足等。网络审丑的盛行，反映出网民对嗜丑误区的普遍涉足，广大网民如果深陷其中而无法自拔，则必然导致网络空间香臭不分、美丑不辨、是非颠倒，届时网络空间将充斥着颠覆传统美学的丑言丑语，网络空间意识形态话语生态将污浊不堪、一片混沌。治理“审丑”，莫让“审丑”再横行，是当代中国网络空间意识形态话语生态加强秩序规范的重要着力点。

（三）迷惑人心的网络谣言

网络空间意识形态话语生态健康发展的一条基本法则，就是网络信息的真实可靠。但是，网络空间内的各类信息各类话语所表达的，向来是真假并存、半真半假、真假难辨的。虚假的网络信息特别是网络谣言，严重侵害网络空间意识形态话语生态。而在所有的网络谣言中，又当数网络政治谣言对网络空间意识形态话语生态的危害最大，是网络空间意识形态话语生态失序的直接表现。网络政治谣言，“主要是对政治人物尤其是政治领导人，或对社会政治事件尤其是重大的社会政治事件的一种不确切甚至完全虚假信息的捏造和传播”[①]，往往以敏感的政治和社会问题、社会矛盾

① 巢乃鹏：《网络政治谣言扰乱主流政治文化》，《人民论坛》2016年第19期。

以及政治人物为议题，歪曲事实甚至无中生有地捏造，使假中透着真，往真里搀着假，以各异的形态、百出的花样公然调侃公权力，肆意抹黑政府及政治人物、党的领袖，攻击社会主义制度，否定党的政策，鼓吹历史虚无主义，等等。网络政治谣言往往出于别有用心者、妄图兴风作浪者以及唯恐天下不乱者之手，其内容真伪难辨，具有极强的蛊惑性和煽动性，一旦在网络空间内传播开来，将对广大网民的思维方式、价值观念、政治立场及态度等方面产生强烈的冲击，严重扰乱网络空间主流政治文化和政治信念，对网络空间意识形态话语生态造成极大的破坏。从全球范围来看，网络政治谣言是一种横行于各国的普遍现象，是令世界各国普遍头疼的问题；对于当下中国而言，如何实现对网络政治谣言的有效施策、科学治理，还网络空间意识形态话语生态一片晴空，是加强治理网络空间意识形态话语生态失序现象的重要一环。

（四）话语秩序规范化：由“一元主导”到“多方共治”

网络话语秩序规范化建设已逐步由“一元主导”向“多方共治”转变，即传统的政府公权力主导的治理模式逐步转变为“政府—平台—公众”多元治理模式。网络话语秩序规范化越来越需要汇聚全社会力量协力推进。习近平总书记在网络安全和信息化工作座谈会上强调：“在我国，七亿多人上互联网，肯定需要管理，而且这个管理是很复杂、很繁重的。企业要承担企业的责任，党和政府要承担党和政府的责任，哪一边都不能放弃自己的责任。网上信息管理，网站应负主体责任，政府行政管理部门要加强监管。主管部门、企业要建立密切协作协调的关系，避免过去经常出现的‘一放就乱、一管就死’现象，走出一条齐抓共管、良性互动的新路。”[①]

① 习近平：《论党的宣传思想工作》，北京，中央文献出版社 2020 年版，第 206 页。

二、网络空间意识形态话语生态的硬规范

互联网是思想文化的大熔炉，“深刻改变着舆论生成方式和传播方式，改变着媒体格局和舆论生态”[①]。当前，中国网络空间意识形态话语生态环境依然复杂，网络“审丑”、网络谣言、不良信息等问题值得高度关注。当代中国网络空间意识形态话语生态的环境污染源清理工作任务艰巨，如果其长期得不到有效治理，必然导致其生态恶化、乱象丛生。加强整治网络空间意识形态话语生态中的种种乱象，保持网络空间意识形态话语生态的健康秩序，是当代中国网络空间意识形态话语生态治理的重要任务。近年来，中国高度重视网络空间治理，不断完善网络治理体系，大力推进网络法治建设和技术建设，积极构建网络空间治理格局，维护网络空间意识形态良好话语生态的硬规范日益完善和加强。

（一）综合治网格局生效

当前，中国拥有世界上最庞大的网民数量、网站数量以及手机移动网络用户，是当之无愧的信息化大国。互联网已经成为反映民意的重要窗口、交流信息的重要场所、碰撞思想的重要平台，但当代中国网络空间意识形态话语生态的种种乱象，反映出网络空间意识形态安全的客观隐患及其潜在风险，折射出中国作为网络大国“大而未强”“大而欠稳”的现实局面。此外，网络治理还长期存在“九龙治水”的监管乱象。“根据不完全统计，目前我国政府参与互联网管理的部门已达到 16 个之多”[②]，“多头

① 《习近平总书记系列重要讲话读本》，北京，学习出版社、人民出版社 2014 年版，第 98 页。

② 叶敏：《中国互联网治理：目标、方式与特征》，《新视野》2011 年第 1 期。

管理、职能交叉、权责不一、效率不高”[①]，这些客观状况为从顶层设计的高度加强网络空间治理提出了现实要求。党的十八大以来，习近平总书记高度重视网络空间的发展与建设，在不同场合提出了国家网络空间治理的目标与原则，以及“努力把我国建设成为网络强国”的奋斗目标。2023 年 7 月，习近平总书记对网络安全和信息化工作作出重要指示，鲜明提出网信工作的使命任务，明确“十个坚持”重要原则，即坚持党管互联网，坚持网信为民，坚持走中国特色治网之道，坚持统筹发展和安全，坚持正能量是总要求、管得住是硬道理、用得好是真本事，坚持筑牢国家网络安全屏障，坚持发挥信息化驱动引领作用，坚持依法管网、依法办网、依法上网，坚持推动构建网络空间命运共同体，坚持建设忠诚干净担当的网信工作队伍。[②]“十个坚持”为规范网络空间意识形态话语生态秩序指明了方向和着力的重点。当前，法律规范、行政监管、行业自律、技术保障、公众监督、社会教育相结合的网络治理体系不断完善，多元主体齐抓共管、良性互动的网络治理格局日益形成。

（二）网络法治体系规范

治网之道，法治为本。网络空间不是法外之地，加强网络法治建设，净化网络话语空间，是维护网络空间意识形态话语生态健康有序的重要保证。以法治的权威，将在网络空间发布信息、言论、视频、音频等行为置于法律法规的强制规约之下，使任何编造、传播、散布谣言，恶意诽谤以及发表煽动性、暴力性等不当言论，扰乱社会秩序的违法行为都受到严惩，网络空间意识形态话语生态表现出的种种失序乱象才能得到有效的治理。当法治

① 《中共中央关于全面深化改革若干重大问题的决定辅导读本》，北京，人民出版社 2013 年版，第 81 页。

② 《习近平对网络安全和信息化工作作出重要指示强调　深入贯彻党中央关于网络强国的重要思想　大力推动网信事业高质量发展》，《人民日报》2023 年 7 月 16 日。

精神成为网络空间内各级政府、各类企业、所有网站及全体网民等的内在持守，健康、有序、和谐的网络空间意识形态话语生态才会获得最广泛的主体维护。自互联网在中国落户，中国政府先后制定了多个旨在控制互联网服务、内容、表达行为的法律，一整套加强网络空间治理的法律规范体系逐步建立并日益完善。目前，我国网络法治体系，既有国家法规（如《互联网新闻信息服务管理规定》《中华人民共和国网络安全法》《网络安全审查办法》《中华人民共和国数据安全法》《云计算服务安全评估办法》），也有地方性法规（如《北京市APP应用程序公众信息服务发展管理暂行办法》《北京市即时通信工具公众信息服务发展管理暂行规定实施细则》）和部门法规（如《互联网视听节目服务管理规定》《信息网络传播权保护条例》《互联网站禁止传播淫秽、色情等不良信息自律规范》）等，为网络空间意识形态话语生态治理有法可依、有法必依、执法必严、违法必究奠定了法律基础。

（三）网络信息审查把关

加强对网络信息的审查、过滤和把关，是构建网络空间意识形态话语生态良好秩序的重要方式。从全球范围来看，重视网络信息过滤和审查是世界各国较为普遍的做法。即便"在一向标榜言论表达和信息传播自由的美国及西方国家，社交媒体巨头们很早就建立了内容过滤的'潜规则'和'明举措'，近年来更是不断推出新举措且有不断加强的趋势"，其中"在互联网行业最为发达的美国，内容审查10年前就在各家公司独立运作，它们根据用户和企业的价值取向建立了各自的内容审查标准"，"美国主要社交媒体都加强了对于仇视性和威胁性言论的监管和控制，它们对意识形态性强与政治性敏感信息采用相对'软'的方式过滤"[①]。此外，英国也广

① 刘瑞生、孙萍：《海外社交媒体的内容过滤机制对我国互联网管理的启示》，《世界社会主义研究》2018年第4期。

泛使用过滤器，其中包括英国四大移动网络运营商，这一举措曾导致英国至少 1/5 最流行的网站遭到封杀。[①]适当并合理地运用技术等手段进行网络信息内容的过滤和审查，对阻止不良信息的网络横行，维护网络健康秩序，具有重要现实意义。当前，中国“运行着世界上范围最大的、技术最先进的、覆盖面最广的网络过滤系统”[②]，并已建成全球规模最大、技术领先的网络基础设施，通过社交媒体合作机制、技术过滤、人工过滤、关键词（敏感词）过滤、封停网络账号等多种方式加强对网络信息的监控和审查，成为构建网络空间意识形态话语生态健康秩序的硬支撑；与之相应，网络信息审查把关的有关标准和制度，如网络短视频内容审核标准等，也成为网络空间意识形态话语表达的重要硬规范。

三、网络空间意识形态话语生态的软约束

法安天下，德润人心。加强网络空间意识形态话语生态治理，既离不开法治体系的硬规范，同时也离不开道德伦理的软约束，法治与德治二者均不可偏废。从目前中国网络治理的现实情势来看，尽管网络空间非法外之地成为广泛共识，法治体系的硬规范成为构建网络空间意识形态话语生态秩序的根本支撑，但“法难入网”的问题却是客观存在的，网络空间意识形态话语生态不可避免地存在法律规范的空白或表现出法治的无力。道德伦理的软约束，作为构建当代中国网络空间意识形态话语生态良好秩序的有力支撑，其重要地位和作用更加凸显。总体来看，网络伦理规范是当代中国网络空间意识形态话语生态的软约束，其中社会主义核心价值观原

① 《英国广泛使用网络过滤器：1/5 热门网站遭屏蔽》，http://tech.sina.com.cn/i/2014-07-03/09599474517.shtml，2014 年 7 月 3 日。

② 胡泳：《众声喧哗：网络时代的个人表达与公共讨论》，桂林，广西师范大学出版社 2008 年版，第 318 页。

则及媒介道德素养是两个关键抓手。

（一）网络伦理规范

网络社会是现实社会的空间延伸和虚拟呈现，与现实社会一样，网络社会也必然需要有一套道德伦理规范，即网络伦理规范。尽管国内外学界对“网络伦理”的概念与内涵尚无定论，但对网络伦理规范解决的是人在网络世界中言行操守的善与道德价值的问题这一观点形成了广泛共识，普遍认为“网络伦理是探讨人们在数字虚拟环境下所表现出的新型道德，以及在网络活动中应该遵守的道德准则与伦理规范”[①]。简单概括来说，网络伦理规范是所有网络参与主体的自我德行约束——所有网络参与主体（个人、集团、组织、政府、媒介等）的一切言行都按照网络伦理规范（至少要按照现实社会的道德伦理规范）来约束自己，要坚持为人、为政、从商、从媒的道德底线和基本素养。因此，网络伦理规范，也必然包含对网络空间不同意识形态话语主体在话语表达过程中要遵守公序良俗、加强道德自律的内在要求，是网络空间意识形态话语生态秩序中的软约束。面对当前“互联网领域发展不平衡、规则不健全、秩序不合理等问题日益凸显”的形势，网络伦理的构建也日益紧迫，习近平主席在第二届世界互联网大会开幕式上的讲话中曾明确强调：“要加强网络伦理、网络文明建设，发挥道德教化引导作用，用人类文明优秀成果滋养网络空间、修复网络生态。”[②]当前，中国网络伦理规范建设不断推进，文明发言、理性表达、话语真实、价值正向、遵纪守法以及不造谣传谣、对自己言行负责等网络伦理规范日益形成并得到广泛认可，为构建当代中国网络空间意识形态话语

① 肖戎川：《网络传播杂志：“暴走漫画”发致歉信！自媒体应有怎样的“网络伦理操守”？》，http://news.youth.cn/gn/201807/t20180717_11671288.htm，2018年7月17日。

② 习近平：《在第二届世界互联网大会开幕式上的讲话》，《光明日报》2015年12月17日。

生态良好秩序提供了重要支撑。但与此同时，也应注意到，网络伦理规范的成型非旦夕之功，需要在与法治建设的过程中互助推进；当前网络空间存在的种种乱象同样警醒我们，网络伦理规范建设仍任重而道远。

（二）核心价值原则

当前，网络空间内涌现的以丑为美、善恶不分、搜奇猎艳、炫富摆阔、调侃政府、抹黑英雄、虚无历史、“去中国化”、去主流化、过度渲染社会阴暗面、故意挑刺网民负面情绪，以及为了流量、点击量、播放量、转载量而胡编乱写、粗制滥造、迎合低级趣味等严重扰乱网络空间意识形态话语生态秩序规范的乱象，其产生的根本原因在于价值观的缺失。习近平总书记曾针对现实社会中存在的种种乱象作出过剖析，他指出：“我国社会正处在思想大活跃、观念大碰撞、文化大交融的时代，出现了不少问题。其中比较突出的一个问题就是一些人价值观缺失，观念没有善恶，行为没有底线，什么违反党纪国法的事情都敢干，什么缺德的勾当都敢做，没有国家观念、集体观念、家庭观念，不讲对错，不问是非，不知美丑，不辨香臭，浑浑噩噩，穷奢极欲。现在社会上出现的种种问题病根都在这里。”[①]实际上，习近平总书记的以上论析也一针见血地指出了网络乱象的病根所在。构建良好的网络空间意识形态话语生态秩序，必须重视价值观建设，以正确的价值原则规约网络空间意识形态话语生态秩序。社会主义核心价值观，是反映全国各族人民共同认同的价值观“最大公约数”，承载着中华民族和当代中国的精神追求，体现社会评判是非曲直的价值标准；同时，也是一种德，包含道德意愿、道德情感、道德判断、道德责任、道德践行等丰富而深刻的道德内蕴。社会主义核心价值观的内在意蕴，决定了它在网络空间意识形态话语生态“软约束”秩序构建中的核

① 习近平：《在文艺工作座谈会上的讲话》，《求是》2024 年第 20 期。

心地位和统领作用。社会主义核心价值观及其内蕴的价值原则，成为构建网络空间意识形态话语生态良好秩序的核心价值与原则。

（三）媒体职业道德

当前，“人人都有麦克风”“人人都是新闻人”“人人都是自媒体”已经由过去的流行语变成了俗语，这折射出个体力量在网络传播中主体地位及其对舆论影响作用的显著提升。但是，从信息传播的公信力、影响力、传播力等方面来看，网络空间内的官方媒体、实力雄厚的非官方新闻媒体及自媒体等从整体上要远强于“手握麦克风”的个体。因此，当前网络空间意识形态话语生态的失序现象，在较大程度和比例上是由各类媒体职业道德的缺失导致的。比如，为了追求信息发布的时效性，抢占最新信息的发布先机，各类媒体特别是非官方性质的新闻媒体及自媒体往往置新闻信息的真实性于不顾，以致假新闻假消息“狼烟四起”，谣言满天飞，新闻剧情反转的剧目不断上演，拉扯着广大网民由敏感到日渐麻木的信任“神经”；为了追求商业利润，使本无可厚非的广告行为掺入了虚假宣传、色情信息，一再触碰媒体自律的道德底线，一再自残媒体的公信力；为了炒作热点卖点关注点，新闻报道失真不全、评论偏颇，玩弄新闻受众于股掌之间；等等。构建网络空间意识形态话语生态良好秩序，必须大力培育和弘扬媒体职业道德、职业精神，强化媒体行业道德、行业规范和专业标准对各类网络媒介及其从业人员的内在规约，提升网络媒体自律能力，充分发挥媒体职业道德的“软约束”功能。

第二章

当代中国网络空间马克思主义意识形态话语权的生成逻辑

马克思主义意识形态是我国主导意识形态，在多元意识形态竞逐的现实场域中掌握绝对话语权。从现实社会转入瞬息万变的网络空间，马克思主义意识形态在时间和空间上产生了剧烈的变动，当代中国网络空间内马克思主义意识形态话语权亦有其内在的生成逻辑。立足当代中国网络空间纷繁复杂的意识形态话语生态，深入探究当代中国网络空间马克思主义意识形态话语权的生成基础、生成依据与生成诉求，把握网络空间马克思主义意识形态话语权的生成逻辑与建构机理，对构建当代中国网络空间马克思主义意识形态话语权具有基础性意义。

第一节　当代中国网络空间马克思主义意识形态话语权生成依据

在当代中国网络空间多元意识形态众声喧嚣的话语生态中，马克思主义意识形态陷入以“话语权”为中心的阵地保卫战之中。一方面，作为国家主导意识形态，马克思主义必须寸土不让，牢牢掌握网络空间话语权；另一方面，多元意识形态话语在网络空间内“自由欢奏”，无形之中掀起了“去中心化”，制造了诸多挑战马克思主义意识形态话语权的“噪音”和“杂音”。在当代中国网络空间内，掌握马克思主义意识形态话语权成为重大时代课题。而透过纷繁复杂的网络意识形态话语纷争，其实不难发现：纵然网络空间多元意识形态话语挑战频仍，但马克思主义意识形态话语仍整体上居主流、占主导。当代中国网络空间马克思主义意识形态话语权的生成，有其内在的现实根基以及必然性、合法性与合理性。深入考察当代中国网络空间马克思主义意识形态话语权的生成依据，把握网络空间马克思主义意识形态话语权生成的现实性与合法性基础，对夯实网络空间马克思主义意识形态话语权的生成根基具有重要意义。

一、社会存在是网络空间马克思主义意识形态话语权的生成基础

马克思主义认为，经济基础决定上层建筑。作为观念上层建筑的马克思主义意识形态，必然是由特定的经济基础决定的。在虚拟网络空间中，马克思主义意识形态并非生于网络的"虚无"之境，而是依然生于社会的"现实"。社会存在是网络空间马克思主义意识形态话语权生成的现实基础，是马克思主义意识形态话语权生成的内在源泉。

（一）网络空间马克思主义意识形态的"虚拟"与"现实"

科学认识网络空间马克思主义意识形态的本质，是准确把握网络空间马克思主义意识形态话语权生成基础的根本前提。在虚拟环境中，马克思主义意识形态是网络空间多元意识形态中的一元。而长期以来，学界对网络空间意识形态的实质一直争论不休，这也反映了人们对网络空间马克思主义意识形态"真实面目"尚无统一清晰的认识，为探究网络空间马克思主义意识形态话语权的生成基础蒙上了一层扑朔迷离的神秘面纱。通过对学界相关研究成果进行整理和分析发现，学界对网络空间意识形态实质的认识，大致可分为两大类：其一，认为网络空间意识形态是生成于网络虚拟环境的思想体系，是人类社会意识形态的新范式①；其二，认为网络空间意识形态是传统意识形态在网络信息空间的延伸和再现②。实际上，网络空间意识形态既不是现实意识形态简单的"虚拟化迁移"，更不是网络

---

① 张宽裕、丁振国：《论网络意识形态及其特征》，《学校党建与思想教育》2008 年第 2 期。

② 姚元军：《网络意识形态安全问题探究》，《江汉大学学报（社会科学版）》2014 年第 5 期。

空间的自我创生之物。网络空间本质上是现实社会的延伸和拓展，现实社会是网络空间创生演进的基础和根本。网络空间与现实社会的辩证关系决定了网络空间意识形态与现实意识形态同根同源、共生共存，从根本上由现实的社会存在所决定。因此，网络空间马克思主义意识形态话语权，由以公有制为主体的社会主义市场经济基础所决定，以拥护中国共产党的领导、支持中国特色社会主义事业的广大人民群众为主体支撑。总而言之，涵括经济基础与意识形态聚合主体（人口）的社会存在，是网络空间马克思主义意识形态话语权的生成基础。

（二）经济基础对网络空间马克思主义意识形态话语权的决定作用

马克思主义经典作家曾在多篇论著中讲道，“物质生活的生产方式制约着整个社会生活、政治生活和精神生活的过程。不是人们的意识决定人们的存在，相反，是人们的社会存在决定人们的意识”①；“占统治地位的思想不过是占统治地位的物质关系在观念上的表现，不过是以思想的形式表现出来的占统治地位的物质关系”②，深刻论述了社会存在对社会意识的决定作用，特别是经济基础对观念上层建筑即意识形态的决定作用——经济基础是意识形态赖以产生、存在和发展的物质基础，经济基础的性质决定意识形态的性质，有什么样的经济基础，就有什么样的意识形态。在无产阶级专政的当代中国，以公有制为主体、多种所有制经济共同发展的经济基础决定了马克思主义意识形态的国家主导地位及其话语权。网络空间马克思主义意识形态话语权，作为现实社会马克思主义意识形态话语权在虚拟空间内的拓展，从根本上，也取决于以公有制为主体、多种所有制经

① 《马克思恩格斯文集》第 2 卷，北京，人民出版社 2009 年版，第 591 页。

② 《马克思恩格斯文集》第 1 卷，北京，人民出版社 2009 年版，第 550—551 页。

济共同发展的经济基础。可以说，网络空间马克思主义意识形态话语权生成的合法性根基与稳定性基础，是由当代中国的经济基础所决定的。在当代中国，社会主义经济基础是马克思主义意识形态网络话语权生成的物质基础与现实支撑，是网络空间马克思主义意识形态话语权生成的最大底气和力量之源。

（三）网民对马克思主义意识形态网络话语权的关键影响

网民是虚拟生存与现实生存的“双重主体”，是社会存在的重要有机构成，对网络空间马克思主义意识形态话语权的生成产生着重要影响。网络空间马克思主义意识形态话语权的大小强弱，直接并突出地表现为马克思主义意识形态所聚合的网民数量的多寡以及“民心所向”。具有强大话语权的意识形态，必然能够聚合起数量庞大的认同者、践行者、维护者与捍卫者；而能够凝聚起数量庞大民众的意识形态，必然具有强大的话语权。在当代中国，对中国共产党领导的拥护、对马克思主义旗帜的认同是广大国民的内在持守，在改革开放40多年的光辉历程中，中国人民团结一致、众志成城、不断谱写中国特色社会主义伟大新篇的实践作为，便是广大民众坚持马克思主义意识形态最有力的明证。广大人民群众，是网络空间马克思主义意识形态话语权生成的最广泛的主体力量。诚然，部分网民在网络空间内表现出了与现实生活中“截然不同”的言行，由现实生活“安分守己”的良好公民摇身变为愤世嫉俗的网络“喷子”。其主要原因在于，在现实生活言论自由表达机制尚不健全的客观情形下，部分网民将网络作为了表达诉求的新窗口，成为其发泄不满情绪以及宣泄“受压抑”情感的“泄洪口”。部分网民在网络空间与现实生活的“言行有别”，更多的是真实自我的“虚拟”与“现实”的综合呈现，而非“表里不一”或“人格分裂”。2024年中国互联网络信息中心（CNNIC）发布的第53次《中国互联网络发展状况统计报告》显示，截至2023年12月，我国网民规模达

10.92 亿人，广大国民日益拥有现实与虚拟的双重身份，身份虽有别，但主体仍唯一。广大国民对马克思主义意识形态的认同与拥护，是网络空间马克思主义意识形态话语权生成的主体根据，对网络空间马克思主义意识形态话语权的生成具有关键影响。

二、国家政权是网络空间马克思主义意识形态话语权的生成保障

马克思主义是国家根本指导思想，是国家政权的精神旗帜。话语权，是马克思主义意识形态在国家政权中核心地位的彰显与呈现；国家政权，是马克思主义意识形态话语权生成的内在依据与政治支撑。在马克思主义意识形态话语权的议题内，国家政权与话语权的辩证关系，普遍适用于现实社会与网络空间。掌握网络空间马克思主义意识形态话语权，这是由马克思主义意识形态的指导地位和国家政权的性质所决定的。归根结底，国家政权是网络空间马克思主义意识形态话语权生成的内在要求与重要保障。

（一）“第五疆域”主权是网络空间马克思主义意识形态话语权生成的内在要求

继陆、海、空、天 4 个疆域之外，网络空间已成为国家“第五疆域”。对于一个国家而言，“第五疆域”虽然以虚拟的形式而存在，没有地理界碑，但绝非是任何国家、集团、组织和个人可以任意航行的“公海”，而是在特定的时空范围内有着特定的主权归属。对“第五疆域”的管辖权、治理权等，构成了国家主权的新内涵。国家对“第五疆域”主权的享有，除表现为凭借政治权力对网络空间进行治理以外，还表现为以国家主导意识形态对网络空间进行文化治理和价值引领。对网络空间意识形态话语权的掌握，成为国家“第五疆域”主权的集中体现。网络空间不是国家治外之地，网络安全越来越紧密关涉国家安全，国际敌对势力一直妄想利

用互联网这个“最大变量”来动摇中国共产党的执政基础，网络成为西方反华势力妄图撬动、颠覆中国国家政权的突破口和杠杆。早在 2013 年，习近平总书记在全国宣传思想工作会议上就特别强调指出，“互联网已经成为舆论斗争的主战场”，“西方反华势力一直妄图利用互联网‘扳倒中国’”，“在互联网这个战场上，我们能否顶得住、打得赢，直接关系我国意识形态安全和政权安全”。[①]建构网络空间马克思主义意识形态强大话语权，是维护网络空间主权和国家主权的内在要求和时代使命。

（二）政治权威为网络空间马克思主义意识形态话语权生成提供合法性支撑

任何一种意识形态，若生成绝对的话语权，则必须建立在高度的合法性基础之上。一般来说，国家意识形态是统治阶级意志的体现，是国家政权的思想表达。国家意识形态通过观点表达、理论阐发、思想引领等，为国家政权的合法性进行论证、提供辩护；而国家意识形态及其话语权的生成，必须首先建立在国家政权的权威性与合法性基础之上。国家政权，如果不具有权威，不能为国家主导意识形态提供坚实的合法性支撑——政治共同体、政治权力结构、政治秩序等得不到社会绝大多数成员的认同、接受、支持、尊重和拥护，即便借助政治权力、暴力武装、国家机器等实现其统治的维持，使民众因惧惮心理而“阳奉阴违”地遵从其构建的思想文化体系，其建构的国家意识形态也终将会因缺失集体承认的政权合法性和权威性而从国民政治心理上被边缘化，丧失统治地位。中国是工人阶级领导的、以工农联盟为基础的人民民主专政的社会主义国家，并将国家的一切权力赋予人民。与其他资本主义国家政权相比，我国社会主义政权把实

① 《习近平关于社会主义文化建设论述摘编》，北京，中央文献出版社 2017 年版，第 28—29 页。

现共产主义作为党的最高理想和最终目标，将不断促进人的全面发展、全体人民共同富裕作为党治国理政的行动准则，并将人民当家作主真正落实到国家政治生活和社会生活之中，牢牢占据了道义制高点，获得了最广大无产阶级的认同和拥护，树立起了高度的政治权威，凝聚起了广泛的群众基础。可以说，中国特色社会主义国家政权，是网络空间马克思主义意识形态话语权生成合法性的支撑中轴。

（三）政治权力为网络空间马克思主义意识形态话语权生成提供政治保障

国家意识形态话语权，本身就是一种政治权力的象征；政治权力所要实现的利益与主张，由国家意识形态话语集中表达。国家意识形态话语越被民众认可、接受和拥护，即国家意识形态话语权越大，政治权力实现的可能性越大、实现程度也越高。从这个意义上来讲，国家意识形态话语权的生成过程，实际上就是政治权力的实现过程。正如福柯曾指出的，话语背后体现的是社会权力关系。国家意识形态话语权与政治权力之间不可分割的内在关联决定了政治权力必然要求代表其意志、伸张其主张的国家意识形态能够始终居于主导地位，并形成强大的话语权。在网络空间这一新的疆域内，政治权力同样有此诉求，其凭借所具有的各方面优势，为国家意识形态即马克思主义意识形态的话语权生成提供政治保障。《德意志意识形态》中指出，“支配着物质生产资料的阶级，同时也支配着精神生产资料”[①]。而能够支配物质生产资料的阶级往往掌握强大的政治权力，政治权力代表统治阶级的利益，是统治阶级的代名词与同义语。政治权力凭借强制性力量以及统治地位，掌握丰富的网络话语资源，决定网络空间意识形态话语规则的制定，支配着网络空间“精神生产资料”及其产品生产。

① 《马克思恩格斯文集》第1卷，北京，人民出版社2009年版，第550页。

一方面，为马克思主义意识形态话语的生产和传播大开方便之门，另一方面，严格管控非马克思主义意识形态话语，特别是严厉打击反马克思主义意识形态话语的生产和传播。网络空间马克思主义意识形态话语权的生成，在较大程度上，受益于政治权力提供的重要政治保障。

三、文化安全是网络空间马克思主义意识形态话语权的生成诉求

美国学者塞缪尔·亨廷顿在《全球化的文化动力：当今世界的文化多样性》一书中曾指出："我们正经历着一场文化地震——文化全球化，它几乎涉及地球的所有地方。全球化既不是一种简单的重大承诺，也非一种简单的巨大威胁，而是一种文化层面上的多元化挑战，原先被认为不成问题的传统如今陷于崩解，信念和生活方式上出现了多种选择。"① 如今，互联网的全球兴起，无疑使文化全球化掀起的"文化地震"的震感更为明显和强烈。网络文化安全，越来越成为世界各国关注的重大时代课题。网络文化安全，从根本上来讲，是网络疆域内的国家意识形态安全。确保文化安全，成为网络空间马克思主义意识形态话语权生成的重要内在诉求。

（一）文化安全是"第五疆域"的核心安全

网络空间作为国家的"第五疆域"，同样面临重大而复杂的安全问题，并与国家整体安全紧密关联在一起。习近平总书记曾在多个重要场合反复强调网络安全的重要性，指出没有网络安全就没有国家安全，"网络安全威胁和风险日益突出，并日益向政治、经济、文化、社会、生态、国防等领域传导渗透"②。"第五疆域"的安全，与陆、海、空、天4个疆域的安全

① ［美］塞缪尔·亨廷顿、彼得·伯杰：《全球化的文化动力：当今世界的文化多样性》，康敬贻等译，北京，新华出版社2004年版，第1页。

② 习近平：《论党的宣传思想工作》，北京，中央文献出版社2020年版，第202页。

相比，具有明显特点和突出战略意义。简单说来，陆、海、空、天4个疆域的安全主要表现为主权国家对本国领土、领海、领空的控制权，以及对外太空探索的自主权、平等权等的绝对享有和保障，以物理空间的绝对管控和主权归属为特点。而“第五疆域”即网络空间，以拟态社会的形式存在，没有物理边界和时空限制，其安全主要表现为网络基础设施安全、技术安全、信息安全等，而其中最重要的是思想文化安全、核心价值观安全等文化安全。习近平总书记在2014年中央网络安全和信息化领导小组第一次会议上强调指出，“大国网络安全博弈，不单是技术博弈，还是理念博弈、话语权博弈”①。当前，中国网络安全的最大挑战和痛处，不是西方国家网络信息技术的打压，而是网络舆论的复杂严峻挑战，各种社会思潮对社会主义意识形态的“排挤效应”，以及西方反华势力利用网络对我国发起“文化论战”并策动对中国的“颜色革命”等狂妄企图。文化安全，是网络空间安全的核心安全。构建网络空间马克思主义意识形态话语权，成为维护网络文化安全的内在要求。

（二）网络文化安全的最前沿是意识形态斗争

文化是对意识形态的体系化呈现。一个国家内部多元文化体系的并存，实际上就是多元意识形态的共处。国家文化安全的挑战，实质上就是非主流文化所代表的非主流意识形态对主流文化所代表的主导意识形态地位的挑战，并紧密关涉国家政治安全。毛泽东同志在20世纪60年代初期指出，“凡是要推翻一个政权，总要先造成舆论，总要先做意识形态方面的工作。革命的阶级是这样，反革命的阶级也是这样”②；习近平总书记立足新时代同样深刻分析指出“新形势下，意识形态领域斗争复杂尖锐。历史和现实都

① 习近平：《论党的宣传思想工作》，北京，中央文献出版社2020年版，第205页。

② 《建国以来毛泽东文稿》第10册，北京，中央文献出版社1996年版，第194页。

警示我们，思想舆论阵地一旦被突破，其他防线就很难守得住”[①]，强调了意识形态斗争在文化安全中的重要地位。以上论述，揭示了国家文化安全斗争的普遍现象和客观规律，无论是对现实社会还是拟态社会都具有普遍适用性。网络文化安全斗争的核心同样是意识形态斗争，对意识形态话语权阵地的争夺成为网络文化安全的最前沿。就目前中国文化安全斗争的现实境遇来看，“各种敌对势力一直企图在我国制造‘颜色革命’，妄图颠覆中国共产党领导和我国社会主义制度。这是我国政权安全面临的现实危险。他们选中的一个突破口就是意识形态领域，企图把人们思想搞乱，然后浑水摸鱼、乱中取胜”[②]，而其中，“互联网已经成为舆论斗争的主战场”[③]，“网络意识形态安全风险问题值得高度重视”[④]。意识形态安全作为网络文化安全的核心，使得网络空间马克思主义意识形态话语权的生成和构建具有突出的时代紧迫性。

（三）网络文化安全以马克思主义意识形态话语权为支点

当前，中国网络文化安全的最大威胁，是来自西方意识形态的渗透。西方国家凭借其在网络信息技术方面的优势地位，借助网络传播即时、迅速、隐蔽、互动等特点，加紧向中国网络空间进行文化渗透，向中国传输其价值观念和政治理念。西方网络意识形态渗透招式颇多、花样百出，或以负面言论和报道抹黑中国共产党和中国特色社会主义制度，又或者通过

---

① 《习近平关于社会主义文化建设论述摘编》，北京，中央文献出版社 2017 年版，第 37 页。

② 《习近平关于社会主义文化建设论述摘编》，北京，中央文献出版社 2017 年版，第 37 页。

③ 《习近平关于社会主义文化建设论述摘编》，北京，中央文献出版社 2017 年版，第 28 页。

④ 《习近平关于社会主义文化建设论述摘编》，北京，中央文献出版社 2017 年版，第 36 页。

炒作敏感政治问题或社会问题质疑中国执政理念和国家治理能力，还或者极尽无中生有、造谣之能事破坏政府及执政党形象，消解广大网民的国家认同与政治认同，等等；网络论坛、贴吧、微博、微信、博客、QQ、公众号及各类客户端APP，皆有从事西方意识形态渗透的"跳梁小丑"的身影；新自由主义、"普世价值"论、历史虚无主义、民粹主义等皆成为西方意识形态渗透所利用的议题。纵然西方网络意识形态渗透借助的平台、所要的伎俩、使用的手段不尽相同，但其都是围绕"中国发展道路"这一根本问题大做文章，大肆宣扬反马克思主义的言论和观点。在这样的斗争形势下，网络文化安全唯有以网络空间马克思主义意识形态话语权为支点，才能有效应对西方网络意识形态渗透的挑战。牢牢掌握网络空间意识形态话语权，夯实马克思主义意识形态在网络空间中的主导地位，成为捍卫网络文化安全的关键所在。与之相辅相成，维护网络文化安全的目标也成为网络空间马克思主义意识形态话语权生成与建构的明确诉求。

第二节　当代中国网络空间马克思主义意识形态话语权生成机理

当代中国网络空间马克思主义意识形态话语权的生成，既有其合理性与合法性的生成依据，亦有其内在的生成机理，有着从萌生、发展到确立的生成理路。深入探究网络空间马克思主义意识形态话语权的生成机理，是把握网络空间马克思主义意识形态话语权生成逻辑的关键，对构建网络空间马克思主义意识形态话语权具有重要理论价值和现实指导意义。综合来看，网络空间马克思主义意识形态话语权，萌生于自由开放的网络话语生态中话语权利意识的觉醒，发展于网络空间多元意识形态话语交流交融交锋中话语权威的树立，并最终在政权、资本、技术的共振中确立成型。

这是网络空间马克思主义意识形态话语权生成机理的整体脉络与呈现。

一、萌生：自由开放的网络生态激发话语权利意识

话语权，其内涵是丰富的，其丰富的内涵之中便包含有话语权利的意蕴。网络空间马克思主义意识形态话语权的生成，首先建立在马克思主义意识形态在网络空间内话语权利意识的觉醒和话语权利的伸张、升级与强化。在网络空间内，正是基于表达和传播自我思想观点、意志主张、精神信仰的权利诉求，马克思主义意识形态话语权的生成才有了自觉的原始动力。话语权利意识的激发，是网络空间马克思主义意识形态话语权生成的初始阶段或萌生阶段。

（一）自由开放的网络生态为多元意识形态话语的表达提供契机

在传统社会的传播环境中，囿于政府“把关人”的管控、大众传播资源分配的不平衡、信息技术手段的掣肘等种种限制性因素，非主流意识形态话语表达和传播的能力和范围是有限的，这使得除主导意识形态以外的其他意识形态话语表达和传播的自由权利，更多的是存在于法律层面的“言论自由”和名义上的“充分享有”。网络传播的兴起，随带而来的是政府“把关人”角色式微、新媒体传播资源分配更加平等、新传播手段更加先进等传播生态的变化，从而引发了传统大众传播的一场革命。主导意识形态在这场“传播革命”中机遇与挑战并存，而非主流意识形态则从过去现实社会的“压抑”中翻身，获得了新的存在和发展空间。自由开放的网络传播生态，为多元意识形态话语的表达和传播提供了新的场域和新的契机。非主流意识形态如同冲出规定好的赛道场地的赛车，在四通八达的公共道路上肆意驰骋，展秀车技，有了向主导主流意识形态“赛车”发起挑战的新可能，为主导意识形态网络空间话语权“危机”埋下了伏笔。值得特别指出的是，由传统大众传播转入网络媒体传播，多元意识形态确

实有了话语生产、表达和传播的更高自由度，但这种状态在由传统大众传播向网络媒体传播转换之初更多的是游鱼入水、飞鸟冲天的“下意识”行为——网络空间多元意识形态话语主体，尚未认识到网络空间内的话语生产、表达和传播权利的充分享有，同样需要以必要的规范规则为约束和保障。伴随互联网的发展、网络传播乱象的层出不穷以及网络治理的深入，多元意识形态话语主体真正的权利意识才得以觉醒，对话语权的争夺才日益由自发转为自觉行为。

（二）自由竞争的网络生态激发多元意识形态话语权利意识

伴随多元意识形态在网络空间内交流交融交锋的日益频繁和激烈，以及政府网络治理的不断加强，多元意识形态主体特别是非主流意识形态主体要求充分享有话语生产、表达和传播的权利意识日益觉醒，并形成了很强的维权意识。在传统的治理思维中，当重大社会矛盾和社会问题燃爆网络舆论，形成有损政府形象或挑战政治红线的网络舆情时，“删帖”“屏蔽”“强制下架”“禁止评论”往往成为政府及其管控媒体的应急处理措施。这种简单粗暴的处理方式，极易引起非官方意识形态话语主体的不满心理甚至愤怒情绪，强压之下是非官方意识形态话语主体要求网络言论自由呼声的更大反弹，是多元意识形态主体话语权利意识的进一步觉醒和激发。在这种“权利意识”的自觉中，多元意识形态主体对话语权的重要地位和作用认识更加深刻，围绕“话语权”的竞争更加激烈。在此种情形下，政府及其官方媒体对网络空间马克思主义意识形态话语权的生成和构建，必须充分考虑其他多元意识形态话语生产、表达和传播权利诉求的满足，处理好马克思主义意识形态与非马克思主义意识形态之间“一”与“多”的关系。充分尊重和保障非马克思主义意识形态话语权利，成为构建网络空间马克思主义意识形态话语权的基本前提和合法性基石之一。习近平总书记指出，“我们既要尊重网民交流思想、表达意愿的权利，也要依法构建良好网络秩序，这有利于保障广大网民合法权益”[①]。如果不能确保非马克思主义意识形态话语生产、表达和传播等基本权利，在网络空间大搞马克思主义“一言堂”，马克思主义意识形态在网络空间即便形成了表面上“众星拱月”的话语权力和话语权威，其也极易被视为独裁或专制思想禁锢的产物，动摇其合法性地位。自由竞争的网络生态促进了多元意识形态话语权利意识的自我觉醒，其中便包含马克思主义意识形态话语权利的觉醒，为马克思主义意识形态话语权的生成和构建奠定了思想基础。

（三）马克思主义意识形态话语权利的觉醒、激发、升级与强化

在自由开放和竞争激烈的网络空间意识形态话语生态中，“分权心态正逐渐弥漫于整个社会之中”[②]，“去中心化”“分散化”解构着作为国家主导意识形态的马克思主义的中心性权威，马克思主义意识形态在网络空间的话语权利意识也会在“去中心化”的危机感中不断觉醒和激发。一方面，在网络空间这一新的传播场域内，马克思主义意识形态同样有话语生成、表达、传播的一般权利诉求；另一方面，同时也是更加重要和特殊的一个方面，马克思主义意识形态作为国家指导思想和精神旗帜，还有着对一般权利诉求进行升级和强化的“特权”诉求——享有优先占有或使用网络空间意识形态话语生产资料与传播资源（如各类媒体、论坛、贴吧、公众号、微博、微信、博客等）的权利，为网络空间意识形态话语传播规则的制定提供思想指导的权利，对重大理论问题、社会热点问题等作出权威解释的权利，将自身蕴含的核心理念与价值原则作为网络价值评判标准的权利，以及引领网络文化发展的权利，等等。以上“特权”，由马克思主

---

① 《习近平总书记关于网络强国的重要思想概论》，北京，人民出版社 2023 年版，第 149 页。

② ［美］尼古拉·尼葛洛庞帝：《数字化生存》，胡泳、范海燕译，海口，海南出版社 1997 年版，第 270 页。

义意识形态的主导地位所决定，由政治权力、经济基础和法律政策等共同赋予，这也使得以上某些“特殊权利”具有了“权力”的色彩和属性。而这正恰恰表明，网络空间马克思主义意识形态话语权生成，在“权利意识”萌生阶段已经开始孕育“话语权力”的种子。

二、发展：多元意识形态话语竞逐中树立话语权威

在网络空间多元意识形态话语权利意识的普遍觉醒与权利诉求的积极伸张中，马克思主义意识形态的“话语权”意识开始萌生。网络空间意识形态话语权，作为一种软权力，不是依靠暴力的手段、强制性的方法建构起来的，而是凭借广大网民的自愿认同和服从而实现的。因此，马克思主义意识形态必须在网络空间多元意识形态话语的竞逐中树立起能够聚合其广泛从众的话语权威，“话语权”的萌发才能进一步生长和发展，为“话语权”的最终形成积蓄力量、奠定合法性与合理性基础。

（一）树立话语权威是马克思主义意识形态话语权生成的必备条件

话语具有权威性，这是网络空间马克思主义意识形态话语权生成的必备条件。意识形态领导权研究的先驱者葛兰西曾在《狱中札记》中指出，意识形态的领导权不是单向度的高压性支配，而是必须依靠被统治者的自愿赞同。其表达的核心思想是，意识形态的领导权即“建立使人自觉服膺的文化权威的合法化过程”[①]，依赖于文化权威的建构。葛兰西论述的虽是意识形态领导权问题，但对意识形态话语权问题不无启示。意识形态话语权与领导权本身就是一体同构，不可分割。意识形态话语权的生成，则必

① 梁刚：《论网络时代的意识形态领导权问题》，《当代世界与社会主义》2012 年第 3 期。

须建立在话语权威之上，而“权威即是一种使自己的提议被别人接受的能力。……在这种志愿的结合中，我们感到有一股力量促使志愿结合的发生，这个力量就是权威……一般人心甘情愿服膺与景从权威的缘由不一定或不仅是纯理性的。但服膺权威必须来自心甘情愿的意愿，否则这个‘权威’不是真的权威”。①因此，网络空间马克思主义意识形态话语权生成与构建，必须建立在“心安理得的权威”即真权威基础之上，而非“压制性”的假权威。②只有广大网民心甘情愿地认同、接受和拥护马克思主义，而非强迫性认同以致阳奉阴违，马克思主义意识形态才能生出具有中心化凝聚力、持续性影响力和广泛性号召力的网络话语权。

（二）话语权威形成的关键在于马克思主义意识形态话语的说服力

在网络空间多元意识形态话语的竞逐中，马克思主义意识形态能否在众声喧嚣中脱颖而出，树立起话语权威，关键取决于自身话语的说服力，取决于马克思主义意识形态话语对理论与实践问题的解释力和穿透力。在中国共产党领导革命的初期，马克思主义的思想、共产党人的主张受到一切反动政派的攻击和围堵，但马克思主义实现了“星火燎原”，从国家政治话语的边缘走向了国家政权的核心，其中一个根本性原因就在于，中国共产党人用胜于雄辩的事实说话，通过透彻的理论分析，以强大的话语说服力凝聚起了中国人民的思想共识、有力驳斥了一切反马克思主义言论，以“说服力”突围“暴力”，树立起了话语权威。1925 年，由毛泽东同志担任主编的《政治周报》出版，毛泽东同志在发刊理由中指出“各地

① 林毓生:《中国传统的创造性转化》，北京，生活·读书·新知三联书店 1988 年版，第 78 页。

② 林毓生:《中国传统的创造性转化》，北京，生活·读书·新知三联书店 1988 年版，第 78 页。

反革命派宣传机关，惶然起哄，肆其恶嘴毒舌，凡所以咒诅污蔑中伤我们者，亦无所不用其极”，“我们现在不能再放任了。我们要开始向他们反攻。‘向反革命派宣传反攻，以打破反革命派宣传’，便是《政治周报》的责任”。[①]《政治周报》以十分之九的实际事实叙述和十分之一的辩论与反革命派宣传展开斗争，以强大的说服力树立起高度的话语权威，提升了自身话语权。当前，时代虽已发生巨变，但以意识形态的话语说服力树立话语权威，进而构建话语权的基本逻辑和规律依然存在并发挥效用。在网络时代，构建网络空间马克思主义意识形态话语权，必须进一步提升马克思主义意识形态话语分析问题、阐释问题、回答问题的清晰性、透彻性与科学性，以及与非马克思主义意识形态特别是反马克思主义意识形态话语辩论的能力，在多元意识形态话语交流交融交锋的话语环境中树立话语权威，进而为强大话语权的生成夯实基础、准备条件。

（三）“权威效应”为马克思主义意识形态话语权生成提供软支撑

网络空间内多元话语主体特别是意见领袖对马克思主义意识形态的赞同与拥护，以及广大网民对马克思主义意识形态的广泛认同和支持，是马克思主义意识形态话语权威树立的鲜明标志。意见领袖在影响舆论生产、走势方面的关键性影响力，与广大网民在舆论话题、信息传播方面的“扩音”与“声援”会形成一种合力效应，即话语权威效应：一方面，意见领袖作为消息灵通、精通时事、足智多谋、真知灼见的代表，本身就是一种话语权威的象征，意见领袖发表的有关马克思主义意识形态认同性与支持性言论，会极大地影响普通网民的观点和看法，无形之中促成广大网民向马克思主义意识形态的聚合和集中；另一方面，绝大多数网民对马克思主义意识形态的支持与拥护，会对其他对马克思主义意识形态持“无态度”、

① 《毛泽东文集》第1卷，北京，人民出版社1993年版，第22页。

模糊态度或反对态度的网民在发表观点、表达看法、传播言论等方面产生极大影响。根据“沉默的螺旋”理论，当人们所发表的观点与大众观点不一致、或无人（少人）理会甚至被群起而攻之时，他们往往会选择沉默。如此一来，意见一方的沉默导致另一方意见声势的壮大，由此使得马克思主义意识形态话语日成主流、占据主导。话语权威效应，以马克思主义意识形态话语的说服力为基，以网络意见领袖和广大网民的认同拥护为主体根据，以理论说服力、现实解释力、思想认同力、舆论引导力等“软力量”合乎逻辑地为马克思主义意识形态话语权的生成提供内在支撑。

三、确立：政权、资本、技术的共振实现话语赋权

在互联网这一新型赋权场域内，马克思主义意识形态话语权虽然作为一种“软权力”而存在，但同样需要“硬力量”为其话语权威的巩固、话语影响的深入、话语认同的持久提供保障。综合来看，网络空间马克思主义意识形态话语权的生成，是在话语权威的基础上，在政权、资本、技术的共振下实现了最终确立。

（一）政权对马克思主义意识形态话语的赋权

国家政权与主导意识形态话语权一体同构，相辅相成。在网络空间这一新的主权领地，维护国家政权稳定，是构建网络空间马克思主义意识形态话语权的内在要求；与此同时，国家政治统治权力以其至高无上的权力地位，赋予马克思主义意识形态话语在网络空间内的政治权威，确保马克思主义意识形态话语在解释国家权力施行、制度体系运行、政治机关构建、社会公共事件等方面的权威性与正统性，使马克思主义意识形态话语具有其他意识形态话语无法比拟的政治权力属性以及话语解释力与权威性。在当代中国开放自由交互以及“去中心化”的网络传播中，纵然存在其他多元政治力量，如以民主党派为代表的政治力量、以颠覆国家政权为

目的的国内反动政治力量以及西方政治势力等，但“任何其他政治力量无法取代国家（政党、政府）的权威性和影响力”[①]，无法取代国家政治统治权力在管控网络思想政治观念生产、传播、评判等方面的绝对主导地位。具有无上权威且不易撼动的国家政治统治权力，强有力地为其合理性合法性提供论证和辩护的国家主导意识形态在网络空间内把持意识形态话语主流趋势、占据意识形态话语生态主导地位提供权威保障。总而言之，国家政治统治权力为网络空间马克思主义意识形态话语赋予了与国家公权力相一致的政治权威，网络空间马克思主义意识形态话语权成为国家政治统治权力的延伸、拓展与新样态，具有鲜明的政治权力属性。

（二）资本对马克思主义意识形态话语的赋权

在社会主义市场经济条件下，商业化运作成为无论大众传播媒体抑或网络传播媒体发展的重要运行模式。这使得作为意识形态话语生产、筛选和传播重要主体的网络传媒，表现出受商业逻辑、资本逻辑支配的鲜明特点。网络传播媒体在选择“为谁讲话”“为谁辩护”时，总是受到自身背后控制资本的主宰；此外，网络传播媒体在选择报道什么、不报道什么，对一事件选择短时间暂时性报道，还是长时间跟踪性报道时，对商业利润的追逐成为重要考量因素——媒体（主要是非官方媒体）总是对高利润高回报的信息乐此不疲，而信息内容的真伪、所传递价值观正确与否、可能造成的影响如何等本应从根本上加以重视的因素往往在利润面前退居次要位置。由此一来，谁掌控网络媒体的“财政大权”与“经济命脉”，谁能为网络媒体带来利润，网络媒体就为谁代言，谁的话语就有更大的影响力、传播力，谁就有更大的话语权。实际上，这就是资本为网络话语赋权

① 荆学民、苏颖：《中国政治传播研究的学术路径与现实维度》，《中国社会科学》2014 年第 2 期。

的过程。这一逻辑，同样适用于网络空间马克思主义意识形态话语权的建构。在中国网络传播环境中，绝大部分的主流媒体都具有官方性质，属于“国有资产”，为国家主导意识形态代言和发声是其分内的责任。网络主流媒体在资本优势、传播资源、政策倾向、信息来源、传播手段、受众规模等方面具有非主流媒体不可企及的优势，能够有力确保马克思主义意识形态话语在树立起话语权威的基础上成为主流声音、居于主导地位，从而生成强大的话语权。从根本上讲，网络主流媒体对马克思主义意识形态话语的赋权过程在受到资本因素影响的同时，还受到政治权力因素的影响，二者不可偏废。

此外，对于网络非主流非官方媒体而言，它们为了“安身立命”，能够在互联网传播市场上分得一杯羹，则必须从根本立场上与国家主导意识形态保持一致。这是任何阶级国家内部媒体传播的基本规律和潜在规则。对于当代中国而言，网络非主流非官方媒体也同样“深谙此道”。值得特别关注和警惕的是，在资本赋权的逻辑下，境外资本向国内积极渗透，或利用主控的网络媒介大肆宣扬西方所谓“普世价值”，或通过“金钱交易”开展网络营销、雇用水军、收买笼络网络“大 V”等手段极尽煽风点火、煽动民众、攻击或抹黑政党政府之能事，消解、分化、削弱马克思主义作为国家主导意识形态的话语权。尊重资本赋权逻辑，警惕境外资本渗入对当代中国网络空间意识形态话语生态的影响，是构建网络空间马克思主义意识形态话语权的重要关注点。

（三）技术对马克思主义意识形态话语的赋权

众所周知，网络技术在信息生产、发布、传递、过滤、接收等全过程各环节越来越发挥重要作用并产生重要影响，使普通信息发布者突破了传统大众传媒的官方垄断限制，无须仰仗政治后盾、经济力量便可发声，从而打破了政府官方、精英主义的传播垄断，在一定程度上实现了“话语权”的重新分配，网络空间呈现出鲜明的技术赋权特征。因此，谁能够掌握网络信息传播的核心技术和关键资源，谁就能在网络信息传播中占据绝对优势，在意识形态话语竞争中掌握主动，在反意识形态攻击中守攻兼备、游刃有余。从当代中国网络空间现实状况来看，政府官方凭借政治权力、资产掌控、资本控股等掌握网络信息传播核心技术的管理权、控制权和优先权，从而使马克思主义意识形态话语在生产、发布、传播等方面占据技术优势，使马克思主义意识形态话语畅行无阻、“唱响”网络空间的各个角落，赋予马克思主义意识形态话语更大的影响力、传播力、认同力和凝聚力。而与此同时，政府通过技术手段，如关键词过滤、网站屏蔽、信息屏蔽、封停账号、防火墙、保密机等，加强对一切反马克思主义意识形态话语的管控和屏蔽，从消解“分权”的角度加强马克思主义意识形态话语权。值得特别指出的是，由于网络空间的开放性与无边界性，迫切需要从全球化的视野考察网络信息技术对意识形态话语的赋权特征。从世界范围来看，“全球大多数的核心元器件设备、最核心的计算机软件服务也都来自美国等西方国家。他们利用发达的网络技术手段，牢牢控制着全球信息网络，在信息技术领域的发展中占有绝对的优势地位”[①]。西方网络信息技术发达国家凭借技术优势向中国进行网络意识形态渗透，大肆兜售和宣扬西方所谓“普世价值”和政治民主制度，妄图以技术赋权的逻辑消解马克思主义意识形态话语权。从根本上加强网络信息技术研发和创新，掌握互联网核心技术，避免受制于人，这是技术赋权逻辑给予网络空间马克思主义意识形态话语权构建的重要启示。

智媒时代是智能技术与媒体深度融合、人机交互共生的时代。智能媒体离不开技术驱动，当下智媒所呈现之“能”归根结底是先进技术之

① 李殿仁：《高度重视网络意识形态安全》，《中国社会科学报》2014年6月13日。

"能"，技术赋能已成为智媒时代最鲜明的底色。在技术逻辑主导的时代背景下，网络话语生产和传播方式产生的深刻变革，推动着网络话语生态变迁，这也决定了网络话语权的生成和发展必然遵循技术逻辑。一方面，技术对网络话语权的建构发挥关键作用。网络空间作为平面化的权力结构空间，"每个人都可以是一个没有执照的电视台"[①]"人人都有麦克风""人人都是自媒体"，网络话语主体在网络空间中都平等享有生产、传播话语的权利以及获得话语效果生成话语权的机会。但随着技术的加速迭新，这种"去中心化"的网络话语权力结构和传播机理愈发复杂。以算法为核心的智媒技术以"精准推荐"的方式建构了可设定话语权的网络话语偏好场域，形成了无数话语权力中心——"信息茧房"。在价值与信仰、需求与爱好趋同的茧房中，每个人都是话语中心，但网络话语主体信息选择的主动权以及话语内容的生产和传播不可避免地受算法技术所支配和影响。总体来看，无技术支撑的话语内容无法迅速传播，无法有效与受众需求和偏好相匹配，其话语影响力和竞争力会明显下降。"在媒介与代码无处不在的社会中，主体的自由意志不得不面向技术的规训与重塑"[②]，技术成为网络话语权的关键指标。另一方面，技术平台作用力凸显，深刻影响话语内容生产。技术的发展催生了各类话语平台，平台凸显出强大的话语动员力和影响力。"内容为王"一直是互联网发展的精髓，我们通常认为，话语权来自话语内容生成，话语内容生产者在话语权生成中占据更重要地位。而在智媒时代，技术平台并非话语内容生产者，但其以汇聚、选取、分发

① ［美］尼古拉·尼葛洛庞帝：《数字化生存》，胡泳、范海燕译，海口，海南出版社 1997 年版，第 205 页。

② 方正：《"数字规训"与"精神突围"：算法时代的主体遮蔽与价值守卫》，《云南社会科学》2021 年第 1 期。

以及个性化推送信息的形式获得了巨大的话语动员能力和舆论影响力，以此改变话语权格局。为争夺话语权高地，话语主体不可避免地加入平台、顺应平台，调整话语内容和表述方式。此外，从国际话语权博弈来看，技术主动权可以有效转化为话语权。美国作为互联网技术的起源国，在制定互联网规则、掌握互联网核心技术、主导网络空间秩序方面具有得天独厚的优势。从技术控制到文化宣传、舆论操纵以及政治塑造，美国凭借信息技术优势，在全世界争夺意识形态话语权，奠定了其全球话语霸权地位。

可见，技术始终是网络话语权生成和发展的重要条件。要想真正发挥网络话语的传播力、公信力、引导力和影响力，获得切实有效的话语权，就必须借助技术的力量。与此同时，技术的飞速发展也会衍生出新的社会问题甚至是社会风险，需要国家从技术规制层面为网络话语生态格局划定种种界限。

综合来看，网络空间马克思主义意识形态话语权的生成过程，经历了“萌生—发展—确立”3个阶段。马克思主义意识形态通过在多元意识形态话语的竞逐中话语权威的树立，以及政权、资本与技术等赋权的联合共振实现了话语权的最终构建。网络空间马克思主义意识形态话语权的生成，是一个动态的发展过程，需要在动态演进中重视各阶段的发展趋势、各环节的链接自洽、各因素的相互影响，始终确保马克思主义意识形态话语占据主流、居于主导，在网络空间内形成并保持强大的影响力、传播力、认同力和凝聚力。

第三节　当代中国网络空间马克思主义意识形态话语权生成要素

网络空间马克思主义意识形态话语权的生成过程，就是马克思主义意识形态话语主体通过话语体系的建构——分类话语主体的选择、目标受众的确定、话语主题的设定、话语内容的生产、话语表达方式或传播方式的使用、话语表达效果的测评与反馈等，实现马克思主义意识形态话语的有效传播，使马克思主义意识形态话语具有“左右”“调控”“引导”甚至“控制”网络社会思想、网络舆论舆情、网民价值判断和行为选择的能力与权力的过程，其最终表现为广大受众的思想观点、价值观念和行为选择与马克思主义意识形态始终保持一致。以上“话语权”生成过程的复杂性、多样性、动态性以及最终权力表现形式决定了网络空间马克思主义意识形态话语权必然是一套由多元要素构成的话语权力体系，是在多元话语权力要素系统运作、动态演进中实现的。结合网络空间马克思主义意识形态话语权生成依据、生成过程与生成机理来看，网络空间马克思主义意识形态话语权生成要素，至少包括提问权、论断权和解释权[①]。其生成要素包含“权利”与“权力”的双重属性，但马克思主义意识形态作为国家主导意识形态的既成地位以及国家政治力量的权威支撑决定了“生成要素”的“权力”属性更加鲜明和突出。准确把握网络空间马克思主义意识形态话语权的生成要素，要加强对其“权力”属性的重点剖析；与此同时，还要处理好“网络空间”马克思主义意识形态话语权生成要素与“普遍意义”上马克思主义意识形态话语权生成要素之间“特殊性”与“普遍性”的关系。

一、网络空间马克思主义意识形态话语提问权

网络空间马克思主义意识形态话语权，是在自由表达、开放讨论的话语交流交融交锋中生成的。发现问题、设置问题、提出问题，引导网民沿

① 侯惠勤：《意识形态话语权初探》，《马克思主义研究》2014 年第 12 期。

着正确的路向思考问题，进而一步步推动问题的科学解释和回答，在提问释疑中引领思想、引导舆论，是马克思主义意识形态话语权生成的重要实现方式。提问权，是“对于时代问题及其所涉及的重大任务的发现和追问，是历史任务的提出和阶级立场的表达，是一个政党及其领袖世界观、历史观、方法论的思维特征及具体表现”①，由此构成网络空间马克思主义意识形态话语权生成的内在构成要素之一。

（一）提问权是网络空间马克思主义意识形态话语权基本生成要素

通俗来说，网络空间马克思主义意识形态话语权，主要表现为话语受众认为话语主体“所言有理”“所言可信”“所言能信”“所言可行”，即充分理解、认同和拥护话语主体的立场与主张。因此，马克思主义意识形态话语权生成的基础在“言”，而言说什么则显得至关重要——话语主体的言说不可避重就轻、毫无重点，必须紧紧抓住社会历史发展的大趋势、社会运行的突出矛盾、时代演进中的重大任务来表达意识形态立场与观点，而能否发现和追问“时代问题及其所涉及的重大任务”成为重要逻辑起点。在众声喧嚣的网络话语生态中，马克思主义意识形态的话语权往往首先是在发现问题、提出问题、回答问题中逐渐形成的。只有立时代潮头、发时代先问，才能在多元意识形态话语竞逐中掌握议题主动权。善于发现“时代问题”、追问时代任务，进而引导问题思考，即牢牢掌握提问权，是网络空间马克思主义意识形态话语权的重要实现方式和基本生成要素。马克思曾说，“问题就是公开的、无畏的、左右一切个人的时代声音”②；习近平同志也指出，“每个时代总有属于它自己的问题，只要科学

① 侯惠勤：《意识形态话语权初探》，《马克思主义研究》2014年第12期。

② 《马克思恩格斯全集》第40卷，北京，人民出版社1982年版，第289页。

地认识、准确地把握、正确地解决这些问题，就能够把我们的社会不断推向前进”[①]。牢牢掌握提问权，要真正提出反映时代导向与时代声音的真问题，善于主动发问、择机发问、设计发问，避免因发问落后而陷入被他者质问、拷问、“逼问”的被动局面。牢牢掌握提问权，是网络空间马克思主义意识形态话语权生成的基本点。

（二）网络空间马克思主义意识形态话语提问权的基本运行模式

提问是激活意识形态话语权的重要法门。以提问的形式，引起舆论关注，表达阶级立场以及政党的世界观与方法论，扩大意识形态影响，进而通过树立话语权威、扩大群众基础，实现话语权。提问权，本身就是意识形态话语权的内在构成，有着内在遵循的权力运行模式；提问权的运行与实现过程，实际上也是话语权形成和运行的过程。从意识形态话语的角度来看，话语提问，始终表达和反映的是特定阶级和集团的利益、主张和诉求；话语提问权，始终服务于特定阶级和集团。因此，意识形态话语提问权的运行，所遵循的基本模式是：话语主体首先立足特定阶级立场—实现提问赋权（基于政治权威发现问题、设计问题、提出问题、回应问题、树立问题解答权威）—施行提问权（引导舆论、凝聚共识）。在以上运行过程和模式中，“提问赋权”与“提问施权”紧密相扣、一体链接，甚至在绝大多数情况下交融渗透。

立足当代中国现实的政治环境和网络话语生态，网络空间马克思主义意识形态话语提问权的基本运行模式是：马克思主义意识形态话语主体以马克思主义的阶级立场、思想观点和分析方法，提出问题并回应问题，引导网络舆论，凝聚网络空间马克思主义意识形态共识，聚合网众民心。综合分析来看，当代中国网络空间马克思主义意识形态话语提问权的运行，

① 习近平：《之江新语》，杭州，浙江人民出版社 2007 年版，第 235 页。

需要高度重视两条权力运行路线：其一，网络社会是现实社会的延伸与拓展，实现马克思主义意识形态“提问赋权”，极其重要的一点是，所提问题必须关涉中国社会发展根本、新时代发展所需、中国特色社会主义发展趋向，只有把握住时代、历史、社会发展之大势，立足现实根本提出“真问题”，才能在治国理念、理想信仰、文明教化等意识形态领域掌握话语主动权、领导权；其二，强化提问赋权，则所提问题还必须充分观照广大网民借助网络反映的民生问题及其现实诉求，提出广大网民实际上就是广大国民内心普遍呼吁或强烈渴望解决的问题。话语提问，只有想人民之所想、应人民之所需所求，党的观点和主张才能顺民意、得民心，才能为网络空间马克思主义意识形态话语权的生成奠定群众基础。网络空间马克思主义意识形态话语提问权的运行模式，从根本上来讲，也是马克思主义意识形态话语权运行模式的体现。

（三）议程设置是网络空间马克思主义意识形态话语提问权的关键

提问是基于时势的把握抛出问题，引发关注和讨论，进而在交流会话中逐步实现提问赋权和施权的过程。在这一过程中，提出什么样的问题、何时提出问题、所提问题的优先次序如何、问题强调的次数多寡以及用什么样的方式提出问题，即议程设置，直接决定受众的思考点，决定受众想什么。而能否有效引导受众去思考话语主体所预想的问题，则是实现意识形态话语提问权的关键所在。只有受众按照意识形态话语主体的设想去思考特定问题，使特定问题上升为广泛关注的公共议题，话语主体才有在公共议题讨论中引领观点和思想的主动性和可能性，真正实现提问赋权。在网络空间人人都是“新闻记者”“发言人”的传播环境中，在非官方媒体强势竞争话语主导地位的挑战下，多元意识形态话语主体在网络空间提出和反映的问题数不胜数，即便是同属马克思主义意识形态阵营的话语主体所提出和反映的问题也是不胜枚举。网络空间内各式各样、代表不同立场和利益诉求的问题“排山倒海”扑面而来，严重消散广大网民有限而宝贵的注意力。在注意力稀缺的网络时代，广大网民对各式问题的普遍关注和众声喧嚣，实际上是对各式问题思考和研讨的浅尝辄止、对主要矛盾和问题的无从把握。如此一来，只有通过有效的议程设置，引导网民对某一问题或某类问题普遍关注和思考，聚合起广大网民的思想关注点和注意力，马克思主义意识形态话语主体才能在问题提出、问题回应和舆论引导中实现提问赋权，使提出的问题有效表达和伸张自身意识形态主张。

二、网络空间马克思主义意识形态话语论断权

对重大理论与实践问题作出权威的论证和断定，进而主导社会公众对重大理论与实践问题的看法，使社会公众形成与特定意识形态主张相一致的观点，这就是意识形态话语论断被赋权的突出表现。论断权，是马克思主义意识形态话语权的重要构成，在网络空间这一拟态环境中有其特殊的表现和实现形式。

（一）论断权是网络空间马克思主义意识形态话语权重要构成

在网络空间内，海量信息泥沙俱下、鱼龙混杂，夹杂和裹挟着不同的思想观点、价值观念；网民对同一理论或实践问题往往存在不同的看法，众说纷纭、“公说公有理，婆说婆有理”的话语论争是一种普遍现象。通过对论争的话题、议题、问题作出论证和断定，给出权威的论断，达到统一观点、凝聚共识、引领思想的目的，是网络空间马克思主义意识形态话语权生成的一种重要形式，即意识形态话语论断权。论断权，是网络空间马克思主义意识形态话语权的重要构成要素，同时也是重要实现形式。当前，网络空间意识形态“去中心化”的发展态势，马克思主义意识形态主导地位受到的频频挑战，其中一个非常重要的原因，就是多元意识形态话

语主体对论断权的争夺。在网络空间内有关某一社会事件是非对错、善恶美丑的争论，对国家政策合理与否的讨论，对政府公信力、政府形象、国家形象的褒贬论争等，往往从根本上都涉及意识形态话语论断权的问题。网络空间内这些司空见惯、随处可见的讨论争论以及看似部分网民或网络媒介漫不经心地抛话题、表观点，有的往往能够以小见大，其背后深层往往从不同的角度不同的层面涉及有关国家发展道路、制度、理论、模式等根本性论争，涉及中国共产党执政合理性与合法性的讨论，涉及对时代方位、发展方向、时代使命等的不同看法。对这些重大理论与实践问题，如果不能科学而权威地作出解答和断定，广大网民的思想观念体系缺少主心骨，人心一盘散沙，掌握话语权就无从谈起。牢牢掌握论断权，就是牢牢掌握话语权；论断权，是网络空间马克思主义意识形态话语权不可或缺的重要生成要素。

（二）网络空间马克思主义意识形态话语论断权的真理和价值支撑

论断，不简单是对事物情况是与非、对与错等作出肯定或否定的判断或者推论，更是在遵循理论逻辑、实践逻辑与历史逻辑的基础上对有关问题作出的研判、论证和断定。作出的论断，只有被广泛认同和接受并成为广大受众的指导思想、价值理念或行动纲领，才会具有权力属性。从论断到论断权，自有其内在支撑。其基础性支撑主要包括两个大方面：其一，马克思主义意识形态的真理性支撑。论断有正误之分，科学的论断能够对国家发展、民族振兴和个人进步提供正确的指引，而错误的论断则有可能使国家、社会和个人的发展误入歧途，甚至付出惨重的代价。因此，只有科学的论断才能经得住理论与实践的考验、经得住时间的检验，才有可能实现赋权。网络空间意识形态话语论争纷繁复杂、观点渗透暗潮涌动，马克思主义意识形态话语论断权的构建必须始终立基于马克思主义真理之上，始终坚持以马克思主义的立场、观点和方法分析问题、作出论断。在网络空间多元意识形态的话语旋涡中，坚定自身立场毫不动摇，是马克思主义意识形态话语论断权生成的基本前提。其二，反映时代与人民诉求的价值支撑。网络空间马克思主义意识形态话语论断权，既要有真理尺度的支撑，同时也要有价值尺度的支撑。只有依据时代发展的阶段形势和人民群众的现实需要去认识世界，才能作出符合当下历史发展特征和历史创造主体需要的正确论断和主流论断，形成论断权威。当前，网络空间成为社会公众的“扩音器”与“传声筒”，如何在把握时代发展大势的基础上正确甄别网络众声反映的真实民意和国民诉求，是强化网络空间马克思主义意识形态话语论断权价值支撑的必然要求。总而言之，构建网络空间马克思主义意识形态话语论断权，必须在严密的理论、实践与历史逻辑中，注重强化真理尺度与价值尺度的支撑。

（三）网络空间马克思主义意识形态话语论断权的主要表现方式

从理论分析层面来看，网络空间马克思主义意识形态话语论断权一旦形成，则意味着马克思主义意识形态话语对某一问题作出的论断具有绝对权威和不可辩驳性，同时也意味着一切其他意识形态话语对同一问题的有关论断合理性与合法性地位的丧失。在此前提下，如果其他异质意识形态话语在与马克思主义意识形态话语的对话交流中实现了交融，倾向于认同或者不再明确反对马克思主义意识形态话语论断，则马克思主义意识形态话语论断权会得以强化。但是，由于其他异质意识形态与马克思主义意识形态之间质的对立，特别是敌对势力对马克思主义意识形态的极端仇视和颠覆动机，其他意识形态话语主体往往不甘心马克思主义意识形态话语论断权的“钳制”，而是借助网络的隐匿性、开放性、自由性极力利用各种手段和方式为自己造势，企图重新“洗牌”分配话语论断权。由此可见，网络空间马克思主义意识形态话语论断权的生成过程是极为复杂的，影响因素也是极为多样的。因此，构建网络空间马克思主义意识形态论断权，必须重视把握其主要表现形式，根据具体表现情形采取相应的应对策略。对于马克思主义意识形态而言，其作为国家主导意识形态在网络空间的话语论断权主要表现为——马克思主义学说、马克思主义中国化的理论成果与思想创新以及社会主义核心价值观等思想体系、行动纲领、理论指南和价值体系等，成为网络空间评判理论与实践问题的根本思想依据和价值准则；党和国家对一切重大理论与实践问题的回应和断定，成为绝大多数网民认可认同并且高度拥护的论断和主张。概括来说，论断权作为“对于时代、时代特征、时代潮流及其重大问题所作出的回答和判断”[①]，是对网络空间众说纷纭、众声喧哗的“一锤定音”和“主旋律”确定。这是网络空间马克思主义意识形态话语论断权的重要表现和鲜明标志。

三、网络空间马克思主义意识形态话语解释权

意识形态话语解释权，是意识形态话语通过对阶级立场、政治理念、发展道路、制度设计、思想理论、价值体系、方针政策、社会问题等的阐释，从而对社会公众的思想认知和行为选择产生决定性影响的一种话语权力表现形式。网络空间马克思主义意识形态话语权的生成，同样离不开解释权的重要支撑。

（一）解释权是网络空间马克思主义意识形态话语权的关键生成要素

意识形态本身就是一套关涉政治、法律、思想、道德、艺术、宗教、哲学等的思想观点体系，内涵深刻的解释学意蕴。掌握意识形态话语权，

① 侯惠勤：《意识形态话语权初探》，《马克思主义研究》2014 年第 12 期。

在较大程度上表现为，意识形态话语能够对社会存在、经济基础等客观现实作出权威性的理论阐释与实践解释，能够主导甚至决定社会公众对现实社会的思考结论和根本看法。解释权之于话语权的重大意义及彼此关联，同样适用于网络空间这一虚拟的意识形态话语生态。解释权，是网络空间马克思主义意识形态话语权生成的关键要素。拥有了解释权，意味着掌握了思想文化的主导权，意味着马克思主义意识形态能够将自身对社会生活与精神世界的“话语解释”上升为社会公理性认识，掌握思想领导权。在网络传播生态中，社会公众个人看法和观点的表达达到了前所未有的高度，论点争鸣的剧情随时随地上演，因社会公众生活条件、教育水平、社会阅历、思想觉悟、社会经验等主客观条件的千差万别，社会公众对同一理论或实践问题的看法或解读往往不尽相同，洞若观火的深刻见解与雾里看花的一知半解共生共存，正确的理解与错误的解读彼此纠缠。在此现实情境下，掌握解释权，对网络空间广泛和热烈的论争点给出权威解释“以正视听”，为网络正确舆论给予强有力的支持，进而促其成为主流声音，从而推动马克思主义意识形态话语权的生成。解释权，是网络空间马克思主义意识形态话语权的关键构成，重视解释权建设是网络空间马克思主义意识形态话语权构建的重点内容。

（二）公信力是网络空间马克思主义意识形态话语解释权的核心支撑

解释权是一种软权力，网络民众对马克思主义意识形态话语解释的尊重与认同，除凭借马克思主义意识形态话语解释的彻底性与科学性实现“以理服人”外，在很大程度上还取决于马克思主义意识形态话语主体的公信力。同样的话语，因话语主体公信力大小的差异，甚至会导致话语效果的天壤之别。古罗马时代历史学家塔西佗曾在其著作《历史》中讲道：“一旦皇帝成了人们憎恨的对象，他做的好事和坏事就同样会引起人们对他的厌恶。"①这就是著名的"塔西佗陷阱"。按照塔西佗的观点，在网络空间芜杂的信息流瀑中，马克思主义意识形态话语主体一旦失去了公信力，无论其话语解释如何符合客观事实、问题分析如何透彻深刻，话语受众都会以怀疑质疑的态度来审视其话语，甚至以"阴谋论"的视角和眼光来看待其话语，马克思主义意识形态话语解释权也就无从谈起。话语公信力，成为网络空间马克思主义意识形态解释权乃至整个话语权体系的核心支撑。立足当代中国网络传播生态来看，强化马克思主义意识形态话语公信力，根本在于加强政府公信力建设。众所周知，网络空间马克思主义意识形态话语主体具有多元性，大致可分为政府官方、网络传媒、社会组织、意见领袖、网民个体等多个类别，但其中政府官方始终是根本主导者。对于除政府官方外的其他话语主体而言，网络传媒特别是主流媒体作为政府的"喉舌"大都具有官方性质，非官方媒介也时刻遵循与政府官方和主流媒体"言行一致"的不成文规则；社会组织即便是非政府组织同样具有鲜明的官方色彩；意见领袖中虽有"草根阶层"或"普通民众"，但其意见"领袖"地位的确立离不开政府官方的默认和支持；普通网民虽具有较强的自主性，但其作为单个个体的发言分量明显无法与以政治威权为支持的官方主流话语相抗衡。综合来看，政府官方始终处于网络空间马克思主义意识形态话语的中心地位和权威地位，政府公信力的强弱直接决定马克思主义意识形态话语解释权的强弱，加强政府公信力因此成为构建网络空间马克思主义意识形态话语解释权的关键所在。

① ［古罗马］塔西佗：《历史》，王以铸、崔妙因译，北京，商务印书馆1981年版，第7页。

（三）“中国话语”是网络空间马克思主义意识形态话语解释权的力量内核

语言是有力量的。“良言一句三冬暖，恶语伤人六月寒”，《增广贤文》中的这一通俗名句揭示的正是语言触动人心的力量。话语权，作为一种权力样态，通俗来说也是语言力量的高效施展。其中，话语解释权因其紧密关涉问题解释的通透程度、信服程度、触动程度等，成为语言力量最生动最直接最有力的体现。对于当代中国马克思主义意识形态话语解释权而言，其语言力量根本生发于中国话语——只有以中国立场、中国理论、中国语言和中国表达来阐释中国问题，马克思主义意识形态话语解释才能真正触动国人的内心世界，形成国民认同。在当代中国网络空间内，不乏以西方的理论、西方的概念、西方的思维、西方的表达、西方的话语来解读、分析、评判中国问题者，如此这般的话语思维和话语模式借助网络传播特点推波助澜、拉拢市场，值得高度警惕。其一旦在网络中形成气候，则势必蚕食和压缩中国话语空间，我们只会更加陷入在西方的屁股后面跟着说、接着说的尴尬境地，陷入被他者言说、被他者界定、被他者评判的被动处境，同时也就必然导致马克思主义意识形态自身话语的弱声甚至无声，自身话语权的式微。重视并加强当代中国网络空间马克思主义意识形态话语解释权，必须树立并强化网络空间意识形态话语版图意识，要坚持以中国话语为主流话语，用扎根于中国大地、承继于中国传统、生长于中国实践的中国思想中国理论和中国智慧作出中国阐释，以中国人民喜闻乐见的表达方式、通俗易懂的百姓语言讲好中国故事。总而言之，内蕴理论与实践、传统与现实、当下与未来、本土与外来多重多维意蕴的“中国话语”，是网络空间马克思主义意识形态话语解释权的语言力量内核，是网络空间马克思主义意识形态话语解释“理直气壮”的自信支撑。

第三章

当代中国网络空间马克思主义意识形态话语权面临的挑战

伴随互联网的兴起与蓬勃发展，意识形态斗争的时代环境发生深刻变化。在网络空间内，信息传播方式呈现崭新特点，马克思主义意识形态话语权面临多维多质挑战：网络信息技术突飞猛进，海量网络信息虚实难辨，政府部门“把关人”的角色与功能呈现式微，传统的适用于现实社会的意识形态攻防战略战术存在不同程度的“失灵”；微信、抖音等自媒体平台影响力日益凸显，官方主流媒体的宣传力与舆论引导力在“人人都有麦克风”的传播生态中遭遇挑战；多元社会思潮加紧对网络话语权的争夺并试图影响现实政治；在“西强我弱”的国际传播格局中，西方国家利用互联网技术与应用的先发优势，抓住中国互联网治理存在的缺陷和漏洞，对华积极发动意识形态网络战；等等。信息网络化的飞速发展势不可挡，构建网络空间主流意识形态话语权是理势所趋，其间又充满必须面对的困难挑战。唯有正确认识网络时代国家意识形态工作领域面临的挑战，才能在危机中育先机、于变局中开新局，让互联网这个最大变量变成我国事业发展的最大增量，夯实国家意识形态安全，维护国家政权稳定。

第一节　时代性挑战：网络喧嚣稀释马克思主义意识形态话语影响力

当前网络空间中主流意识形态话语权建构面临的种种挑战具有深刻复杂的时代背景。网络已渗透进社会生活的方方面面，成为深刻影响人们生存方式、思维方式和活动方式的重要新媒介。西方传播学巨匠马歇尔·麦克卢汉曾认为，媒介是社会发展的基本动力，每一种新的媒介的产生都开创了人类感知和认识世界的方式，传播中的变革改变了人类的感觉，也改变了人与人之间的关系，并创造出新的社会行为类型。[①]从大数据时代、5G时代到数字时代、智媒时代，网络技术的革新不断催促着网络时代的演进和变革。在当今网络时代，网络技术的迅速发展使得信息传播主体全民化、传播渠道多元化、传播内容海量化和混杂化，作为党和政府“发声器”的传统媒体话语权出现流失，过去以垄断媒介机构来掌控舆论主导权的优势局面已经难以为继，从“去中心化”到“泛中心化”到“再中心化”，网络传播规律越发难以捉摸；与此同时，摆脱了传统媒介钳制的网民尽情享受“网络狂欢”，“泛娱乐化”倾向日益显现，网民的众声喧嚣使各种信息杂音噪音充斥网络空间，侵蚀主流意识形态话语的传播力与影响力。以上事实无可辩驳地表明，网络传媒的兴起和时代变革深刻改变了意识形态话语的传播方式、传播理念和传播生态，使马克思主义意识形态话语权的构建在网络化、信息化趋势下面临严峻的时代性考验。

一、网络“去中心化”消解马克思主义意识形态话语权威

在网络化时代，网络话语主体的交流互动已经抹去了地域、年龄、身份、文化程度、职业等传统时空界限，话语权力已经分散到规模和数量庞大的网民“草根”阶层。网络话语权力结构和传播模式不再是一个以“权力精英”为中心的放射性关系网，而是一个“多层级”或“多中心”的扁平化网状结构，呈现出明显的去中心化趋势。“去中心化”是互联网的典型特征，尼葛洛庞帝在《数字化生存》结束语中使用了“沙皇退位”的小标题对其进行了阐述：“我看到同样的分权心态正逐渐弥漫于整个社会之中，这是由于数字化世界的年轻公民的影响所致。传统的中央集权的生活

① 郭庆光:《传播学教程》(第2版)，北京，中国人民大学出版社2011年版，第119页。

观念将成为明日黄花”[①]；马克·波斯特也认为“电子传播”使自我“去中心化”“分散化”。[②]“去中心化”既是技术进步的结果，也是开放、共享等互联网核心精神发展的必然方向，是互联网时代所形成的新的话语关系样态和信息传播形态，这一结构特征导致了话语权力的分散，一定程度上消解了马克思主义作为主流意识形态的话语权威，也带来了诸多妨碍马克思主义意识形态话语权建构的不确定性因素甚至风险。

（一）马克思主义意识形态话语中心地位受到挑战

网络的“去中心化”直接导致了话语权力结构的平权化和分散化，普通民众阶层话语权不断发展壮大，多元思想意识在网络空间衍生发展，马克思主义意识形态话语权存在被转移的风险，马克思主义意识形态话语中心地位受到挑战。知识就是力量，信息就是权力，对网络信息化时代而言，尤其如此。传统的媒介渠道已无法满足网络时代网民日益增长的信息需求，大众媒体、政府、专家学者和企业不再是话语传播的唯一中心，传统金字塔式的话语权力模式已被打破，话语传播的主体由单一、集中走向多元、分散，任何一个表达自己观点的网民都有可能获得话语影响力、影响舆论走向。网络空间成为平面化的权力结构空间，“每个人都可以是一个没有执照的电视台”[③]“人人都有麦克风”“人人都是自媒体”，每个人在网络空间中都平等享有获取、制造、传播信息的权利和获得话语权的机会，打破了信息和文化话语权由少数精英分子所垄断的局面。

---

① ［美］尼古拉·尼葛洛庞帝：《数字化生存》，胡泳等译，海口，海南出版社 1997 年版，第 270 页。

② ［美］马克·波斯特：《信息方式》，范静哗译，北京，商务印书馆 2000 年版，第 13 页。

③ ［美］尼古拉·尼葛洛庞帝：《数字化生存》，胡泳等译，海口，海南出版社 1997 年版，第 205 页。

美国学者阿尔温·托夫勒认为："知识是终端放大器。它是即将发生的权力转移的关键。"[①]习近平总书记也指出，信息掌握的多寡成为国家软实力和竞争力的重要标志[②]。可见，话语权的大小与拥有知识和信息的多少密切相关。在信息共享的网络空间中，越来越多的网民群体不断拥有话语资本和话语权，政府不再是网络空间内意识形态话语的支配者，即使作为政治权力掌握者的执政党享有"政权赋权""技术赋权"等多方面的优势，但在面临强大的网民话语权时也不免大打折扣。意识形态话语权正在由党政宣传部门、专家学者、主流媒介向网络自媒体终端平台和网络"大V"转移，资本、技术成为话语赋权的重要力量。权力的分解和转移、网络自由所随带的无序和混乱、多元力量的话语权博弈，使得作为党和政府"发声器"的传统媒体话语权不断流失。传统的自上而下的单向理论灌输方式日渐式微，党和政府以垄断媒介机构来掌控舆论主导权的优势局面已经难以为继。马克思主义意识形态话语的关注度和受众面也在网民注意力的"涣散"中持续走低；政府有关管理部门对于话语生产、传播的审查以及把握网络空间话语权的难度不断增加。与此同时，此起彼伏的网络杂音噪音冲淡了真实声音，高质量的话语争鸣难以形成，网络舆论呈现失序、失控状态，且任何舆情中的焦点话题都有可能上升成为意识形态问题的论争。这些都直接导致了网络空间中马克思主义意识形态话语权的弱化，消解了马克思主义意识形态在网络空间的主导权。

（二）马克思主义意识形态话语的舆情控制力减弱

在"去中心化"的网络时代，在人人争相发声的多元传播格局下，传

---

① ［美］阿尔温·托夫勒：《权力的转移》，刘红等译，北京，中共中央党校出版社1991年版，第25页。

② 《习近平谈治国理政》第1卷，北京，外文出版社2018年版，第198页。

统主流媒体作为权威机构的舆论引导力在下降，网络舆情发展的迅猛性、复杂性、多变性、风险性和不可控性之势见长，主流意识形态的舆论掌控力面临被弱化的风险。从微博社交应用平台的经久不衰，到知乎问答的炙手可热，再到各类汇聚超高人气的短视频 APP 等新兴势力的迅速崛起，互联网舆论阵地日渐成熟化、多元化。新媒体时代舆情生态发生重大变化，任何事情都可能成为舆论关注的焦点，网络信息传播的迅捷性可以让某个事件、某个话题迅速扩散成为公共事件或公共话题，被自媒体关注的公共事件或话题经过“自媒体用户”的交叉传播会呈几何级发酵，舆情事件可能瞬间爆发并传播至全国范围乃至全世界的各个角落，舆情控制难度可想而知。此外，在“全民上网”、社会高度透明化的网络时代，越来越多的人已认识到：以“捂盖子”“封消息”“删帖子”“封号”“关评论”等简单粗暴的方式企图“隐真相”“保形象”的做法根本行不通；以“管控”思维为主的传统舆论引导模式已经无法适应新时代的网络舆论新格局；面对汹涌的网络舆情，采取回避态度或者回应不及时、不准确、不详细，不仅会遭到网民谴责，还会造成网络舆情引导的被动局面；网络舆情处置不当，任何舆情中的焦点话题都有可能上升成为意识形态问题的论争。从美国制裁中兴事件、崔永元曝娱乐圈阴阳合同事件、华为孟晚舟被捕事件到知网垄断被罚 8760 万元事件、海天味业添加剂被指“双标”事件、李佳琦直播怼粉丝事件、成都 2 岁女童被烈犬咬伤事件等，网络舆论热点层出不穷、复杂多变、影响甚广，网民关注、参与网络舆情的积极性不断高涨。在媒体与网民刨根究底、追问真相、“看热闹不嫌事大”的时代，如何将网络舆情的“洪荒之力”有效控制在安全范围之内，既考验着执政党的执政能力，也考验着主流意识形态的话语引导力。

（三）马克思主义意识形态话语力量的“碎片化”分割

随着自媒体平台的成长壮大，“碎片化”成为“去中心化”的主要表现形式，意识形态话语传播的整体性、严肃性和规范性在“信息碎片化时代”面临被遮蔽与消解的风险，马克思主义意识形态话语的完整叙事被分割解构。网络时代，大众获取信息的途径多样化，多中心、多元化的网络话语表达模式滋生了“短、多、快”的信息内容，形成了小叙事、碎片化的话语生态，信息传播的“碎片化”趋势已成必然。碎片化的语言表达追求个性，具有较强的随意性、自主性、娱乐性、反权威性、零散性和不完整性，主流意识形态话语的权威性被淹没在碎片化话语的汪洋大海中。一方面，信息传播的碎片化分散了大众注意力，遮蔽与消解了严肃公共话题的持续深入探讨。网络时代是争夺注意力的时代，然而人的注意力是有限的，让人眼花缭乱的碎片信息使主流声音耗散在大众稀缺的注意力中。一些别有用心的人通过夺人眼球的标题、段子、图片、视频等方式传播与主流价值观不符的言论，大大降低了网络空间主流意识形态的影响力。另一方面，碎片化的话语表达极大地瓦解着主流意识形态话语的严肃意义。长期以来，主流意识形态话语因过于严肃、注重说教、强调“宏大叙事”、公式化倾向严重、缺乏时代创新等而屡受诟病。网络空间中，严肃规范的意识形态话语要么“不受待见”，要么在网民娱乐化狂欢中沦为恶搞、戏谑的对象，马克思主义意识形态话语很难在易碎的话语环境中占得先机，博得关注。正如哈维·萨克斯指出的，“有主题的谈话”不是由关于“话题”的若干组谈话构成的。当一个人表述一个话题时，除非是在相当特殊的情境下，他可能都会确信其他人将试着就其所说的内容进行有主题的谈话，但是他不能肯定的是，他意图中的话题就是其他人将要谈论的话题。[①]在语境缺失、逻辑混杂的碎片化环境下，马克思主义意识形态的

---

① ［英］诺曼·费尔克拉夫：《话语与社会变迁》，殷晓蓉译，北京，华夏出版社2003年版，第144—145页。

“完整叙事”常常被“肢解”为与原意相差甚远的只言片语，网民群体对马克思主义意识形态的误读、误解、误传现象不可避免。

是否被有效关注是马克思主义意识形态话语权在网络空间构建的关键环节，面对宏大叙事的话语体系与新媒体碎片化传播的现实矛盾，马克思主义话语体系革新势在必行。此外，信息的碎片化、思想的碎片化、观念的碎片化，由之而来的是人们思考的肤浅化和理性思维的缺失，网络空间非理性话语的泛滥一定程度上对马克思主义意识形态的主导地位产生了冲击。

二、网络“泛娱乐化”弱化马克思主义意识形态话语导向力

网络时代是媒体竞争的时代，是争夺受众的时代，娱乐日益成为“塑造政治、伦理和日常生活的一个强大的、充满诱惑力的手段”[①]，网络的娱乐功能被无限发掘和过度放大，网络空间充斥着大量感官刺激的娱乐产品，呈现出“泛娱乐化”倾向。泛娱乐主义已悄然成为我国网络意识形态领域中一股势头强劲、受众广泛的社会思潮，这在一定程度上对马克思主义意识形态网络话语权的建构造成了冲击。而网络技术的更新，算法推荐技术的广泛应用，迎合了网民娱乐化内容的需求，加剧了娱乐泛化的程度。就语言表达来看，简单化、娱乐化、低俗化、极端化的话语日益流行，可视化的内容更易受到关注，幽默搞怪的风格更受欢迎；就内容表现来看，与明星隐私爆料、网红炒作等相关的娱乐类信息占据各大新媒体平台的头版头条和热搜榜，而与网民公共生活相关的国家大事、社会发展类信息趋于边缘化。综合来看，网络“泛娱乐化”深刻影响甚至挑战着马克

① ［美］斯蒂芬·贝斯特、道格拉斯·凯尔纳：《后现代转向》，陈刚等译，南京，南京大学出版社2002年版，第110页。

思主义意识形态话语的导向力。

（一）“大众狂欢”消解马克思主义意识形态话语的价值引领

“大众狂欢”时代，低俗信息泛滥、“红色经典”和英雄模范人物遭到“恶搞”与“戏说”、严肃事件娱乐化解构、炒作无休止无下限、娱乐八卦无孔不入……大众娱乐精神发挥到了极限，一切为了娱乐、反叛主流价值的精神文化生活需求得到释放和满足。“泛娱乐化”这一网络文化现象是时代的产物，若任由没有精神内核、没有文化内涵的低俗、庸俗、媚俗等娱乐现象“疯长”，任凭挑战社会底线、法律边线的恶搞、炒作乱象蔓延，长此以往，它将颠覆大众道德标准、扭曲大众审美旨趣、混淆是非曲直、凝滞大众理性思维、解构社会主流价值，最终会导致价值认同危机。例如，《人民的名义》的热播，官场正面人物李达康成了“网红”本身无可厚非，但最后居然是李达康的表情包、水杯和长腿之类“红”了，而不是某种英雄观、价值观“红”了，《达康书记到底是好人坏人？他已是我的心上人！欧式双眼皮和GDP都由我守护》这篇文章在网上刷了屏，大致说明了，我们这个娱乐时代，其主流还是话语的狂欢，而不是精神的皈依。[①]在微博“紫光阁[②]地沟油”事件中，年轻粉丝群体为力挺某污点歌手而制造无中生有的热搜话题——“紫光阁地沟油”，这一事件既反映了某些青年盲目追星的窘态，也折射出青年亚文化与主流意识形态之间的冲突与隔膜。此外，抖音、快手APP等短视频平台已经成为迷失价值导向的重灾区，“什么辣眼睛、毁三观的视频都有，唯一没有的，就是底线”。更有专家直言，聚集着中国几亿流量的视频网站，纵容着一群“妖魔鬼

① 杜骏飞：《网络民族主义表达及文化消费景观——美联航事件、〈人民的名义〉谈话录》，《编辑之友》2017年第7期。

② 《紫光阁》杂志是中央和国家机关工作委员会主管的重要党刊。

怪”扭曲青少年的价值观，让其把这当作一种潮流，来膜拜、效仿。[①]再有，当下网民群体特别是青年群体热衷于“造梗”与“玩梗”，在从众心理的驱使下加入到“梗文化”浪潮中。“梗文化”成为网络时代的独特印记，映射出了网络热点、网民心态、群体情绪与网络文化的多元面貌，“既能让人们收获身份认同和情感共鸣，也能让人们在表达失语中走向模糊底线、缺乏原则的群体认同”。[②]正如尼尔·波兹曼所说，如果一个民族分心于繁杂琐事，如果文化生活被重新定义为娱乐的周而复始，如果严肃的公众对话变成了幼稚的婴儿语言，总而言之，如果人民蜕化为被动的受众，而一切公共事务行同杂耍，那么这个民族就会发现自己危在旦夕，文化灭亡的命运就在劫难逃。[③]这并非危言耸听，主流价值在网络大众狂欢中面临被虚无、被颠覆的困境，主流意识形态话语在“泛娱乐化”的背景下存在被销蚀的危险。

（二）“网络恶搞”歪曲网络主流价值

网络恶搞是一种借助于网络等新兴媒体，以滑稽、搞笑整蛊等方式表达看法、抨击时弊的网络话语表达方式，具有消解、批判、颠覆、反讽、夸张、无厘头等鲜明的话语特征。网络恶搞运用迂回的、讽刺的、嘲笑的、拼贴的话语形式，体现了网民找到事件的敏感点而又不能直接言说的喜剧般的狂欢式情绪。[④]其实质是一种对主流文化霸权的颠覆和挑战，迎

---

① 《拷问部分网络视频平台：没有底线，流量就成流毒》，http://media.people.com.cn/n1/2018/0411/c40606-29917939.html，2018年4月10日。

② 林爱珺：《网络玩梗背后的表达失语与价值观消解》，《人民论坛》2022年第4期。

③ ［美］尼尔·波兹曼：《娱乐至死》，章艳译，桂林，广西师范大学出版社2004年版，第202页。

④ 于德山：《共识与分歧：网络舆论的信息传播研究》，北京，社会科学文献出版社2016年版，第43页。

合了网络时代“反主流”“反权威”的集体无意识，但也暗含一定的深层社会意义，具有寻求群体认同、缓解工作生活压力、针砭时弊的功能。“恶搞”以戏谑的姿态表达消解意义和嘲弄主流价值，开辟了反偶像和反美学的奇异道路，是人民冷嘲热讽的解构姿态，是人民喜闻乐见的文艺批评，是人民平凡有趣的精神追求；[①]戏谑化的表达方式是千万网民智慧的结晶，在媒介生态演化中历经碰撞和淬炼，形成一道主流文化亮丽的风景线[②]，为广大网民提供了兼具创意与审美的趣味大餐。2006年，胡戈将电影《无极》和《中国法治报道》节目重新剪辑创作了“一个馒头引发的血案”，掀起了网络恶搞的狂潮。近年来，恶搞之“恶”已远超出夸张、滑稽和创意的范围，更多的是不健康的、低俗无知的三观内容甚至违反相关法律法规的恶行；急功近利、浮躁肤浅、忘根忘本的风气盛行，没有节制、没有边界、没有底线、失去导向的恶搞现象时有出现，甚至革命先烈等英雄人物也难逃被恶搞戏谑的命运。一些自媒体和网络主播为了博人眼球、吸引关注、赚取点击率、谋求流量变现，丑化恶搞主流价值，戏谑主流历史、颠倒黑白，丧失基本底线，与社会主义核心价值观背道而驰。2018年1月，经典抗战歌曲《黄河大合唱》被戏谑性恶搞，民族情感与历史记忆被无情亵渎，造成极大的社会负面影响。更有甚者罔顾法律，发布侮辱、亵渎英烈的不良内容，自媒体“暴走漫画”在《中国人民共和国英雄烈士保护法》实施之后，公然利用网络平台，发布丑化恶搞叶挺烈士作品《囚歌》和董存瑞烈士的视频。[③]2021年5月31日，“丽水新闻”微信公众

① 李永刚：《我们的防火墙：网络时代的表达与监管》，桂林，广西师范大学出版社2009年版，第65—66页。

② 喻国明、李彪：《社交网络时代的舆情管理》，南京，江苏人民出版社2015年版，第57页。

③ 《〈英烈保护法〉亮剑网络“恶搞”》，《人民日报》2018年9月27日。

号转发了“人民网”微信公众号发布的《重磅！三孩生育政策来了！》一文。原文中“实施一对夫妻可以生育三个子女政策及配套支持措施”被网友截图并恶意篡改成“实施一夫多妻可以生育三个子女政策及配套支持措施”，造成了恶劣影响。[①]娱乐一切、消费一切、无操守无原则无底线的网络恶搞乱象在挑拨大众娱乐神经的同时极易带偏主流价值观，扰乱网络大众的精神世界，不仅造成了主流价值的消解，也污染了网络生态。一些违法错误的网络话语更是被别有用心者利用，最终成为削弱、歪曲、否定中国共产党领导和中国特色社会主义制度的风险隐患。

（三）“网络炒作”离散主流意识形态话语导向

在泛娱乐化时代，网络炒作的大众娱乐性迎合了网民寻求快乐、自我表现的需求，成功获取了网民的注意力。“炒作”本是中性词，有宣传之意，而如今恶俗、无底线、“毁三观”的炒作之风盛行一时，使得炒作偏离了道德、正义轨道，成为以低俗性、反常性、煽情性、刺激性内容为卖点制造轰动效应、吸引网民眼球的工具。伴随网络科技的日新月异，网络热点也是此起彼伏，“你方唱罢我登场”，网红人物更是层出不穷，迭代更新异常迅猛。网络公关、网络推手、网络营销、网络水军、网络推介、网络运营团队已成为“网红”、网络热点事件或话题背后“看不见的手”。“中国大陆的网络事件中，最能够激发网民参与抗争的情感是愤怒、同情和戏谑”[②]，网络炒作团体深谙网络传播规律和网民心理，往往利用网民同情弱者、维护正义等社会情感因素或者暴力、情色、窥私、围观、畸趣、猎奇等潜意识因素进行“精准”炒作，将社会公德、公共利益和公序良俗抛之

---

① 张国亮：《恶搞“三孩政策”？予以行政处罚！》，http://m.news.cctv.com/2021/06/01/ARTIgXMApxSQvgExAYEDDVs4210601.shtml，2021年6月1日。

② 杨国斌：《悲情与戏谑：网络事件中的情感动员》，《传播与社会学刊》2009年第9期。

脑后，表现出严重的“流量至上”“金钱至上”倾向。一些自媒体沦为资本的附庸，为了达到商业目的或政治目的，通过编造传播虚假信息“造热点”“蹭热度”“带节奏”，甚至将普通事件演化为矛头直指党和政府的政治事件。例如，2015 年 5 月 2 日发生的“庆安事件”中正当依法履职的民警开枪将袭警暴徒击毙，然而恶意炒作者制造“恶警枪杀访民”的话题来裹挟广大网民，众多网民在愤怒和同情心驱使下纷纷加入声讨中国警察的大军，矛头指向中国政府。虽然最后随着以颠覆国家政权为目的的北京锋锐律师事务所犯罪团伙的落网，事件得以真相大白，但是此事件对网民群体造成的“认知裂痕”以及由此带来的政府信任危机却难以有效消除。还有一些媒体为博人眼球，过度消费弱势群体，煽动网民对弱势群体的同情心和爱心，如某公司为策划卖伞广告伪造“小女孩为中暑环卫工撑伞”的暖心感人新闻；某商业展览为炒作虚构出“喂老人吃饭的深圳最美女孩”形象；网络主播通过抖音等短视频平台“卖惨带货”“悲情营销”，虚假摆拍“老人卖石榴遭拒”“老人家中石榴滞销”等视频，消费网民善意。网络空间中，处处布满“陷阱”，种种误导网民注意力、透支网民信任的无下限炒作事件不胜枚举。其中，虚假新闻的炒作不仅降低了网络新闻的真实性和客观性、破坏了网络信息传播秩序，还颠覆了网民对政府和媒体的信任感，消解了主流媒体的舆论引导力；诸如“最美”“悲情”事件的炒作扭曲了善心，阻碍了网络正能量的传递，挤占了主流意识形态话语空间，不利于网络精神文明建设，也不利于意识形态工作正面宣传的开展。网络炒作之风，滥用网民注意力和信任感，模糊了网民的价值判断，离散了网民对主流话语和价值的关注力，污染了网络生态。

三、网络“流瀑效应”侵蚀马克思主义意识形态话语公信力

互联网为民意涌流提供了更为通畅、便利、高效的“管道”，网民话

语日益成为影响主流话语导向的重要力量。网络信息传播较易形成群体认知，因为后接受信息的人往往采取与先接受信息并表态的人相同的态度，信息在不断强化后形成群体共识，这一共识代表着群体权威且很难被打破，这一效应被凯斯·桑斯坦称为“信息流瀑”。“当群体对有关某人或某个国家的极其恶劣的不轨行为的某项据说的事实信以为真，一种信息流瀑效应就在发挥作用”[①]。这种效应其实质是一种网民的从众现象，即处于群体中的个体往往缺乏独立判断能力，倾向于选择群体普遍接受的信息。网络社交的便捷、快速加剧了“流瀑效应”的冲击范围和力度，这也是为什么个体汇入网民群体之后容易滋生非理性心态、负面情绪的传染性增强、网络谣言能够使意见趋同并形成强劲散播态势的原因。当前网络舆情生态环境呈现出信息芜杂、复杂多变之势，层出不穷的网络谣言、夸大其词的网络负面信息以及人云亦云、随波逐流的网络攻击性言论充斥网络空间；网民非理性心态、不满情绪蔓延极易在“流瀑效应”以及某刺激性事件的双重影响下快速传递蔓延。网络“流瀑效应”导致的种种乱象和问题，极易形成网络空间信任危机，严重挑战马克思主义意识形态话语的公信力，对马克思主义意识形态话语权的构建提出了现实挑战。

（一）网络政治谣言损害党和政府形象

党和政府形象是提升马克思主义意识形态话语权的关键要素，网络谣言尤其是政治谣言对党和政府形象以及公信力的破坏性极大。由于网络传播的快速性和扩散性，谣言一旦“入网”，极易在“流瀑效应”下形成意见趋同和共识，极难控制，网络谣言成为网络空间中的一颗“毒瘤”，轻则引起网民认知混乱、损害网络信息传播秩序和公信力，重则可能侵蚀社

① ［美］凯斯·R. 桑斯坦：《极端的人群：群体行为的心理学》，尹宏毅、郭彬彬译，北京，新华出版社 2010 年版，第 122 页。

会主流价值观甚至引发社会动荡和政局不稳，对整个社会的稳定与和谐发展造成严重威胁。网络谣言反映了我国社会转型期大众内心不安全感和不确定性的加剧，贫富差距、贪污腐败、食品安全、教育医疗、生态安全等社会热点问题牵动大众敏感神经，成为网络谣言的“重灾区”。网络谣言作为一种“抗争性话语”[①]，多是网民内心不满情绪、焦虑心态或偏见的表达，或是网民群体信仰困惑的投射，是弱势群体通过非官方话语来对抗和拒绝官方的意识形态以及其所代表的当权者的威严与力量的武器[②]，即“弱者的武器”。但“网络谣言”一旦被别有用意的人所利用，就会成为抹黑党政形象和蚕食政府公信力的利器。

在形形色色的网络谣言中，政治谣言具有较大传播市场，许多网络谣言都有“泛政治化”的倾向。所谓网络政治谣言，是指主要通过网络传播的，毫无根据的政治信息或严重失真的政治消息，以有意诬陷、攻击和诽谤为主要手段，以攻击政治人物、政治集团或具体政策、政治主张等为根本目标。[③]一些热点事件或群体性事件往往成为网络政治谣言集中爆发的催化剂，通过事件中的敏感问题制造谣言混淆是非，煽动民怨攻击党和政府、诽谤政治人物，捏造事实丑化政府和国家形象成为某些有组织有预谋的敌对势力的惯用伎俩。这些谣言在网民“宁可信其有不可信其无”“空穴不来风”“无风不起浪”“苍蝇不叮无缝的蛋”等心理的暗示下以及偏见和极端情绪的裹挟下，具有极大的受众市场。常常导致网络民意沸腾，加剧网民思想混乱，破坏政府公信力，给我国主流意识形态领域造成严重影

① 周裕琼：《当代中国社会的网络谣言研究》，北京，商务印书馆2012年版，第200页。

② Scott J.S.: *Weapons of the weak: Everyday forms of peasant resistance*, Yale University Press, 1985.

③ 谢新洲、陈春彦：《网络政治谣言消解策略》，《人民论坛》2015年第34期。

响。常驻法国超过20年的文汇报高级记者、研究员郑若麟在其新书《自由的幻觉：开放中抵御精神殖民》中一针见血地指出："近年来国内经常出现这种现象，即我国无论发生什么事，无论这件事是属于社会、政治、经济、环保、人口、贸易、旅游等任何领域，总有一股势力不遗余力地将问题指向中国的'体制'。而当一切都与'体制'联系起来时，我们可以初步认定，'民主原罪'已经被植入我们的脑中。……这种西方蓄意植入我们脑海里的'民主原罪'经过岁积月累，已经深入我们的'集体潜意识'里，成为我们的某种'标准思维'。"[①]在这样的思维模式控制下，中国政府极易陷入"塔西佗陷阱"，丧失话语公信力。网络政治谣言所形成的错误政治共识，削弱了大众政治认同感，一定程度上侵蚀了网络空间马克思主义意识形态话语权的根基。

（二）网络"后真相"削弱主流意识形态话语权威性

在网络"流瀑效应"下，网民的个体情绪极易侵入网络空间演变为公共情绪，导致情绪盛行、真相贬值的"后真相"泛滥，官方主流媒体引领大众理性思维面临尴尬境地，信息发布的权威性也大大降低。所谓"后真相"，即情绪和个人信念比客观事实对舆论产生的影响更大。主要表现为对事实、客观、理性的追求让位于情绪、偏见和立场，人们只相信自己愿意看到的"事实"，真相总是在舆情反转中姗姗来迟。

对信息受众而言，先入为主、以偏概全，轻视客观事实，从众心理、非理性、情绪化倾向明显，批判质疑、独立思考的能力较弱。例如，在事实不清、真相不明的情况下，只要看到官民冲突、贫富矛盾、警民冲突等网络信息，网络一边倒的声讨之声便会一触即发。正如有学者所言："在中国广大

---

① 郑若麟：《自由的幻觉：开放中抵御精神殖民》，北京，东方出版社2018年版，第122—123页。

网民中，普遍存在着对正义的渴望和追求，对弱者和小人物的同情，对贪官污吏的痛恶，……这些因素有着共同的内在逻辑，即情感逻辑。”[①]在“后真相”的网络语境下，反主流、反精英、反权威、“仇官”、“仇富”似乎成为一种“政治正确”，官方主流媒体的话语权威性大大降低；在“后真相”的普遍心态下，感性、偏执、怀疑的心态蔓延，网民群体在真相和事实虚无的网络社会中采取悲观、消极、疏离的“犬儒主义”态度，“许多网民沉醉于自我享受，对公共生活和集体活动漠不关心，对‘他者’缺乏应有的信任”[②]，这样的心态不利于健康积极网络话语生态的生成；在“后真相”的舆情下，情绪色彩浓厚的煽动性言论往往带偏舆论关注焦点，事件背后更为重要的公共议题常常被遮蔽，主流媒体议题设置和转换的优势式微。网民群体所呈现的强烈情绪化倾向，极易被反马克思主义意识形态者利用，成为制造攻击马克思主义意识形态的舆论推手，值得我们高度警惕。

对信息传者而言，在逐利动机和新闻时效性的驱使下，撇开真相谈新闻、迎合网民情绪造舆论的现象蔚然成风。抢占话语先机，迎合受众突变情绪，捕捉受众焦点、敏感点和痛点，选择性放大真相细节，强化、极化某种特定观点，成为一些网络自媒体拉高浏览量点击量、实现名利双收的有效途径。正如勒庞在《乌合之众》中所写道：群众从来就没有渴望过真理，面对那些不合口味的证据，他们会拂袖而去，假如谬论对他们有诱惑力，他们更愿意崇拜谬论，凡是能向他们供应幻觉的，也可以很容易地成为他们的主人，凡是让他们幻灭的，都会成为他们的牺牲品。[③]某些自媒

① 杨国斌：《悲情与戏谑：网络事件中的情感动员》，《传播与社会学刊》2009 年第 9 期。

② 蒋建国：《网络媒体的价值冲突与文化反思》，《南京社会科学》2016 年第 4 期。

③ ［法］古斯塔夫・勒庞：《乌合之众：大众心理研究》，冯克利译，北京，中央编译出版社 2014 年版，第 84 页。

体深谙此道，越来越娴熟地迎合受众的情绪与心理，在唤起受众情感共鸣与心理投射中，轻易收割百万流量，很多爆款文章便来源于此。在这样的网络媒介生态中，网民认知偏见不断强化，极易造成强与弱的对立（如官与民、警与匪、城管与小贩、富与穷等），导致舆情误判甚至失控，主流媒体对社会理性精神的引导力面临更大考验，主流意识形态话语所代表的官方权威性被削弱。

（三）网络负面信息弱化主流话语的信服力

网络负面情绪就像打开的“潘多拉魔盒”一样，在“流瀑效应”下负面舆论像病毒一样蔓延开来，一发不可收拾。目前，我国改革进入深水区，社会深层次矛盾凸显，贫富差距、社会不公、贪污腐败、食品安全、就业难等现实问题频发，人民日益增长的美好生活需要并未得到充分满足。大众对现实社会的不满情绪累积，纷纷在宽松自由的网络空间寻求“不吐不快”的宣泄感。网络平台一定程度上发挥着缓解社会转型压力、疏导社会矛盾和问题的“减压阀”功能，但在网络匿名性的掩盖下，在“法不责众”的心理暗示下，一些网民的负面情绪逐渐演变为偏激、片面、不负责任、具有攻击性的网络言论，甚至常常将现实问题产生的源头归因于我国现行政治体制和发展道路，矛头直接指向党和政府。在“负能量满满”的网络空间，主流意识形态话语遭受非理性抵触和排斥成为一种新常态，“这国怎”（这个国家怎么了）、“亏总民”（吃亏的总是草民）、“我陷思”（我陷入了深深的沉思）、“定体问”（这一定是体制问题）、“中必输”（中国必成最大输家）成为流行的话语逻辑，主流意识形态的感召力和信服力面临减弱的危险。

一些突发事件或热点事件常常成为网络负面信息的燃点。由于官方回应速度远远不及某些自媒体的信息传播速度，不全面、不准确甚至歪曲事实的负面舆论常常抢占话语先机；在眼球经济时代，网络负面信息貌似也更具有吸引力。如2017年发生的“泸县太伏中学学生死亡事件”本是一起普通的安全事故，却被别有用心的自媒体通过移花接木的方式将这一事件与“2015年武当山某中学暴力事件”和“法国华人被枪杀抗议活动”两段视频恶意嫁接，造成全国性的舆论风暴，一时间关于党和政府负面言论四起，严重损害网络舆论生态，政府公信力、媒体公信力同时受损。2023年8月，一则“高盛称中国经济将逐渐进入衰退周期，时间可能长达20—30年，建议及时清理各类中国资产”的网络截图在社交平台广泛传播，引得国人震惊不已，随即有业内人士和媒体多方求证，该消息不实。此类负面信息即便被官方辟谣，但其已然在国人心中种下了不安定的种子，甚至在民众“谣言，就是遥遥领先的预言”的心理暗示下会加剧社会焦虑情绪。当各种不满情绪、负面舆论信息集聚于网络时，我国主流意识形态话语的合法性基础必然遭受一定程度的破坏，正向引导舆论、凝聚思想共识、坚定发展信心也将面临重重压力。

第二节 复杂性挑战：非马克思主义网络意识形态的渗透

虚拟网络的兴起与大众话语力量的崛起，不可避免地随带多元思想意识的暗流潜行，互联网演变为国家意识形态安全的“最大变量”，同时日益凸显成为意识形态话语权争夺的主战场。当前网络空间中各种非马克思主义甚至反马克思主义话语竞相发声，积极展示自身“话语体系”魅力，积极谋求并拓展自身的话语空间，拉拢网络大众、与我争夺人心，网络话语生态呈现错综复杂之势，网络空间中意识形态话语权斗争的复杂性不断加剧。多元话语缠绕交织，多种声音、多样观点“争奇斗艳”，对与错、正与负、主流与非主流等声音不断进行思想碰撞、交锋甚至“交战”，在一定程度上造成了人们在思想意识上的困惑、政治认知上的模糊、道德行为上的滑坡，同时侵蚀了大众对马克思主义意识形态的认同。网络社会思潮的传播，西方价值观的强势输出，新理论观点的网络喧嚣，纷繁复杂的观点言论无不挤压着马克思主义意识形态的话语空间，挑战着马克思主义意识形态的解释力和批判力，网络空间马克思主义意识形态话语权的构建面临错综复杂的形势挑战。

一、西方国家凭信息技术优势掣肘中国网络空间话语主导权

网络空间已经成为继海、陆、空、天之后的“第五空间”，成为国家安全的重要战略组成部分。当前，网络空间已处在意识形态斗争的风口浪尖，渗透与反渗透、遏制与反遏制、攻击与反攻击、颠覆与反颠覆的斗争愈加频繁且隐蔽，以美国为首的西方国家积极利用互联网技术与应用的先发优势及其网络霸主地位，抓住中国互联网领域存在的缺陷和漏洞，对华积极发动意识形态网络战，妄图遏制中国网络话语权。

（一）凭借信息技术优势发起“信息思想战”

网络如今已成为西方发达国家进行意识形态渗透的通道。西方国家凭借信息技术的宣传优势，通过网络发起蛊惑人心、争夺人心的“信息思想战”，与我国争夺网络意识形态话语权的意图明显。占据互联网优势就等于占据了信息传播优势和文化优势。美国前总统克林顿曾宣称，美国不是通过武力，而是通过信息、国际交流以及类似的软手段来破坏中国的共产主义制度，在中国对此持任何异议的人都无法阻止它。[①]他在《国家信息基础设施行动计划》中指出要开辟一个新的战场，目标就是西方价值观统治世界，实现思想的征服。如今，美国拥有全球最大的搜索引擎（Google）、最大的门户网站（Yahoo）、最大的视频网站（YouTube）、最大

① 电视纪录片《较量无声》上集，2013年。

的微博客平台（Twitter）和最大的社交空间（Facebook），这些搜索引擎、网站和媒体是全球互联网信息的主要来源，承载着“自由”和“民主”，成为美国跨国界倾销其价值观和意识形态、开展网络舆论战、实行“颜色革命”的最佳战略工具和战略资源。由一个突尼斯小商贩之死掀起的“阿拉伯之春”风暴使得数个阿拉伯国家政权相继倒台或松动，其原因固然是多方面的，但与西方国家长期利用其信息优势、媒体优势、议程设置优势向其输出西方价值观不无关系，“推特”“脸谱”等社交媒体作为西方国家的“外交武器”更是在这场政治变革中起到了社会性动员和催化剂的作用。正如革命者自己所说：“毫不夸张地说，我们使用 Facebook 来安排抗议，使用 Twitter 来进行协调，使用 YouTube 来告知世界。”[①]网络空间中无声无息的意识形态较量正逐渐推动网民由“态度协同”到“行为协同”的转变，由线上聚合演化为线下群体性事件甚至极端事件。西方国家凭借信息技术优势，通过网络媒体煽惑人心窃取意识形态果实的影响力和破坏力不容低估，我们必须保持高度警惕。

（二）利用网络控制权攻击我国网络安全

没有网络安全就没有国家安全，就没有国家意识形态安全，也就没有所谓的网络话语权。长期以来，美国把持了互联网的绝对控制权和管理权，拥有主导网络空间秩序、制定国际网络规则的能力，掌握着网络空间的话语权，对我国网络信息安全以及网络意识形态安全构成极大威胁。互联网建立之初，全球 13 台根服务器美国占 10 台，包含唯一 1 台主根服务器和 9 台辅根服务器，这意味着美国可以对全球任意一个国家实行“网络封锁”，让一个国家回到“前互联网时代”或“无互联网时代”，形成信息孤

① Tudoroiu T., 2014: “Social media and revolutionary waves: The case of the Arab spring”, *New Political Science*, Mar.

岛；2016年，在美国、日本、中国、印度、俄罗斯、德国、法国等全球16个国家增设了25台新一代根服务器，其中中国部署了4台（1台主根服务器、3台辅根服务器），但是美国仍然具有将一个国家的互联网瞬间变成国内局域网的能力，美国把持了全球互联网的关键环节和主动脉。这成为美国肆意大范围窃听和监控他国，实现网络信息霸权的优势所在。2013年曝光的“棱镜门”事件，也只是美国借助其强大的技术力量危害全球网络信息安全的冰山一角。为方便控制、窃取我国信息，美国在我国许多网站中植入后门程序。与此同时，美国还大规模实施网络攻击行动，2017年，一个名为“Wanna Cry”（想哭）的勒索病毒通过互联网席卷全球，众多国家因病毒感染而陷入网络瘫痪，中国也未能幸免，其背后正是美国情报机构网络“武器库”泄露的黑客工具。2018年6月11日，美国联邦通信委员会（FCC）此前通过的废止“网络中立原则”决议正式生效，为美国的网络攻击行为解除了法律约束。[①]2022年6月，西北工业大学遭受境外网络攻击。调查显示，美方先后使用41种专用网络攻击武器装备，对西北工业大学发起攻击窃密行动上千次，窃取了一批核心技术数据。美方还长期对中国的手机用户进行无差别语言监听，非法窃取手机用户的短信内容，并对其进行无线定位。[②]近年来，美国制定出台了一系列网络空间战略，并拉拢英国、加拿大、新西兰、澳大利亚等国成为其亲密盟友，网络空间的“军备竞赛”呈现愈演愈烈之势。网络安全是国家意识形态安全的坚强堡垒，网络主权是网络意识形态话语权的基本保障，美国拥有的强大网络控制能力和网络攻击力对我国网络安全造成的巨大危害值得我们高度重视。

---

① 吴敏文：《美国废除“网络中立”，网络攻击或将更无忌惮》，http://news.cyol.com/yuanchuang/2018-07/12/content_17373651.htm，2018年7月12日。

② 《外交部回应西工大遭网络攻击事件：要求美方立即停止不法行为》，https://politics.gmw.cn/2022-09/06/content_36006543.htm，2022年9月6日。

（三）以“网络自由”之名对中国进行话语压制

挥舞“网络自由”大棒，中伤抹黑中国、渲染“中国网络威胁”成为西方国家干涉中国网络治理、遏制中国网络技术发展、压制中国网络话语主导权的常见手段。伴随网络空间的“野蛮生长”，我国网络空间面临内忧外患，加强网络安全审查乃大势所趋，顺势而为，是维护网络空间主权、维护国家安全、保护中国公众合法权益的必然要求，然而美国等西方国家却常常对中国的网络审查制度横加指责。希拉里曾多次就中国的互联网管制问题发表干涉性言论，2010 年，互联网巨头“谷歌”在美国官方支持下以遭到黑客攻击为由栽赃中国政府“幕后操纵”，进而以“网络自由”为名攻击中国的网络审查制度。美国还指责中国破坏新闻自由、限制网民信息的自由流通、“操纵全球信息”，这些颠倒黑白的言论将中国与“专制”“独裁”“剥夺人权”“限制自由”“思想僵化”等字眼联系起来，不仅有损中国国际形象，更是干扰着中国共产党的执政合法性和公信力。

美国从来不是“互联网自由开放的捍卫者”，“网络自由”“言论自由”仅仅是其行技术扩张、网络扩张的掩护工具。事实上美国已经成为全球网络空间安全最大的威胁，然而却再三对我国的网络审查制度、网络空间安全战略措施强加干涉，说到底是为了以“公开、透明”的名义堂而皇之地输入其“自由”“民主”价值观，侵犯我国网络安全和意识形态安全之事，是为了维护其网络霸主地位。为了达到这一目的，中伤乃至封杀中国企业、抹黑中国、渲染“中国网络威胁”成为美国遏制中国的惯用伎俩。美国等西方国家一直极力渲染华为和中兴对美国国家安全构成严重威胁，大疆无人机、中国产监控设备等产品屡屡被贴上“安全隐患”的标签。自 2018 年 8 月以来，美国、澳大利亚、新西兰、英国先后对华为的 5G 设备、技术发出“禁令”，挑起“孟晚舟事件”的加拿大被曝“迫于压力”也有类似计划。[①]为打压中国的算法技术，维护美国网络社交平台的主导地位，美国以国家安全为借口，于2024年出台了针对中国科技公司——社交媒体TikTok（抖音国际版）应用的封杀行动。美国等西方国家的霸权行径可见一斑。此外，美国一直在网络攻击问题上扮演受害者，常常“愤怒”指责中国所谓的网络黑客行为。2018年9月，特朗普签署新的美国国家网络战略，文件中有2次指向中国“威胁”，一处称“中国参与网络经济间谍活动、数万亿美元的知识产权盗窃”，另一处则表示，“俄罗斯、中国、伊朗和朝鲜都利用网络空间来作为挑战美国的手段”。[②]为维护以美国为首的西方国家在网络空间的主导权，美西方国家乐此不疲地制造诸如“中国黑客”“中国恶意软件入侵”“中国5G基础设施传播病毒”“中国软件非法收集个人信息”等“中国网络威胁论”，再三对我国的网络审查制度强加干涉，并企图以舆论攻势遏制中国网络技术的发展。2021年7月19日，美国、欧盟、英国、北约、加拿大、日本、新西兰与澳大利亚等国家通过官方或非官方的网络方式指责其均遭受到了来自中国政府的网络攻击，并要求中国政府立即停止对西方国家的网络攻击行为。[③]

二、西方网络话语霸权威胁我国主流意识形态安全

伴随我国综合国力提升、国际地位提高以及国际局势的深刻复杂变化，国外敌对势力把我国视为其价值观和制度模式的最大威胁，加紧对我

---

① 徐乾昂:《“五眼联盟”被曝密谋“绞杀”华为，新西兰否认》，https://www.guancha.cn/internation/2018_12_14_483314.shtml，2018年12月14日。

② 徐蕾:《特朗普签署“15年来首份”网络战略：2处剑指中国》，https://www.guancha.cn/internation/2018_09_21_472927.shtml?s=zwyxgtjbt，2018年9月21日。

③ 姜波、程光:《“正人必先正己”—驳斥西方国家“中国网络攻击论”》，https://opinion.huanqiu.com/article/4421LdxQgGM，2021年7月22日。

国实施和平演变、西化和分化的战略，企图以话语霸权优势来改善其战略处境。随着网络社会的发展，越来越多的国家开始清醒地意识到，世界已经告别了暴力与金钱控制的时代，谁能夺取网上信息和文化的优势，谁就能掌握未来世界的控制权。[①]因此，网络空间成为以“文化帝国主义”著称的西方发达国家积极拓展的新型舆论阵地，现实社会中的传统话语霸权亦延伸成为网络空间的话语霸权。国外敌对势力凭借其雄厚的经济实力、语言优势和网络技术优势、富有吸引力的价值观和文化产品，不断强化其话语霸权，加紧对发展中国家的意识形态渗透和输出。他们在网络空间中的意识形态传播和渗透手段隐蔽多样、巧妙多变，如鼓吹西方自由民主平等、宣扬“意识形态终结论”、唱衰中国发展、丑化中国共产党和社会主义制度、虚无中国共产党的历史、放大社会负面新闻……企图以话语霸权扭曲中国模式，以话语陷阱掩盖中国真相，以强势舆论淹没中国声音，以“普世价值”吞噬中国价值，以西方文明冲击中华文化，对我国主流意识形态安全构成严重威胁。

（一）舆论霸权：“西强我弱”国际舆论格局由现实向网络拓展

“自由宽松”“超时空”的网络传播生态为西方敌对势力的意识形态渗透提供了便利，网络空间成为西方意识形态寻求生存发展、自我伸张、争夺话语权的重要场域。美国前驻华大使洪博培在角逐 2012 年美国总统时就曾直白而露骨地宣称，要利用中国新生的互联网一代“扳倒中国”；以传递美国价值理念为主导的“美国之音”开设了中文网站、网络电台，注册了推特和微博，推出了一系列适用于安卓、苹果等系统的移动网络应用，对华展开网络新媒体上的意识形态猛烈攻势。虽然我国国际话语权和

---

① 张峰：《论西方网络文化的特征》，《北京理工大学学报（社会科学版）》2008 年第 13 期。

国家软实力随着国家的综合发展而不断增强，经济实力不断向话语优势转化，提升话语权和国际传播效能的努力取得一定成效，但中国的巨大发展成就也造成了西方国家焦虑情绪的普遍蔓延，在各种敌对势力的围追堵截下，“一超主导，西强我弱”的国际舆论格局在网络时代并未从根本上得到转变甚至有不断强化之势。习近平总书记指出，国际舆论格局是西强我弱，西方主要媒体左右着世界舆论，我们往往有理说不出，或者说了传不开。[①]主要表现有：在涉华舆论“泛政治化”趋势上，我们常常陷入正面说得少、负面被夸大的境地；在国际舆论歪曲、抹黑我国政治制度及政策上，我们的回应较为乏力；在国际议题设置上，我们往往只能被动接受西方媒体设置的议题；在塑造国家形象上，西方国家和媒体根深蒂固的偏见我们一时难以有效消除；在重大国际事件报道中，我国媒体的国际传播影响力不足……种种现象表明，长期以来西方世界以西方文明为中心推行话语垄断和话语霸权，以“民主自由人权”为战略武器宣扬西方模式的“道义优势”，采取国家利益至上的立场观点、对中负面报道为主的传播取向，将中国的一切行为纳入西方文明的标准之下进行逻辑推演，使得我们陷入了即使中国做得再合理合法合情也逃不过西方的无端指责和恶意抹黑这一怪圈。美国参议院外交关系委员会的弗兰克·简兹曾毫不避讳地说：“带有偏见的、不完整的中国形象部分源于美国媒体的报道，部分源于政客的操作。”[②]

西方国家深知舆论对于思想控制的战略意义，十分注重运用互联网媒介平台引导舆论、培植代理人等手段以达到“不战而屈人之兵”的目的。

---

① 《习近平关于社会主义文化建设论述摘编》，北京，中央文献出版社 2017 年版，第 197 页。

② 卢咏：《美国人眼中的中国政治形象》，《华盛顿观察》2003 年 7 月 30 日。

有学者指出，美国于2012年在中国问题上花费了750万美元，重金培植网络意见领袖、支持基金会和无政府组织的活动，以发挥其引导中国网络舆论发展方向的作用。这些意见领袖和组织在中国网络舆情热点中，往往把一些偶然的社会事件上升到政治体制的问题，引导大众落入"中国政治制度不完善""中国缺乏法治"等话语陷阱，最终将矛头指向中国共产党的领导和社会主义制度。①此外，美国国会曾通过一项法案，该法案涉及15亿美元的支出，目的是在5年内培训西方记者撰写有关中国的负面报道，由美国国家机构或媒体执行。②可见，西方国家在谋取话语霸权、实施意识形态渗透方面的技术和手段十分成熟，网络空间与现实社会、政策与资本、官方与民间、国家机构与媒体之间形成了相互呼应的策略。与此同时，在中美经济摩擦、战略博弈愈演愈烈的国际环境下，经济实力、发展战略的较量已逐渐演变为国家意识形态的博弈和角逐，西方国家为维护其政治经济利益，势必利用其话语霸权地位加紧对中国道路、中国制度、社会主义核心价值观等意识形态层面的攻击和打压，以消解我国主流意识形态话语权。

当代中国所处的国内外舆论环境并不稳定，不确定、不安全的风险因素较多，西方国家以其强势的话语攻势和隐蔽的技术手段在网络空间中不断巩固其话语霸权，直接侵蚀着我国国家利益与意识形态安全。马克思主义意识形态话语权在网络空间中的构建面临线上与线下、传统与现代、国内与国外等多重压力和挑战。

---

① 李江静：《西方国家推行话语霸权的隐蔽性策略及其应对》，《红旗文稿》2017年第3期。

② 《欧洲学者：美国花15亿培训记者撰写有关中国的负面报道》，https://cn.chinadaily.com.cn/a/202312/19/WS65813b38a310c2083e413923.html，2023年12月19日。

（二）文化霸权：西方文化通过网络输出强势冲击中国主流文化

西方国家对中国的文化渗透由来已久。文化是价值理念、政治观念和生活方式等意识形态元素的集中体现，因此，以先进传播手段为基础的文化渗透已成为西方国家巩固其霸权地位、对我国进行意识形态输出的主要策略。美国前国家安全事务助理布热津斯基（Zbigniew Brzezinski）曾在其著作中写道：削弱民族国家的主权，增强美国文化作为世界各国“榜样”的文化和意识形态力量，是美国维持其霸权地位所必须实施的战略。[①]美国前总统尼克松“不战而胜论”的基本观点认为，为实现美国在全球的意识形态统治，必须在强大的经济和军事力量的基础上，以文化为载体，借助先进的传播手段、采用威慑和利诱相结合的方法，强化舆论宣传和意识形态渗透，提高不战而胜的有效性。[②]随着互联网的普及，西方国家的文化产品，如电影、电视娱乐节目、动漫、音乐、电子图书、网络游戏、广告等传播有了更为便捷的通道，在网络自由传播的浪潮下文化渗透广度和深度达到前所未有的程度，中国主流文化面临西方文化的强势冲击。

互联网发源于美国，以美国为首的西方国家在网络空间拥有天然的优势。如今大量印有西方意识形态色彩的文化产品充斥于网络空间，这种“以文化霸权为存在方式的意识形态借助于电子媒介，使人们似乎获得了自由的空间，但我们也清晰地看出其背后技术、商业、权力等诸多要素的复杂运作，又隐然形成对大众的控制。电子传媒时代的文化交织着自由与控制的双重逻辑，自由的让渡和控制的图谋永不停息地运作于这一文化形

① 赵鲁杰、何仁学：《美国全球霸权与中国命运》，北京，北京出版社 1999 年版，第 94 页。

② 郑元景：《中国网络文化软实力研究》，北京，人民出版社 2016 年版，第 20 页。

态中”[①]。在这样的网络文化环境下，众多中国网民成为西方文化的拥趸，尤其是青少年群体深受其影响。以深受全球儿童乃至成人喜爱的迪士尼动画影片为例，有学者指出，在其绚丽迷人的影像背后却潜藏着无所不在的后殖民意识，通过对美国迪士尼动画影片《风中奇缘》的情节解析，从中可以看出美国利用其文化媒介的话语霸权来塑造“他者”形象、美化其殖民历史以及推行其西方文化中心主义价值观的本质。[②]网络空间内，西方文化的浸染无孔不入，网民在自由消费这些文化产品的同时不仅为西方国家带来了巨大的商业利益，而且潜移默化地受到了西方文化产品所宣扬的价值观的“侵染”。

精心包装、极具视觉冲击的西方文化产品在网络空间大量涌现，网民在文化消费和享受感官刺激的过程中极易产生对西方文化的情感共鸣，从而在心理上接受西方文化产品所传递的价值取向和精神元素。强势的西方文化入侵，使得掺杂拜金主义、享乐主义和利己主义的自由、民主、人权价值观源源不断地输出给中国网民，充斥色情、暴力和犯罪色彩的西方文化元素也充分展现在网民眼前。文化的西方化会不断侵蚀中国文化的根基，改变国人的价值观，消解中华民族的内在凝聚力。中国主流文化正面临网络时代西方文化渗透带来的前所未有的冲击和挑战，在网络空间培育和践行社会主义核心价值观、提升主流意识形态话语权并非易事。

三、多元社会思潮的网络争鸣挑战国家意识形态话语权威

马克思恩格斯指出：“意识一开始就是社会的产物，而且只要人们存

① 常新：《“读图时代”意识形态的镜像——从冷战式思维到技术逻辑看意识形态的存在方式》，《江西社会科学》2015 年第 8 期。

② 徐刚、胡铁生：《美国迪斯尼动画影像中的后殖民意识——解析〈风中奇缘〉中的西方话语霸权》，《电影文学》2013 年第 17 期。

在着，它就仍然是这种产物。”[①]社会思潮作为一种社会意识，是社会文化和社会心理的表征，产生于一定的政治经济基础之上，其所呈现的不同意见、态度和倾向，是社会现实中思想表达、利益需求、愿望诉求的反映。如今，互联网的普及造就了一个与现实社会交融共生的网络社会，“装载了 Windows 操作系统的电脑使得上百万的人们能够把他们的观点数字化，并广为传播”[②]。复杂多样的社会思潮纷纷登上网络空间，积极利用互联网的传播优势和巨大效力来扩大自身的影响。他们在网上开疆拓土、争夺网民群体，试图在与主流意识形态的论争中夺取话语权和认同度以巩固自身存在的合法性基础，实现自身的利益诉求。

一个国家、一个政权的瓦解往往是从思想领域开始的，政治动荡、政权更迭可能在一夜之间发生，但思想演化是个长期过程。思想防线被攻破了，其他防线就很难守住。[③]这也正是意识形态安全被公认为国家核心利益以及意识形态斗争在全球化程度日益加深的发展大势中仍然经久不息、热度不减的根本原因所在。即便在“冷战”结束以后，意识形态斗争也未曾偃旗息鼓，而是无声无息地以更加巧妙的方式隐藏于和平表象之下继续着没有硝烟的战争。网络空间中多种思潮相互激荡交锋、争论不休、暗斗不止，呈现出与主流意识形态长期博弈共存、斗争不断白热化的基本态势。这既是我国社会阶层分化、网民群体利益诉求多样化等现实社会场景所形成的“百家争鸣”与“众口难调”状态的激烈呈现，也是居心叵测、不怀好意、唯恐中国不乱的西方敌对势力暗地操纵、推波助澜的结果。当前，宣介各类社会思潮的微信公众号、微博平台、专业网站以及短视频博主、

① 《马克思恩格斯文集》第 1 卷，北京，人民出版社 2009 年版，第 533 页。

② ［美］托马斯・弗里德曼：《世界是平的》，何帆、肖莹莹、郝正非译，长沙，湖南科学技术出版社 2010 年版，第 45 页。

③ 秋石：《巩固党和人民团结奋斗的共同思想基础》，《求是》2013 年第 20 期。

网络意见领袖不胜枚举、花样百出，有的极端思潮、反马克思主义思潮甚至公然挑战马克思主义意识形态的主导地位，千方百计地同主流的马克思主义争夺话语权，企图影响重新诠释当代中国的社会性质，影响当代中国的历史走向。[①]其对我国主导意识形态的话语权威破坏性和颠覆性极大。

（一）以民粹主义为代表的非理性表达弱化主导意识形态认同力

在自由、匿名的网络空间，网络不可避免地成为一些网民随意宣泄负面情绪的场所，非理性表达、一边倒式跟风、盲目从众的网络舆论失控现象时有出现，不同利益群体、不同社会阶层之间的理性对话难能可贵。在以民粹主义为代表的网络思潮推波助澜下，在一些别有用心的“网络意见领袖”策划和煽动下，网民的极端思维逻辑和对立情绪得到不同程度的激发和强化。在这样的网络话语生态中，网络民粹主义、极端民族主义、泛意识形态化等思潮呈现合流之势，形成加剧网民群体对立、消解网民理性共识的逆流。其对党和政府形象的歪曲抹黑，对党和政府执政合法性地位的质疑，对马克思主义意识形态的曲解和背离，都在一定程度上削弱了马克思主义意识形态的话语认同力。

在关涉“官”与“民”、“公”与“私”、“富”与“贫”等舆情事件中，“言官必反”“言政必反”“言党必反”“言富必反”的反抗性言论成为网络空间的一股热潮，为官必贪、为商必奸、滥用职权、官商勾结、权钱交易等成为一部分网民的“惯性猜想”。各种以“人民”的民义发表的毫无根据、不负责任、造谣惑众的观点可能瞬间引爆网络，不同立场、观点的民众往往能够在“仇官”“仇富”“仇政府”心理作用下迅速达成非理性共识，谩骂官员、斥责政府、诋毁中国政治制度的声音此起彼伏，导致一边倒式

① 刘同舫：《在应对当代各种社会思潮的挑战中发挥马克思主义的威力》，《马克思主义研究》2010 年第 3 期。

的虚假民意，形成多数人的“暴政”。例如，在“村民杀官”这种极端行为发生后却不乏网民为犯罪村民“振臂高呼”“拍手叫好”，“行凶者无罪，受害者活该”等非理性主张得到广泛认同和支持。2017年“11·18”北京重大火灾事故发生后，北京市全面开展“安全隐患大排查、大清理、大整治专项行动”，却被有的网民解读为“北京驱逐低端人口”，引起群情激愤。官员、警察、城管、专家、医生成为所谓的互联网“黑五类”，但凡与平民有冲突都是他们的错。这股以民粹主义为代表的网络思潮蔓延所造成的民意绑架以及“群体极化”，使得敌意、仇恨和暴戾的非理性化语言充斥网络空间，不仅不利于现实问题的解决，反而激化不同社会阶层之间的矛盾，加深我国政府与社会民众之间的裂痕，导致政府公信力的下降，消解网民群体的政治信任与政治认同。

在关涉国与国关系以及社会问题探讨时，网民的爱国激情时常被革命话语裹挟，网民被扣上“五毛”“汉奸”“美分”“美狗”“精日分子”帽子和贴标签的现象泛滥生长。在这种激进的意识形态思维和极端民族主义情绪的影响下，国家利益、民族情感成为网民情绪宣泄的理由，一些网民常常将一些思想认识问题、学术观点争论意识形态化，把小事说大、把简单事情复杂化、把社会问题政治化，对一切现象进行意识形态的过度诠释。这类思潮具有巨大的蛊惑性和欺骗性，极易获得网民的支持和认同。周子瑜“台独”事件使得网络“反台独”“反台湾”“武统”的声浪四起；叫嚣战争、呼吁抵制日货美货韩货的网络言论不绝于耳……爱国情感的理性表达值得赞赏，但是超越理智的爱国情绪最终都会成为错误思潮的利用工具和舆论推手，甚至由网络情绪发泄、网络语言暴力演变为现实中的暴力事件或群体性事件，对网络话语生态和现实社会秩序的危害极大。打着爱国幌子盲目排外、将网民观点标签化、以意识形态划阵营的做法，模糊了网民的理性认知与是非判断标准，加深了网民群体之间的对立情绪，不利于理性互动的网络话语生态的构建，不利于思想共识的凝聚，弱化了网络空间主流意识形态的认同力。

（二）以历史虚无主义为代表的思潮“污名化”主流意识形态

社会思潮的网络争鸣虽然思想主张各异，话语表现形式各不相同，但却都有着强烈的政治诉求，其背后有明显的政治背景和意识形态倾向，一些反马克思主义思潮尤其如此。它们通过否定我国社会主义革命、建设和改革，否定中国特色社会主义道路、理论、制度和文化，否定中国共产党，最终达到解构主流意识形态、瓦解中国人民政治自信、动摇中国共产党执政地位的目的，企图将中国特色社会主义道路引向西方资本主义道路。这类思潮尤其擅长以“污名化”“贴标签”“戏谑化”“贬损化”等方式消解网络空间的主流意识形态、压制主流意识形态维护者的声音。例如，网络历史虚无主义极尽“否定、抹黑和戏谑”之能事，对党的领袖人物进行歪曲、对历史进步人物进行丑化、对革命英烈和模范人物进行抹黑和恶搞；打着学术研究、还原真相的幌子随意篡改历史甚至编造谣言；紧盯着我国革命建设和改革中的一些错误、失误和问题不放，并肆意夸大……企图通过虚无中华民族精神脊梁、虚无中国共产党历史功绩、虚无中国历史、虚无改革开放成就等将中国主流意识形态污名化，以此否定中国特色社会主义的合理性，动摇中国共产党的执政根基。

此外，在一些网络思潮的影响下，主流意识形态的辩护者成为“污名化”的对象，爱国主义者成了“爱国贼”；为党和社会主义意识形态辩护的观点常常被扣上“左”的帽子；支持和拥护马克思主义的专家学者、思想政治工作者、领导干部和普通网民常常被贴上负面标签，专家成了“砖家”、教授成了“叫兽”、媒体人成了“霉体人”；中国共产党也被妖魔化为“专制独裁”“僵化保守”的形象。一些思潮还积极介入与群众日常生活利益密切相关的热点问题的争论，并进行无限上纲上线，动辄上升到制度问题，往往把社会矛盾和问题的成因归结为中国制度的问题，认为都是主流意识形态的错；正面言论发布者、正能量发声者、积极亮剑者被嘲讽甚至遭受网络暴力、人肉搜索的现象时有发生。例如，在2015年7月发生的“山东文登事件”中，文登17岁爱国青年侯聚森就因在某贴吧发表正能量言论引发争执而被人肉搜索，最终发展为线下的暴力围殴。在这样一种“污名化”的网络话语生态中，为主流意识形态辩护的正当声音受到压制，网民甚至党员干部在面对诋毁党和社会主义的错误思潮时，因害怕被攻击而“谈意识形态色变”、不敢发表言论、不敢亮剑。如若任凭这些错误网络思潮传播的声音越来越大、越来越广，任由其对国家、民族、政党和个人的指责和贬损，国人的道路自信、理论自信、制度自信和文化自信就无从谈起，人民对党和国家的信任和信心便会降低，马克思主义理论队伍力量会被削弱，马克思主义面临“失声”“失语”“失踪”甚至失去话语权的危险。

（三）“反马”思潮侵蚀和冲击主导意识形态的合理性

作为党的一项极端重要的工作，意识形态工作一直以来得到党中央的高度重视，马克思主义在意识形态领域的指导地位不断得到巩固。网络释放了平民大众的话语力量，西方国家常常利用各种网络思潮推销资本主义意识形态、宣传西方价值观，各种非主流意识形态在网络空间寻找到了释放和发泄的渠道。“只有在多元性的声音中，理性的同一性才是可以理解的”[①]，指导思想一元，网络意识形态自由生长、多元共生本是我国网络意识形态领域的正常、健康状态，但是一些别有用心错误思潮的泛滥、网络衍生的非理性宣泄正在打乱这一平衡状态。一些人对马克思主义和共产主义的合理性产生质疑，马克思主义意识形态的主导性受到一定冲击，马

① ［德］哈贝马斯：《后形而上学思想》，曹卫东、付德根译，南京，译林出版社2001年版，第139页。

克思主义信仰出现淡化倾向。郑永年在《民主，中国如何选择》一书中写道："在中国的政治环境中，意识形态是最容易影响改革发展方向的要素。……如果意识形态的争论处理不好，这个领域就有可能出现'颠覆性错误'。"[①]我们尤其要警惕互联网上生命力旺盛、极具煽动性和诱导性的错误思潮，如普世价值论、宪政民主论、新自由主义、历史虚无主义、民粹主义、马克思主义过时论、极端民族主义等。

毛泽东指出，"凡是要推翻一个政权，总要先造成舆论，总要先做意识形态方面的工作。革命的阶级是这样，反革命的阶级也是这样"[②]。在一些错误思潮的长期浸染下，反马克思主义意识形态在我国网络空间具有一定舆论基础。"普世价值论"虽在我国一再受到批驳，但其仍在线上线下频繁出现，"普世价值论"者常常利用我国存在的贫富差距、贪污腐败、医患矛盾、警民冲突等问题，在公平、正义、人权、自由、民主上设置网络议题并大做文章。对"普世价值论"大加赞赏的网民大有人在，他们用西方的标准来衡量和评价中国的发展，认为马克思主义并非解决当下社会矛盾的"良方"，而"普世价值论"对我国现存社会问题作出了合理解释，中国只有实行多党竞争、三权分立、私有制、指导思想多元化才能解决现存的社会问题，中国才能持续发展；历史虚无主义通过对中西方历史和现实的对比发现：马克思预言的资本主义丧钟至今没有敲响、社会主义国家苏联最终改旗易帜、走上资本主义道路的"亚洲四小龙"经济发展水平并不比中国差、在和平与发展的时代主题下阶级差异日益消弭……"社会主义失败论""马克思主义过时论""马克思主义失灵论"等言论一直笼罩在人们心头；网络消费主义和泛娱乐主义的大行其道，人们以感性消磨理

① 郑永年：《民主，中国如何选择》，杭州，浙江人民出版社2015年版，第136页。

② 《建国以来毛泽东文稿》第10册，北京，中央文献出版社1996年版，第194页。

性，沉浸于肤浅的消费和娱乐之中，以感官刺激侵蚀批判思考能力，享乐主义、功利主义、拜金主义、极端个人主义甚至成为一些人的人生准则和价值追求，大公无私、团结互助、勤俭节约、集体主义、无私奉献等精神被抛诸脑后。

在这些“反马”思潮的影响下，人们片面性地将西方的“美好”与我国的“问题”进行比较，主观放大西方政治制度的成功以及物质水平、经济条件的发达，表现出对主流意识形态的不满；一些网民沦为这些思潮的追随者，思想防线出现松动，认为社会主义并不比资本主义优越，对社会主义制度科学性、合理性和历史必然性的质疑之声在网络空间不断蔓延，中国特色社会主义共同理想信念、马克思主义信仰越发成为某些人心中虚无缥缈的幻象。在这样的情形下，马克思主义意识形态如何在网络空间对这些思潮进行有说服力、有解释力、有批判力的回应，如何增强马克思主义意识形态的吸引力，成为构建马克思主义意识形态网络话语权面临的现实挑战。

第三节　能力性挑战：网络宣传思想工作存在“本领恐慌”

习近平总书记在谈到掌握舆论战场主动权时指出：“要解决好‘本领恐慌’问题，真正成为运用现代传媒新手段新方法的行家里手。”[①]网络意识形态领域的较量是话语权的较量，也是脚力、眼力、脑力、笔力等能力的较量。要做好网络意识形态工作，工作的能力问题十分重要。马克思主义意识形态网络话语权既体现为一种在网络意识形态领域的“影响力”，也表征为一种引导他人思想认知的“能力”和维护网络舆论安全的自我保

① 《习近平关于全面深化改革论述摘编》，北京，中央文献出版社2014年版，第83页。

护“能力”，这种能力与网络思想宣传工作队伍的工作能力息息相关、同向而行。宣传思想工作是主流意识形态话语权建设的主渠道，习近平总书记在全国宣传思想工作会议上的重要讲话中指出，建设具有强大凝聚力和引领力的社会主义意识形态，是全党特别是宣传思想战线必须担负起的一个战略任务。[①]宣传思想工作作为引导思想舆论、凝聚价值共识、引领社会思潮的主要承担者，是提升马克思主义意识形态传播力、解释力、引领力和影响力的关键要素，没有宣传思想工作的成功，马克思主义意识形态话语权的构建就是天方夜谭。移动互联网的发展带领我们进入了一个全新的时代，网络宣传思想工作“本领恐慌问题”日渐凸显，主流意识形态话语的领导力、宣传力、导向力、教育力、创新力均存在不同程度的欠缺：党员干部意识形态能力有待提升，主流媒体的舆论引导以及管控能力还亟待加强，网络思想政治教育的有效性仍需提高，马克思主义意识形态话语体系还需不断完善。这些能力性问题如果长期得不到有效破解，将会严重制约马克思主义意识形态网络话语权的构建。

一、党员干部意识形态能力有待提升

党员领导干部是党和国家事业的中坚力量，是宣传思想工作的“领头羊”和“掌舵者”，是贯彻党管宣传、党管意识形态方针的具体组织者和落实者。当前，网络空间的意识形态较量和斗争从未偃旗息鼓，且斗争形势严峻复杂，传统的适用于现实社会意识形态攻防战略战术存在不同程度的“失灵”或“失效”，党员干部的意识形态能力不足的问题凸显出来，直接影响到网民对马克思主义意识形态的认可、赞同、拥护和支持。

---

① 《习近平在全国宣传思想工作会议上强调　举旗帜聚民心育新人兴文化展形象　更好完成新形势下宣传思想工作使命任务》,《光明日报》2018 年 8 月 23 日。

意识形态能力主要体现为思想辨别力、理论创新力、共识凝聚力和话语支配力[①]，是党员干部做好宣传思想工作、抓好意识形态工作所必备的核心能力。党员干部在网络空间的意识形态能力如何：是否具备坚定的理想信念，是否拥有敏锐的洞察力和辨别力，是否具有识别风向的能力，是否练就准确研判网络思想动态的能力，是否掌握网络议程设置的主动权，是否熟练掌握和运用网络信息发布、传播的技巧和方法，是否能够及时回应网上关切、具备处理网络突发事件的本领，是否精通"网言网语"，等等，直接关系我国网络宣传思想工作的成效，直接决定我们党能否牢牢把握网络空间马克思主义意识形态话语权。

（一）网络宣传思想工作本领不过硬

从旗帜鲜明地反对什么，到同时学会倾听，学会回应甚至学会道歉，学会主动设置议题和转移议题，这些都是互联网时代对党政部门执政能力的新挑战。[②]互联网畅通了广大人民群众参政议政、建言献策、行使监督权的渠道，拉近了党和人民群众的距离，党的执政方式不断公开化和透明化，党员干部对网络宣传思想工作的特殊性、重要性和规律性认识不断深化，但也存在一些党员干部在运用网络技术进行宣传思想工作方面本领不过硬、方式方法不得体的问题，大大降低了主流意识形态的宣传效果和政府的公信力。

在信息传播格局与舆论环境发生深刻变革的网络时代，新技术、新工具、新平台层出不穷，熟练掌握和有效运用网络操作技术进行宣传思想教育工作是每个党员干部的必修课。随着微博、微信的广泛应用和传播，覆

① 朱继东：《党的思想理论建设与意识形态安全》，《马克思主义研究》2016年第2期。

② 于德山：《共识与分歧：网络舆论的信息传播研究》，北京，社会科学文献出版社2016年版，第206页。

盖从中央到地方多层级、多部门的政务（官方）微博、政务微信平台、政务头条号、移动客户端等应运而生，这些平台不仅成为展示政府形象、传播正能量、倾听民意、宣传主流意识形态的重要窗口，在热点舆情事件中更是发挥着信息发布、引导舆论、解疑释惑的作用。但是，很多党员干部对这些平台的重要性认识不清、对其争夺马克思主义意识形态话语权的重要阵地作用定位不准，监督管理不到位，使得这些平台的工作流于形式化、随意化、睡眠化。其主要问题在于：在处理话语严肃性与接地气关系问题上常常顾此失彼，要么过于枯燥、严肃、“假大空”而吸引力不足，要么过于通俗化、情绪化和娱乐化而丢掉了工作的本质；在提升内容质量与影响力问题上，存在通过“蹭热点”“傍明星”或购买“粉丝”“转评赞”的方式提高点击率、阅读数的现象，而在政务发布、引导舆论方面的服务力不足；在信息发布与网民互动方面，原创性内容较少，信息同质化现象严重，与网民的互动沟通较少，无法满足网民获取有效信息的需求；在舆情回应速度与公布真相问题上，基本做到了不缺位不失语，回应中的空话、套话、废话少了，但表达准确性较欠缺，对信息发布可能带来的舆论影响预判不够，深度报道不多，后续事实调查信息“烂尾”的情况时有发生……这些现象与问题往往引发网民对官方权威性、专业性的质疑以及对政府公信力的质疑，政府官方所塑造和代表的公权力权威、真相权威、法律权威受到损害，使主流意识形态在网络阵地的话语权威难以有效确立。

新的时代和新的形势对党员干部的网络宣传思想工作能力提出了许多新的要求，当前一些党员干部在网络意识形态辨别力、网络话语表达力、网络思想动态预判力、网络思潮批驳力、网民不良情绪疏解力等方面的能力还有很大的提升空间，练就扎实的网络宣传思想工作基本功还有待继续摸索。

（二）网络意识形态斗争的担当力不强

网络意识形态话语权的争夺既是对党员干部定力、素养和本领的考验，也是对党员干部勇气、底气和担当力的磨炼。敢不敢担当、善不善于斗争、有无战斗力已成为检验党员干部意识形态能力的重要标尺，直接影响主流意识形态网络阵地的稳定性。新的形势、新的时代背景赋予了网络意识形态领域新的传播格局和新的舆论生态：舆论空间中杂音噪音不断，有的平台、论坛、圈子言论偏离正确导向，敌对势力找准时机兴风作浪……网络空间中的意识形态较量趋于激烈化和复杂化，迫切需要发挥党员干部在意识形态话语权争夺中的担当力。

当前，部分党员干部在思想认识和理论修养上还存在一些明显不足。有的党员干部马克思主义理论素养不高，对重大问题认识含糊、政治敏锐性不够，不能充分认识当前主流意识形态网络话语权的重要战略意义及其危急局势，不能充分辨别和把握当前网络意识形态领域的一些不良现象；还有一些党员干部“假懂”“假信”马克思主义，对马克思主义采取本本主义、教条主义的态度，马克思主义意识形态的理论魅力和现实解释力无法得到发挥。思想是行动的先导，思想上的“不重视”“认识不足”和理论上的“装懂”会直接导致行动中的“不作为”甚至“反作为”，使网络意识形态工作处于被动局面。例如，在一些大是大非、政治原则面前，有的党员干部态度暧昧，躲躲闪闪，热衷于当网络看客、当“谦谦君子”，奉行“鸵鸟式”的应对方式，不能积极主动承担起维护主流意识形态安全的责任义务；在一些突发性事件、热点事件和焦点事件中，有的党员干部反应不够敏锐，应对不够及时，抓不住问题要害，对可能造成的社会不良影响缺乏预见性，不善于疏解引导，加剧网络舆情的影响广度和深度；面对一些损害、诋毁、攻击党政形象的社会杂音和错误言行，有的党员干部怕惹麻烦，怕“引火烧身”，不愿发声，听之任之；面对兴风作浪、煽风点火、蛊惑人心的错误思潮，一些党员干部不能辨别敌我矛盾，反驳回击的底气和勇气不足，不愿亮剑。此外，一些党员干部个人在网络上的发言无所顾忌，习近平总书记曾批评："有的党员干部想说什么说什么，想干什么干什么。有的还专门挑那些党已经明确规定的政治原则来说事，口无遮拦，毫无顾忌，以显示自己所谓的'能耐'，受到敌对势力追捧，对此他们不以为耻、反以为荣。"[①]党员干部在意识形态斗争中责任感不强、担当力不足，不仅不利于主流意识形态正面形象的维护，反而助推了非主流甚至反主流意识形态的嚣张气焰，为西方价值观的网络渗透制造了有利条件。党员干部作为主流意识形态主要维护者，若站不好网络岗，担当力不足，不敢亮剑，不善斗争，最终将会丢失主流意识形态话语阵地，失去主流意识形态领导权、管理权和话语权。

（三）部分党员干部理想信念定力不稳

作为马克思主义意识形态的实践主体、宣扬主体，民众大都通过党员干部形象来感知、认同和信奉马克思主义的理论魅力和实践价值，党员干部自身若是不坚定马克思主义立场、不持守社会主义核心价值观、不坚守共产主义理想信念，马克思主义意识形态对大众来说便是"黯然的独白"，马克思主义意识形态话语权的争夺终将会是空中楼阁。当前，部分党员干部的价值选择、理想信念发生了偏移现象，有的党员干部世界观、人生观、价值观"总开关"松动，在腐化堕落、自我膨胀中迷失信仰；有的党员干部对中国的道路、理论、制度和文化缺乏自信，向往西方世界，思想意识西化现象严重，"奉西方理论、西方话语为金科玉律，不知不觉成了西方资本主义意识形态的吹鼓手"[②]；有的党员干部信仰飘忽，不看书、不

---

① 《十八大以来重要文献选编》(上)，北京，中央文献出版社 2014 年版，第 133 页。

② 《习近平关于全面从严治党论述摘编》，北京，中央文献出版社2016年版，第66页。

学习不研究马克思主义理论，不信马列信鬼神，信仰宗教、迷信神灵、参与封建迷信……党员干部是国家权力的具体执行者，其形象是政府和执政党精神风貌的集中体现。党员干部信念不牢、信仰不坚，不仅担当不了马克思主义的“传播者”和“维护者”，反而会成为反马克思主义势力的帮凶，最终成为瓦解政府公信力和执政党合法性权威、消解马克思主义意识形态话语权的破坏性力量。

值得关注的是，因理想信念定力不稳所引发的党内消极腐败现象严重消解人民群众对马克思主义的认同度。党的十八大以来，虽然党中央持续强力推进党风廉政建设和反腐败斗争取得了显著成效，极大提振了民众对执政党的信任和信心。但是，官员贪污腐败案件频发、关于党员干部信仰滑坡的话题一再引发热议，民众对于党员干部消极腐败的刻板印象根深蒂固，在短时期内还难以消除，其社会负面影响极大。网络时代党员干部的一举一动、一言一行都会受到网民的关注和放大，容易引起特别重视和判读，甚至造成不可预估的舆情事件。因“严书记女儿”事件走红的严春风、“任职国企高管的‘95后’”、深圳“北极鲶鱼事件”、“网红书记”史文清等“网红”腐败案例不胜枚举，一幕幕鲜活的带有娱乐特色的现实腐败连续剧日复一日地占据网络舆论阵地，不断刺激网民敏感神经，影响着民众的政治和心理倾向，这也是民众“逢官必反”“逢政必反”民粹情绪产生的现实缘由所在。党员干部的形象越是正面、纯洁，人民群众就越是拥护党的执政地位，并对党和社会主义事业充满信心，马克思主义意识形态就越容易被接受和认同；党员干部的形象越是负面、腐败，人民群众对政府和执政党就越会产生质疑和否定，并对马克思主义产生认同障碍和对立情绪。这从而极易导致马克思主义意识形态被架空而无法产生对社会大众的感染力和影响力。

二、新闻媒体舆论引导力亟待加强

网络舆论引导力是主流意识形态网络影响力生成的基础，是主流意识形态网络话语权的核心要义，主流意识形态能否把握住话语权，关键在于能否发挥好新闻媒体引导舆论、争夺民心的作用。如今，新闻媒体已进入欣欣向荣的自媒体草根时代，网民群体获取信息的渠道多元多样，旧有的新闻把关人丧失了权力。传统主流媒体面临影响力式微以及舆论引导优势不复存在的风险和迫切需要转型的压力。近年来，无论是普通新闻媒体还是主流媒体都为融入新媒体环境进行了不懈努力，形成了融合微博、微信、网站网页、移动客户端、广播、报刊和电视等众多线上线下相结合的全媒体传播模式，舆论引导能力以及管控能力都有了大幅的提高。但是，新闻媒体在话语表达方式与技巧、话语内容、价值取向等方面还存在一些问题，例如：主流意识形态在网络空间的传播力还很有限；新闻媒体在一些突发事件和网络热点事件中话语“失声”“失序”的现象时有发生，网络舆情应对能力有待提升；部分自媒体在博取眼球、争夺流量的竞争中走向了价值异化，媒体责任缺失和价值“偏轨”问题一再发生。这些都成为制约我国网络舆论引导力、主流媒体公信力的因素，成为敌对势力开展舆论攻势的突破口，最终将不同程度地消解我国主流意识形态的网络宣传效力。

（一）主流意识形态传播力不强

传播力是引导力的基础和前提，所谓主流意识形态传播力，是指实现主流意识形态有效传播的能力，既包括主流意识形态传播的到达范围，又包括主流意识形态被受众接纳与吸收的实际效果。[①]在大众传播时代，主

① 王贤卿、董扣艳：《网络二次元叙事对提高主流意识形态传播力的启示》，《毛泽东邓小平理论研究》2018 年第 5 期。

流意识形态的传播广度和深度直接决定着大众对马克思主义的认同程度。当前，自媒体的迅速崛起极大改变了媒体话语生态，马克思主义意识形态话语传播方式一时之间还不能完全适应，主流媒体对高度行政化的信息传播机制的路径依赖所产生的负面效应还无法有效规避；主流意识形态话语传播还存在诸如思维固化、方式僵化、不接地气、感召力匮乏等问题，不利于马克思主义的大众化，弱化了马克思主义意识形态对网民的感召力和吸引力。

一方面，话语严肃性有余而吸引力不足，传播效果不佳。主流意识形态的传播力有赖于新闻媒体尤其是主流媒体传播内容的可读性和表达方式的吸引力。主流媒体在新闻报道、信息发布的客观性、深度性、系统性方面具有无可比拟的优势，这也是其在人人争相发声的自媒体时代仍然能够保持主流地位的缘由所在。但是，主流意识形态内容的传播常常陷入“有意义”“有态度”而“没有热度”的境地，其文件式话语过多、内容枯燥呆板、官腔气息较浓厚、语言风格千篇一律，让人难以亲近，不符合网民思维习惯和语言习惯，主流意识形态传播的受众面和深入性有限。以主流思想宣传网站为例，网站建设参差不齐，内容板块大同小异，由于“互联网用户能够迅速评判一个新访问网站的质量，如果网站建设得很差，或者能看出想要操纵访问者的意图，用户会对这个网站持怀疑态度”①，甚至不会再关注此类网站。如何处理好主流意识形态传播中理论性与通俗性、严肃性与趣味性、真理性与吸引力的关系问题是主流媒体力求突破的难题所在。

另一方面，话语抽象晦涩，曲高和寡。在信息爆炸与用户偏好明显的时代，从文字、图片、动态图、表情包到短视频，从网络解读到网络恶

① Metzger M. J., Flanagin A. J., Medders R. B., 2010: “Social and heuristic approaches to credibility evaluation online”, *Journal of communication*, Feb.

搞，话语传播形式走向形象化、感性化、趣味化和视觉化。“人们总是会自觉或不自觉地被复杂问题的简单解释所吸引”[①]，而主流意识形态话语更多的是以严肃、抽象、晦涩的“硬性”话语灌输形象示人，较为缺乏对复杂理论问题的简单阐释，因此常常表现出自说自话的孤独感。方式单一、内容抽象的主流意识形态话语，不仅无法引起网民的关注和共鸣，还可能导致网民群体在抵触情绪下以戏谑、嘲讽、曲解的解构方式表述主流意识形态，使主流意识形态“离题万里”，大大降解了主流意识形态网络传播效力。

（二）网络舆情回应力不足

网络新闻媒体在网络舆情事件中是否能够发挥议程设置的导向力、是否具有舆情应对能力是检验媒体舆论引导力和公信力的重要指标，直接关系着媒体能否将马克思主义意识形态网络话语权牢牢掌握在手中。网络热点事件发生之时，往往也是不良社会心理和负面社会情绪集中爆发之时，如果引导纾解方式方法得当，便能化险为夷；如若采取删、堵、封等粗暴方法来化解舆情危机，只会造成更大的舆情危机，自毁媒体公信力。当前，网络媒体已在多次的网络舆情事件“实战训练”中积累了丰富的经验教训，网络舆情应对能力有了显著提升，但还是存在诸多问题。

一方面，网络媒体议程设置对舆论的控制力减弱。媒体议程设置的主体地位在网络时代不但没有改变，而且有增强趋势，仍旧具有决定“网民思考什么问题”的能力。但是，媒体在网络热点事件中企图扭转舆情局势所设置议题的刻意性和倾向性往往被“火眼金睛”的网民群体所觉察，加之网络舆论领袖、各路自媒体力量的多元声音进入网民视野，媒体议程常

---

① ［俄］谢·卡拉－穆尔扎：《论意识操纵》（上），徐昌翰等译，北京，社会科学文献出版社 2004 年版，第 347 页。

常面临网民群体极化的对抗。媒体的议程设置介入网民议程面临失效，因而在网络舆论引导中的效果大打折扣。例如，微博热搜榜在2018年年初进行了整改，热搜榜增加了一条体现国家大事要闻、政策方针的置顶内容，并且添加了“新时代”这一新板块展示正能量内容，但其议题的受关注率和点击率依然较低，娱乐八卦、明星资讯等议题仍旧登顶热搜榜，正能量议题设置的影响力有限。网络时代如何将媒体议题设置的主动权转变为引领网络舆论的话语权，仍待网络媒体不断摸索。

另一方面，网络媒体舆情应对力不高。在一些重大事件、突发事件中，网络媒体及时准确的报道在一定程度上可以缓解舆情造成的负面影响，但网络媒体在“快”与“准”的关系问题上往往处置不当，造成了媒体公信力的流失，消解了网络媒体舆论引导的话语权。在网络舆情事件中，有的媒体（尤其是主流媒体）因为追求事件的准确性和严谨性而贻误了舆情回应的最佳时机，未能对社会舆论热点在第一时间作出权威报道，给网络谣言的产生和传播创造了有利条件；有的媒体出于某种考虑，保持静默或企图用屏蔽、封锁、删帖封号的方式化解舆论危机的现象还存在，极易引起网民抗争和情绪反弹。事件经过发酵之后，即使媒体公布权威真相，但凡不迎合网民罪恶预判的倾向就有可能被统统否定，使得网络媒体以及政府陷入公信力危机。还有的网络媒体片面追求报道速度、抢占舆论制高点而疏于“求证”，新闻舆论工作的准确性、真实性和可信性受到质疑，极易成为舆情升级的催化剂，让媒体自身陷入被动的舆情旋涡而损毁公信力。新闻媒体是社会主流声音的代表者，主流媒体更是主流意识形态建构的主阵地和主要掌控者，媒体舆情回应能力不足所造成的公信力流失，极大地消解了主流意识形态话语权。

（三）宣传内容价值导向力有限

在网民诉求多样化、网络舆论引导主体多元化、不同网络意识形态之间博弈复杂化的时代，导向正确则利党利国利民，导向错误则误党误国误民。构建网络空间主流意识形态话语权必须高度重视意识形态导向问题。导向正确是新闻媒体发挥舆论引导力的前提和基本保障，导向正确既包含高举马克思主义大旗的政治正确，也蕴含培育社会主义核心价值观的价值正确，弘扬社会公德、倡导文明风气的道德正确以及传播积极向上网络文化的文化正确。在多重因素的影响下，新闻媒体在舆论宣传工作中还存在对导向重视不够、对内容把关不严的现象，甚至出现与主流意识形态相抵触、背离主流价值的问题，污染了网络舆论生态，对新闻媒体的舆论导向力以及公信力造成了负面影响。

在媒体市场化和商业化的推动下，在对流量和金钱利益的追逐中，一些新闻媒体也落入了“流量为王”和“功利主义”的窠臼，对“有偿新闻”“虚假新闻”“低俗新闻”趋之若鹜，置社会效益于不顾。有的媒体热衷于蹭热点、要噱头、断章取义，刻意制造带有明显倾向性、误导性、煽动性的标题，“吓尿体”“哭晕体”“跪求体”等耸人听闻、浮夸失实的标题现象层出不穷；更有甚者为了追求所谓的轰动效应，以牺牲新闻真实性和导向性为代价炮制虚假新闻来谋求私利。有的媒体为吸引眼球、争夺流量，刻意迎合网民群体非理性心态和猎奇、猎艳、猎暴的低俗需求，打法律擦边球，纵容色情、暴力、低俗内容的传播，追求低级趣味。而个性化推荐算法的应用正在加剧网民对低俗劣质“信息茧房”的沉迷。还有的媒体在利益的驱使下与境外资本以及敌对势力相勾结，钳制网络舆论，新闻媒体沦为西方价值观的代言人。一些新闻媒体鼓吹西方所谓的宪政民主、“普世价值”、新自由主义等错误思潮，看准时机攻击党的大政方针，成为西方国家对我国主流意识形态进行思想战、舆论战的“战车”，对主流意识形态造成的危害极大。

价值导向的缺失为上述乱象滋生提供了温床。视角重于真相、速度胜于准确、流量胜于质量、情绪先于事实、偏见压制理性、利益扭曲导向的现象和媒体价值取向，不仅“败光”了媒体“讲事实、讲真相、讲正道”的良好形象，消解了媒体公信力，而且助长了网络空间的歪风邪气，混淆了网民价值评判标准，严重干扰社会主义核心价值观的有效传播。正确价值导向是新闻媒体的灵魂，对主流价值导向的坚守就是对主流意识形态的坚守，新闻媒体不讲价值导向，等于将主流意识形态话语权拱手相让。

三、思想政治教育效力仍需提高

意识形态性是思想政治教育的本质属性，做好马克思主义意识形态的宣传教育研究是思想政治教育的根本任务，掌握和维护马克思主义意识形态话语权是思想政治教育的题中应有之义。网络空间并非脱离实际而独立存在的虚拟空间，而是与社会现实空间紧密联系、深度融合，日益成为社会大众的日常生活空间。当前网络空间中主流意识形态话语权面临的种种困境和挑战具有深刻复杂的现实背景和现实根源，当然，作为意识形态教育的承担者和个体政治社会化的主要推动者，思想政治教育的重要作用还未得到充分发挥。传统思想政治教育一直以来困扰于“有效性”问题，加之现实思想政治教育与网络思想政治教育尚未形成良性的互动机制，意识形态教育的效力难以展现，致使主流意识形态在网络空间话语权的较量中“后劲不足”。

（一）现实空间意识形态教育问题累积

对马克思主义的学习和了解是产生马克思主义认同的基础和前提，意识形态教育肩负宣传和教育马克思主义、培育和弘扬社会主义核心价值观的重要任务，其教育效果直接决定主流意识形态的认同力和影响力。当前，意识形态育人效果不佳，存在教育内容对受教育者的吸引力不强、教育方式创新不够、教育价值导向存在某些偏差等问题。

一方面，过于说教化的话语表达方式引起受教育者的抵触心理。“灌输”原则一直以来是我党始终牢牢坚持的意识形态宣传策略，但说教意味过浓、理想化话语过多、政治化表达过度的“硬”灌输不但不利于主流意识形态教育入耳、入脑、入心，反而会出现背离教育效果和初衷的现象。以高校思想政治教育为例，高校是党的意识形态工作的前沿阵地，但高校思想政治理论课堂却存在“抬头难、难抬头”的现象，大学生普遍对意识形态教育不“感冒”。网络时代个体意识愈发觉醒，人的价值和个性愈加彰显，重视整体忽视个体、重视理想忽视现实、重视国情忽视民情的意识形态教育只会招致受教育者的冷漠、应付、怀疑甚至是抵触情绪，影响马克思主义意识形态的教育效果。当下从上至下各行各业的意识形态教育或宣讲教育活动并不少见，其对受教育者思想理论素养的提高具有多大的成效需要打一个问号，这也是为何广大网民甚至一些党员干部在网络错误思潮的侵蚀下先成为俘虏的缘由所在。如今，无论是形式方法还是内容载体，意识形态教育或许都需要不断加强改革和创新。在面临意识形态教育吸引力不佳的窘境下，有的教育者为扭转局面走上了较为极端之路，比如，为活跃课堂气氛、取悦受教育者而用一种哗众取宠、无底线迎合的教学方式将意识形态教育娱乐化、庸俗化，于是出现了类似于说唱马克思、表演真人秀、穿龙袍上思政课的“网红”案例。究竟能否处理好意识形态教育内涵与形式、思想性与趣味性、高雅性与接地气、话语创新与内核保留等之间的关系，是改善意识形态教育效果的关键，也是焕发马克思主义意识形态生命力的必然要求。

另一方面，意识形态教育中存在价值导向偏差的问题。2014 年 11 月，《辽宁日报》发表了一篇题为《老师，请不要这样讲中国——致高校哲学社会科学老师的一封公开信》的文章，引起社会强烈反响。反观意识形态教育课堂，抹黑中国、言必称美国、呲必中国的现象并不少见，在意识形态教育中扮演“传道者”“育人者”这一重要角色的教育者，或缺乏对马克思主义意识形态的认同，或对西方社会和西方价值观顶礼膜拜，将马克思主义意识形态阵地变为西方价值观念的“宣讲所”，受教育者在这些不当言论、不满情绪的误导之下极有可能成为西方价值观的拥趸，马克思主义意识形态话语阵地在现实空间失守，势必直接影响其在网络空间的话语阵地。如今，全国范围内掀起了“课程思政”的教学改革浪潮也是基于此。

（二）网络思想政治教育效力不佳

网络重塑了社会关系，改变了人的存在方式和交往方式，催生了思想政治教育新模式——网络思想政治教育。网络思想政治教育是顺应网络社会发展逻辑、适应思想政治教育时代转型而产生的，是网络时代思想政治教育发展的必然产物。其在增强网民主流意识形态认同、掌握思想政治教育网络话语权、促进网民综合素质提升等方面发挥重要作用，与现实思想政治教育共同担负巩固主流意识形态话语权的重要使命。目前，网络思想政治教育的发展在理念与能力方面还面临诸多问题，其实效性还不强，对网民产生的价值认同影响力还有限，这些问题直接影响着网络主流意识形态话语权建设的效果。

一方面，网络思想政治教育理论研究缺乏对实践的指导作用。目前学界虽形成了具有说服力和解释力的“网络思想政治教育”概念共识，但关于网络思想政治教育的基础理论研究还很薄弱，理论深度还不够，对传统思想政治教育理论的“嫁接”“套用”“移植”痕迹较为明显。研究成果多以高校、大学生、青少年等群体为研究对象展开，同质化现象较为严重；对网络技术现实亦步亦趋，缺乏研究的前瞻性和创新性。综合而言，网络思想政治教育的研究还滞后于网络社会发展的时代要求，对思想政治教育实践的指导作用有限。

另一方面，网络思想政治教育与现实思想政治教育未形成良性互动机制。从现实思想政治教育来看，虽然思想政治教育积极寻求与网络信息技术的深度融合，将抽象晦涩的主流意识形态理论知识形象化、可视化、直观化，改善目前呆板、僵化的课堂教学被动局面，并取得了一定的突破性成效，但受众范围还很小，可操作、可推广的经验技术还很有限。此外，现实思想政治教育课堂在一定程度上存在忽视对受教育者网络媒介素养的教育和引导的现象。网民媒介素养是网民抵制网络负面言论、错误价值观侵袭的“铠甲”，媒介素养教育的缺失加剧了网民在网络空间的迷失和失范：不能有效合理表达自己的观点、对敌对势力意识形态的辨别力和抵抗力不高、缺乏质疑精神、涌入网络非理性的大潮……这些现象都形成了对网络思想政治教育作用施展的阻力，不利于马克思主义意识形态网络认同力的提高。从网络思想政治教育来看，网络思想政治教育实力不明显，与现实思想政治教育缺乏互补。网络思想政治教育工作队伍力量还不够强大，兼具技术性、理论性、专业性的综合素质人才队伍缺乏，红色网络意见领袖并不多见；网络思想政治教育平台因为缺乏互动性、形式单一性，对网民的吸引力不足；网络思想政治教育话语还难以摒除思想政治教育传统话语模式的影响，网民的抵触情绪还在；网络思想政治教育对网民生存方式、行为规律、思想动态演变逻辑等把握不准，对敌对势力攻击主流意识形态战略战术的防备和回击能力有待提高……网络思想政治教育与现实思想政治教育密切相关、相互影响、共同进退，网络思想政治教育如今面临的种种问题也折射出了现实思想政治教育的困境。

（三）意识形态话语解释力不够

主流意识形态话语权的确立、思想政治教育效力的发挥，往往以人们思想困惑的有效解决为前提。人们的思想困惑一般产生于社会实践中的现实问题，思想政治教育总是通过对现实社会问题和矛盾的批判、解构剖析来发挥其增信释疑、解惑答疑的功能，彰显马克思主义理论体系的解释力和科学性，以实现对马克思主义意识形态合法性和科学性的维护。因为，无法对现存社会问题作出科学合理解释的意识形态理论体系就如无源之水，极易引发人们的质疑；掩盖事实、遮蔽问题也只会导致国家意识形态公信力和说服力的丧失。只有贴近现实、解释现实、分析问题、解决问题，才能巩固主流意识形态网络话语权的现实基础。当前，思想政治教育话语对时代性问题、社会热点焦点难点问题的解释力还不强，对马克思主义理论创新的供给力还不够，以致人们在面对一些偏激或错误言论、思潮时，或成为其追随者，或屈服于其强盗逻辑哑口无言，不利于马克思主义意识形态话语权的维护。

一方面，解释性话语空泛化、教条化，得不到大众的认同和共鸣。当前的思想政治教育话语体系缺乏对中国实践的有力解释，存在对马克思主义理论教条化使用的现象，还不是一套富于理论说服力、严谨自信的和时代性的话语体系；一些思想政治工作者在社会热点、舆论焦点、重大理论争议问题面前或回避或失语，无法作出科学合理的解释，无法彰显马克思主义的话语说服力。在多元意识形态相互竞争的格局中，思想政治工作者的理论自信、话语自信还未得到充分彰显，对受教育者的思想疏导、价值引导的作用发挥还不够，造成马克思主义意识形态话语权威的流失。

另一方面，思想政治教育学术话语脱离社会实践，缺乏对理论创新的供给力。思想政治教育工作者既是马克思主义理论的宣讲者、传播者、教育者，也是马克思主义理论的主要学术研究者。其在马克思主义意识形态话语体系构建中扮演极为重要的角色，对积极探索和推进马克思主义中国化、时代化、大众化作出了巨大贡献，但是与马克思主义理论创新、话语体系构建的时代要求相比还存在距离。其主要表现在：有的马克思主义理论研究者脱离社会实践和中国实际做研究，热衷于在自己的圈子自说自话、闭门造车，“笔下虽有千言，胸中实无一策”的现象并不少见，出现了“概念漂浮”或“话语疏离”等情况；研究虽然取得了丰富成果，但是高水平研究成果并不多，对时代新问题的回答力度还不够。其结果造成马克思主义意识形态话语体系缺乏吸引力、感染力和解释力，在一定程度上弱化了马克思主义意识形态话语的影响力。

第四章

当代中国网络空间马克思主义意识形态话语权的构建策略

党的二十大报告总结了新时代十年的伟大变革，指出：“我们确立和坚持马克思主义在意识形态领域指导地位的根本制度，新时代党的创新理论深入人心，社会主义核心价值观广泛传播，中华优秀传统文化得到创造性转化、创新性发展，文化事业日益繁荣，网络生态持续向好，意识形态领域形势发生全局性、根本性转变。”[①]这一转变离不开党长期以来对马克思主义意识形态话语权的牢牢把握。互联网的演进过程永不停息，问题出现与问题解决总是会并驾齐驱，作为一项宏大复杂、动态更新的系统工程，我们探寻网络空间马克思主义意识形态话语权的构建永远是进行时，不可能一劳永逸，要充分认识到这一实践的长期性和复杂性。我们应正视，我国意识形态安全和政权安全面临诸多不确定性风险，意识形态安全防御系统需要持续更新升级；我国引领社会思潮、凝聚思想共识的任务仍旧艰巨，需要持续着力建设具有强大引领力和凝聚力的马克思主义意识形态。因此，我们需要树立强烈的问题意识和强大的政治定力，为提升马克思主义意识形态网络话语权制定有针对性的策略。要坚定不移地坚持马克思主义在意识形态领域的指导地位，进一步明确马克思主义意识形态网络话语权构建的原则遵循，确立科学的构建理念，稳步提升马克思主义意识形态在网络空间的话语权。

① 习近平：《高举中国特色社会主义伟大旗帜　为全面建设社会主义现代化国家而团结奋斗——在中国共产党第二十次全国代表大会上的报告》，北京，人民出版社 2022 年版，第 10 页。

第一节　网络空间马克思主义意识形态话语权构建的根本立足点

意识形态不仅仅是统治阶级的信仰和统治合理性的理论依据，更重要的是它具有维护国家政治制度的功能，所以，敌对阶级之间往往从意识形态入手来达到改变一个国家政治制度的目的。[①]西方敌对势力将消解马克思主义意识形态作为攻击我国的焦点，千方百计制造各种事端、利用各种渠道尤其是网络渠道对我国进行思想渗透、搞乱人心、破坏信心，企图动摇马克思主义在我国意识形态领域的指导地位，实现对我国的“和平演变”。我党能否在激烈的意识形态论战中突出重围，将网络空间中的意识形态话语权紧紧掌握在手中，最根本的在于我党能否始终坚持马克思主义在意识形态领域的指导地位，是否能够以强大的文化自信支撑政治定力。不论是网络意识形态话语权的争夺还是线下意识形态话语权的巩固，都离不开对这两个基本点的坚守。

一、坚持和巩固马克思主义在意识形态领域的指导地位

坚持和巩固马克思主义在我国意识形态领域的指导地位，既是构建网络空间马克思主义意识形态话语权的灵魂和内在要求，也是根本立足点和重要支撑点。影响意识形态话语权强弱大小的关键因素在于意识形态理论的彻底性和科学性，马克思主义之所以在纷繁复杂的意识形态领域具有重大影响力和持续旺盛的生命力，其根本原因就在于马克思主义是科学真理，是揭示人类社会发展规律的彻底的科学思想体系。“中国共产党之所

① 田改伟：《试论我国意识形态安全》，《政治学研究》2005 年第 1 期。

以能够完成近代以来各种政治力量不可能完成的艰巨任务，就在于始终把马克思主义这一科学理论作为自己的行动指南，并坚持在实践中不断丰富和发展马克思主义。”①坚持马克思主义的指导地位不动摇是党从历史经验教训中得出的科学结论，我们党从未动摇过这一信念。时代在变，环境在变，但马克思主义作为立党立国根本指导思想的地位不能变，马克思主义作为意识形态领域指导地位的根本制度不能变，马克思主义作为引领多元思想文化的旗帜不能变，马克思主义以人民为中心的根本立场不能变。

（一）用习近平新时代中国特色社会主义思想武装全党教育人民

当下中国所指的“马克思主义”，一般是从广义上来说的，是指马克思列宁主义、毛泽东思想以及包括邓小平理论、“三个代表”重要思想、科学发展观在内的科学理论体系的统称。习近平新时代中国特色社会主义思想是马克思主义中国化、时代化的最新理论成果，是当代中国马克思主义、21世纪马克思主义，是新时代中国共产党的思想旗帜，对中国现实具有强大的解释力和指导力。在中国特色社会主义新时代坚持马克思主义的指导地位，就必须坚持习近平新时代中国特色社会主义思想，用习近平新时代中国特色社会主义思想来武装全党、教育人民、指导实践。这是新时代做好网络意识形态工作、建构网络空间马克思主义意识形态话语权的根本思想遵循。

首先，理论工作者要做好习近平新时代中国特色社会主义思想的体系化研究和学理化阐释工作，为全民“学懂弄通做实”打下基础。只有深入研究蕴含其中的理论性、战略性、规律性内容，准确把握、深刻阐释这一思想的精神实质、内在逻辑、核心要义、战略部署和实践要求，科学揭示这一思想关于中国特色社会主义的本质特征、发展规律、独特优势和建设

① 《习近平谈治国理政》第2卷，北京，外文出版社2017年版，第33页。

路径等论述的重要现实意义，才能提高贯彻落实的自觉性和主动性，将理论武装工作、网上网下宣传教育工作真正落到实处，主流意识形态话语权才能取得实效。

其次，加强党员干部的思想武装工作，打牢马克思主义意识形态网络话语权建设的思想基础。党员干部肩负网络意识形态治理与马克思主义网络传播的主体责任和政治使命，坚持马克思主义在我国意识形态领域的指导地位，首先要求党员干部具备深厚的马克思主义理论修养。党的思想路线确定以后，其贯彻执行情况如何，党员干部某种程度上具有决定作用。当前一些党员干部缺乏扎实的马克思主义理论功底，面对风起云涌的网络多元意识形态的挑战缺乏应对能力和战斗力，亟须“把系统掌握马克思主义基本理论作为看家本领”①，新时代的党员干部必须加强对习近平新时代中国特色社会主义思想的学习，解决好真学真信真做的问题。只有用习近平新时代中国特色社会主义思想不断夯实党员干部的思想基础，筑牢党员干部坚守正确政治方向的理想信念，才能从真正意义上增强对网络空间非马克思主义和反马克思主义的回击力，为实现马克思主义意识形态网络话语权凝聚起强大的领导力量。

再次，做好习近平新时代中国特色社会主义思想的网络宣传教育工作，提高网民对马克思主义意识形态的认同力。网络话语权构建的关键在于理论能否获得网民群体的信服和认同，习近平新时代中国特色社会主义思想只有被网民所掌握并获得网民的认同和拥护，才能变为指导实践的话语力量，而这与网络宣传教育方式是否行之有效密切相关。因此，要抓好习近平新时代中国特色社会主义思想网络宣传教育工作，在深入人心、落地生根上下功夫。要注重宣传教育形式的多样化和创新性、宣传教育手段

① 《习近平谈治国理政》第1卷，北京，外文出版社2018年版，第154页。

的现代化，以贴合网络时代人民群众信息接收途径和偏好的方式将思想理论呈现出来，增强宣传教育的吸引力和感染力；要注重宣传教育的全民性和针对性，实现全覆盖，让马克思主义由政治话语、学术话语转换为大众话语和网络话语，让理论以朴素的语言、鲜活的事例、生动的图像视频等网民喜闻乐见的形式呈现出来，让网民在看懂、领会的基础上自觉将其作为行动指南。

（二）在思想多元化下始终坚持马克思主义意识形态的主导地位

利益多元、思想多元、文化多元、舆论多元、社会思潮多元是我国改革开放深入推进以及网络信息化社会深刻发展的必然产物。但无论思想文化如何多元多样多变，坚持马克思主义在我国意识形态领域的主导性地位在任何时候任何情况下都不能动摇。如何正确处理主导思想与多元思想之间的关系、处理“一”与“多”的关系问题是我们面临的重大时代课题。

首先，保障多元意识形态话语主体的话语权利，树立马克思主义尊重差异、包容多样的气度与格局。我们说坚持马克思主义思想在网络空间的一元指导地位，并不是说网络中只能有一种声音、一个调子、一种观点，因为“任何一种单极化的生态系统都是不健康且不能够持续发展的”[①]。任何社会都不可能只有一种意识形态，主流意识形态与非主流意识形态的长期并存是网络社会的常态，意识形态领域的“多元”是“主流”的有机补充，是社会思想活力的彰显。非主流意识形态与马克思主义意识形态争锋的过程，实际上也是马克思主义意识形态和社会主义核心价值观建设和扩展影响力的过程。我们应正确对待并提倡多种观点和理论的争鸣，有效保障多元话语主体的话语权利，树立“尊重差异、包容多样”的马克思主义

① 王涛、姚崇：《网络虚拟空间社会主义意识形态传播及其建设研究》，《北京师范大学学报（社会科学版）》2017 年第 2 期。

意识形态姿态，不断彰显马克思主义意识形态的开放性和包容力，激发我国思想文化的创造活力。

其次，对网络空间各种异质思想文化进行适当的和必要的引领和整合。意识形态话语权关乎“举什么旗，走什么路，朝什么方向前进”的重大问题，必须发挥马克思主义的思想引领作用，确保网络空间中的思想文化沿着正确方向前进。当前我国网络思想文化领域一方面呈现出强劲的时代活力，另一方面凸显出错综复杂、变动不居的特征，网络舆论的非理性繁荣、多样网络文化的迅猛发展、多种社会思潮的长期渗透，马克思主义意识形态的主导地位正面临来自不同角度、不同方位的冲击和安全隐患，马克思主义意识形态话语权尤其是网络话语权面临严峻挑战。在这样的复杂形势下，我们要力求“在多元中立主导、在多样中谋共识、在多变中把方向”[①]，以马克思主义意识形态为引领，对多样思想文化进行有效整合，引导其健康发展，增进价值共识，使其共同服务于中国特色社会主义建设。

再次，对错误思想观念和反马克思主义思潮进行旗帜鲜明的批驳和抵制。坚持马克思主义的指导地位，要求我们对于各种背离主流价值观的错误倾向以及错误思潮决不能放任自流，必须予以坚决批判。当前网络空间中，一些损人利己、唯利是图、荣辱不分的思想观念正肆意泛滥；在激烈的意识形态话语权争夺战中，一些非马克思主义或反马克思主义意识形态伺机争夺话语权威，寻求“上位”成为网络的主流思想或想方设法为实现特定群体利益奠定有利的思想基础，他们散播错误思潮、鼓动错误言论、煽动极端情绪，试图搞乱人们的思想。面对是与非、敌与我的激烈较量，

---

① 中央党校中国特色社会主义理论体系研究中心：《坚持以社会主义核心价值体系引领社会管理创新》，《求是》2012 年第 17 期。

我们不仅要澄清理论是非，还要“举旗亮剑”，拿起马克思主义这一强大思想武器，与其展开针锋相对的批判和斗争，用马克思主义来引领网络思潮，守牢网络意识形态阵地。

（三）坚持“以人民为中心”夯实马克思主义意识形态话语权根基

民心是最大的政治，是国家长治久安的保证，是马克思主义意识形态作为国家主导意识形态的根基所在，决定着其合理性与合法性。意识形态话语权正是通过民众的自觉认同发生效力的，民众对意识形态的认同程度是考量意识形态话语权强弱大小的关键标准，意识形态话语权的构建说到底是一项争夺民心、获得认同力的宏大工程。党的十八大以来，党中央召开了全国宣传思想工作会议、文艺工作座谈会、党的新闻舆论工作座谈会、网络安全和信息化工作座谈会、哲学社会科学工作座谈会、全国网络安全和信息化工作会议等一系列重大会议，在这些会议中，习近平同志无一例外地强调要坚持“以人民为中心”的发展思想，这一思想充分彰显了当代中国马克思主义的人民立场，是马克思主义产生吸引力迸发生命力的源泉。习近平总书记曾强调，民心是最大的政治[①]。所谓的“民心”即是人民群众的“利益诉求”，也就是人民群众的需求和愿望。坚持马克思主义的人民立场，要求我们必须解决好人民最关心最直接最现实的“利益诉求”问题。

话语权是利益的表达，意识形态的冲突表面上体现为思想观念的冲突，但其深层次是利益的冲突，“‘思想’一旦离开‘利益’，就一定会使

① 习近平：《在第十八届中央纪律检查委员会第六次全体会议上的讲话》，北京，人民出版社 2016 年版，第 6 页。

自己出丑”[①]。构建主流意识形态网络话语权，实现马克思主义意识形态的认同一定要正视和重视网民在现实社会中的利益问题，因为“意识形态能否得到人们的认同不在于其理论本身如何完美，逻辑多么严密，而在于其能否准确表达及实现人们的利益诉求”[②]。一方面，我们要把人民群众对美好生活的向往作为党和国家事业的奋斗目标，增强人民群众的获得感、成就感、安全感和幸福感，在解决好人民群众切身相关的实际问题中解决其思想认识问题。老百姓上了网，民意也就上了网，要抓住人民群众真正关心的问题，维护好人民权益，做好教育、医疗保障、收入分配、卫生健康、环保安全、就业等与民生息息相关的工作；要运用马克思主义立场、观点和方法，对中国现实社会中短时间内无法有效解决的疑难杂症进行深入分析，引导网民正确看待重大现实问题。另一方面，加强党自身的建设和国家治理能力的建设，寻求人民群众意愿和要求的最大公约数，凝聚起社会价值共识。党的形象和党的执政能力理政水平事关人心向背，我们党只有不断提升自我净化、自我完善、自我革新、自我提高能力，敢于清除危害党肌体健康的病毒和蛀虫，不断增强国家治理能力和治理水平，才能确保党同人民群众的血肉联系，才能最终赢得人民群众对党的信任、拥护和支持，巩固党的执政地位，增强马克思主义意识形态话语权。我们强调马克思主义意识形态网络话语权的构建，其目的不在于争论谁输谁赢，其根本目的在于凝聚人心。是否能在各项工作中坚持以人民为中心的价值导向，直接决定马克思主义意识形态网络话语权的构建效果。

---

① 《马克思恩格斯文集》第1卷，北京，人民出版社2009年版，第286页。

② 孔德永：《当代我国主流意识形态认同建构的有效途径》，《马克思主义研究》2012年第6期。

二、构筑和强化网络时代文化自信

当前，意识形态话语权的斗争越来越呈现为国与国之间文化软实力的竞争，文化自信作为国家文化软实力的重要组成部分，是构成国家意识形态话语权的重要支撑力。文化是意识形态的载体，意识形态是文化的核心，文化与意识形态密不可分、相互交织，文化自信是意识形态自信的重要条件，文化共识是意识形态共识达成的重要基础。只有确立了对中华民族文化的高度自信和深度认同，我们对当下中国所选择的道路、所坚守的理论以及所坚持的制度的自信和认同才能不断深化，马克思主义意识形态话语权的构建才有坚不可摧的深厚根基，才能以文化自信支撑政治定力。文化自信的虚无与解构，必然招致“认为西方的月亮比中国圆”等与此类似的自我矮化和民族自卑心理产生，致使我们在应对文化交流交融交锋时缺乏定力和底气，导致国家意识形态话语权的弱化。

我们在当下中国所强调的文化自信从本质上强调的是对中国特色社会主义文化的自信，归根结底是对中国马克思主义意识形态的自信。文化自信已成全民共同追求，网络空间已成为中国塑造和展现文化自信的舞台，马克思主义意识形态网络话语权的构建要想获得最基础和最广泛的力量，必须顺应网络时代的发展，借助网络平台，坚守中华文化立场，传承创新中华优秀传统文化，整合多元网络文化，处理好与外来文化的关系，凝聚网络主流价值认同，筑牢网络时代的文化自信。

（一）传承创新中华优秀传统文化，实现传统文化的网络延展

文化自信的底气既源自底蕴深厚的中华优秀传统文化，也来自不屈不挠的革命文化和先进的社会主义文化。尤其是绵延5000多年历史而不中断的中华优秀传统文化具有历久弥新、生生不息的生命力，早已融进中华民族的血脉，占据中华民族精神家园的重要方位，成为我们坚定文化自信

的根由。提振当下中国特色社会主义文化自信，我们首要的是传承创新中华文化优秀基因，挖掘和弘扬中国传统文化的合理文化内核，激发大众对中华优秀传统文化的自豪感和认同感。

把马克思主义基本原理同中华优秀传统文化相结合，在马克思主义科学世界观和方法论指导下创新发展中华优秀传统文化。处理好马克思主义与中国传统文化的关系是我们传承创新中华优秀传统文化的基本前提。当下坚持和发展马克思主义，关键就是要正确看待中国传统文化的价值；当下传承和创新中华优秀传统文化，根本在于坚持马克思主义的指导。国家意识形态的发展有其深沉的传统文化底蕴，中华优秀传统文化为马克思主义中国化的生成和发展提供了丰厚的文化土壤，马克思主义正是在与中国传统文化的激荡中不断融合创新，获取了强大的动力和活力，形成了中国特色社会主义文化。我们要以马克思主义立场、观点、方法深挖民族文化底蕴，对中华优秀传统文化思想进行创造性转化和创新性发展，对传统文化进行科学评判，不断从传统文化中汲取合理的、适应时代发展的养分。例如，我们可以将中国特色社会主义文化实践与中国传统“民本”的文化理念、“知行合一”的文化精神、“实事求是”的文化基因以及“和”“合”的文化取向融会贯通，使中华优秀传统文化与中国化马克思主义相得益彰，塑造和彰显当下中国马克思主义意识形态的精神特质和时代魅力，进而提高主流意识形态的认同力。

如今，网络为优秀传统文化的复兴开辟了新路径，我们要积极利用网络实现优秀传统文化“活起来”，让人们在接触和感受中国深厚的文化积淀、独特的文化魅力过程中加深对中国特色社会主义文化的认同感和自豪感，坚定“并非外国的月亮更圆”的文化自信；在对中国传统文化的超越中找寻中国特色社会主义文化繁荣发展的路径，加快文化强国建设的步伐。第一，利用互联网创新传播形式，拓展中华优秀传统文化的影响力。

互联网时代，大众对精神文化生活的需求日益增长和多样化，也越来越渴望了解中华优秀传统文化。借助互联网的共享性和开放性，增进互联网一代对传统文化的认识和了解，消除因对传统文化的疏离感、陌生感造成的文化隔阂，发挥优秀传统文化成风化人的作用，成为我们的时代使命。为了更好地继承和发扬优良传统，我国兴起了国学热、非物质文化遗产热、汉服热、国潮热等浪潮，传承和培育家风家训、工匠精神以及大师精神得到大力提倡，中华优秀传统文化已从固守书斋中走了出来；《中国汉字听写大会》《中国成语大会》《中国谜语大会》《中国诗词大会》《朗读者》《国家宝藏》《典籍里的中国》《舞千年》《经典咏流传》《我在故宫修文物》等一系列深耕中华文明的“传统文化类”网络综艺节目、纪录片热播，一些弘扬传统民俗文化以及非遗文化的网络短视频点击率居高不下，成为网民大众热搜、热议话题。在传统文化与多元多样网络文化的碰撞和交流中，优秀传统文化焕发了生机，大众与传统文化的心理关联不断加强。第二，挖掘优秀传统文化的时代元素，融入当代人生活。网络时代是快节奏、碎片化的时代，也是娱乐化、个性化膨胀的时代，如何将博大精深的优秀传统文化以符合网民接受习惯的方式阐释出来又不失其精髓，考验着我们的智慧。这就要求我们对网民群体的认知模式、审美需求、情感倾向有清晰的认知，以适合现代大众阅读的文化形式和富有现代气息的方式实现传统文化再生产和文化再创造。我们可以将传统文化与当下网络流行的传播元素如表情包、短视频相结合，推出新的文化符号和文化形象；借助网络技术将优秀传统文化的文化理念传达出来；以贴近现实生活的方式讲述出来。例如，以传统节日为契机，开发充满趣味又蕴含深意的古人表情包、H5 产品、短视频以及网络小游戏，使传统文化兼具韵味与趣味。第三，加强引导和规范，警惕网络传播对传统文化价值观的颠覆，防止优秀传统文化在过度娱乐化、商业化的网络弊端影响下走样变形和庸俗化。

（二）培育和坚定价值观自信，弘扬网络主流文化

文化自信、意识形态自信，其本质上是价值观自信。意识形态发挥作用的过程也是借助文化力量形成核心价值观的过程。“意识形态要实现它对社会的影响力和支配力，就必须将自身所确证的价值、观念依托文化内在的向心拒异的凝聚和同化力量输送给全体社会成员，借助文化特色的渗透力和感召力形成普遍的话语塑造和政治共识，直至塑造成社会的主流文化，凝聚和整合社会的价值认同形成社会核心价值。”①文化的健康发展，文化自信心的增强，文化共识和价值认同的达成，意识形态话语权才能得以巩固和发展。

在绚丽多彩的网络文化中，必然杂糅着逆流而上的腐朽文化、愚昧无知的落后文化、奉迎低级趣味的“眼球文化”以及图谋推翻颠覆的反动文化。它们或打着各式各样的幌子对中国主流文化共识提出“异见”，或严重夸大我国经济社会发展中的问题和不足，或对中国主流文化进行无下限的恶搞歪曲，或对国家形象和国民形象进行贬低性评价。这些文化现象极大地影响着网民对主流文化的接受与认同，消解着网民的文化自信和价值观自信，侵蚀着民族精神，也影响着主流意识形态的网络话语权。面对良莠不齐的网络非主流文化以及西方价值观的围堵，需要充分发挥社会主义核心价值观的导向作用和凝魂聚力功能，培育以社会主义核心价值观为引领的正能量充沛的网络主流文化。

一是要增进社会主义核心价值观认同。对社会主义核心价值观的认同是价值观自信的基础和前提，有了认同，自信才更有底气，没有对社会主义核心价值观普遍而广泛的认同，我们的价值观自信就成了口说无凭的妄自尊大，社会主义核心价值观的践行也只会是落实不了的水月镜花。首

① 沈江平：《文化的意识形态性与意识形态的文化性》，《教学与研究》2018 年第 3 期。

先，要讲透社会主义核心价值观。深挖社会主义核心价值观的理论内涵和实践要求，充分发挥它在思想多元多变中的导向功能和共识凝聚功能。在纷繁复杂的网络空间中无时无处不充满着价值选择和价值判断，要通过多种形式的网络宣传旗帜鲜明地讲清社会主义核心价值观支持什么、追求什么、向往什么、坚守什么、反对什么、拒绝什么、抵制什么，引导网民主动以社会主义核心价值观为标尺来考量各种网络文化现象，从而作出正确的价值选择。其次，对错误言论和网络思潮、消极网络文化现象以及西方"普世价值观"等的实质、表现形式、生成机制、局限性和危害性进行多角度多层次的辨析，说明白讲透彻，使网民在对比辨别的基础上加深对社会主义核心价值观的认同和自信。再次，将社会主义核心价值观体现在与人民群众利益密切相关的国家制度安排、方针政策中，做到理论宣传与实践工作的言行一致，打牢人民群众认同的基础。

二是要处理好社会主义核心价值观与网络资本力量的博弈。价值观博弈、文化博弈、意识形态博弈，都离不开背后的资本力量博弈。层出不穷的网络文化样式背后是空前活跃的利益表达，或为点击率或为关注量，均与盈利目的密切相关。当前，在资本的裹挟之下，网络文化偏离社会主义核心价值观的现象不一而足，一些网络平台只顾享受网络时代发展红利却未担负起应有的社会责任，一些网站或网络"大 V"成为资本利益代言人；网络低俗、庸俗、媚俗文化的存在正污染整个网络文化生态；大量肤浅化、娱乐化、虚假化的网络流行内容正吞噬和挤压网络主流文化的影响力；一些西方培植的"内应人员"正不遗余力地传播西方价值观和文化；一些文化产品在资本的操纵下呈现出价值观迷失，将家国情怀和人文精神置之脑后，极端个人主义、享乐主义、拜金主义、历史虚无主义消解着民族精神……这些网络不良现象的滋生，势必妨碍广大网民对网络主流文化的接受和认同。我们必须在社会主义核心价值观的引领下加大网络主流文化建设的力度和效度，用社会主义核心价值观凝聚共识、引领网络文化发展方向，使广大网民和网络文艺工作者在情感上认同、在心理上敬畏社会主义核心价值观，并自觉将其作为价值追求。

（三）处理好与外来文化关系，提升中华文化影响力

强大的中华文化影响力是我国文化自信、意识形态认同不可战胜的坚强后盾。近代以来，积贫积弱的中国在异质文化的入侵下，国人的文化优越感坠入文化焦虑甚至文化自卑的深渊，中华文化被质疑被否定，西方文化被认同乃至膜拜，这种崇洋媚外的文化心态影响至今。正是在中华文化与马克思主义的结合之下，中华民族走上了复兴之路，中华民族因遭受屈辱历史而被严重挫伤和销蚀的国人文化自信逐渐得以恢复和重建，回击西方文化攻击渗透的底气得以增强。在全球化、信息化、多样化深入发展的背景下，西方敌对势力对我国的文化渗透并未减弱，常常打着文化的旗号行意识形态之实，并已形成富有传播力的网络文化渗透体系，中华文化持续面临着线上线下西方文化思想的冲击。面对这一局面，我们一方面要保持高度警惕，始终注意“文化安全”和网络主权；另一方面要坚守中华文化立场，充分吸收借鉴一切先进的文化与文明，打造中国特色网络文化，推动中华文化走出去，提升中华文化的国际影响力。

立足本国，坚持内容为王，创造中国特色网络文化精品力作。在信息海量的互联网时代，内容永远为王。我国网络文化产品数量及规模庞大，但网络文化创新和创意能力不够强，反映时代性、民族性的高质量、有内涵的文化精品力作还不多见，还跟不上网民日益增长的文化和精神需求。一方面，来去匆匆的非主流网络文化快餐满足了网民表面的和浅层次的需求，却无法满足其高层次的精神需求以及自我发展和提升的要求，大量非主流文化的存在最终可能导致网民文化焦虑以及价值虚无倾向的产生；另一方面，西方文化通过网络强力推出，我国面临一定的网络文化安全威

胁。习近平总书记强调，推动文艺繁荣发展，最根本的是要创作生产出无愧于我们这个伟大民族、伟大时代的优秀作品。没有优秀作品，其他事情搞得再热闹、再花哨，那也只是表面文章。[①]因此，我们要积极推动我国优秀文化产品数字化、网络化，深化文化体制改革，完善网络文化管理机制，实现网络文化社会效益与经济效益的有机统一；要积极鼓励并正确引导网络文化事业发展，为网络文化健康发展提供政策支持和资源配置，努力打造一批体现时代精神、具有中国底蕴和中国特色、品位高雅的网络文化精品；要加强网络内容治理，打造文化传播的绿色通道，营造清朗的网络空间。

放眼世界，推动文化交流互鉴，展示中华文化包容力和中国形象。历史经验和教训告诉我们，文化交流是促进文化发展的力量，也是文化自信生成的条件[②]，闭目塞听、故步自封只会丧失文化的前进动力与更新能力。网络时代的文化传播模糊了对内和对外的界限，超越了空间限制与国家疆域，网络的开放性、共享性为中国展示国家形象和文化形象提供了舞台。我们要利用好网络媒介和网络社交平台破除西方编织的“中国威胁论”“中国崩溃论”“黄祸论”等错误论调，打破西方世界民众因媒体长期“妖魔化”“丑化”中国所形成的偏见。一方面，我们要打造具有国际影响力的中国气派和中国风格的概念、范畴和表述，展示中华文化所呈现出的不偏不倚、不走极端、求同存异、多元共生等与霸权文化截然不同的性格特征。例如，习近平总书记所提出的“网络空间命运共同体”，既为解决当代世界焦点问题提供了一种别样选择、提供了中国方案，符合中国国家安全利益，也在网络空间日益弥漫战争、分裂和霸权等极端思想造成的紧

① 习近平:《在文艺工作座谈会上的讲话》，北京，人民出版社 2015 年版，第 7 页。

② 黄晓波:《论文化自信的生成机制》,《科学社会主义》2012 年第 3 期。

张局面中树立了中国开放包容、求同存异的国家形象和文化形象。另一方面，推动中国优秀网络文化产品走出去，借助互联网加强国际文化交流，增强中华文化对全球的吸引力，改善“中国声音难以流出，国外声音大量涌入”的失衡现象。

第二节　网络空间马克思主义意识形态话语权构建的基本原则

是否能掌握网络空间马克思主义意识形态话语权，关系到中国共产党能否把握网络空间的政治指向、道路选择以及价值取向等关键问题的主动权，事关国家发展全局、民族未来和百姓福祉。因此，应立足网络意识形态话语权争夺的基本现状，从坚持马克思主义在网络意识形态领域的指导地位、维护国家意识形态安全的大局出发，深刻理解、准确把握马克思主义意识形态网络话语权构建需要坚持的基本原则，提高马克思主义意识形态在网络空间的免疫力和净化力，积极有效推进网络空间意识形态建设在多元与稳定、创新与坚守、活力与秩序、合目的与合规律之间的动态平衡。

一、防“意识形态淡化”与防“意识形态泛化”相统一

意识形态工作是极其复杂又极其重大的话题，在网络空间尤甚。如今，网络空间处于左与右、激进与保守、中与西、古与今、理性与非理性争辩不休的哄闹之中，一些普通网民在面对论争时显得无所适从甚至选择胡乱站队，加剧了网络意识形态话语生态的复杂性。我国网络意识形态领域矛盾冲突多样复杂，采取回避意识形态的态度不可取，但对一切问题进行意识形态的过度诠释也并非好现象。构建网络空间马克思主义意识形态

话语权，维护网络空间意识形态安全，防范意识形态风险，我们必须坚持防“过”和防“不及”相统一的原则，既要克服“淡化意识形态”倾向，也要避免“意识形态泛化”现象，确保网络意识形态的发展沿健康轨道运行。

（一）筑牢网络阵地，防范“意识形态淡化”

“意识形态淡化”是目前网络中影响力较大、较为突出的一种倾向，也是社会中尤为流行的一股思潮，也称“非意识形态化”“去意识形态化”，以意识形态终结论、意识形态虚假论、马克思主义过时论、马克思主义无用论、西方文明优越论等为基本主张。其在网络空间还表现为对网络“技术决定论”和“价值中立”的鼓吹，崇尚网络自由，远离政治，反对国家对互联网的管制。在网络时代，由于互联网本身所具有的去中心化、自由化、开放性的特征，使得国家意识形态处于弱控制力、弱规范力、弱批判力的境地，加之西方极端个人主义和极端利己主义价值观与我国市场经济的弊端裹挟在一起，造成很大一部分网民迷失了价值与理想，热衷于推崇“享乐主义”和“拜金主义”，向往西式的文化生活方式。“淡化意识形态”思潮导致了马克思主义意识形态在观念上瓦解、在实践中失守的局面。不同意识形态之间的纷争是客观存在的，在特殊情况下还很尖锐，淡化马克思主义意识形态在网络阵地的主导地位，等于主动放弃意识形态斗争的主战场，等于将马克思主义意识形态话语权拱手让人，等于甘愿沦为西方价值观的俘虏和附庸，我们必须防范这种倾向。应对这一局面，党中央一直高度重视加强网络空间中的意识形态工作，始终坚持马克思主义意识形态的主导地位。党的十八大以来，中国共产党在宣传工作、文艺工作、新闻舆论工作、信息网络工作、哲学社会科学工作、高校思想政治工作等多个领域形成了推进意识形态工作的合力，坚持党管意识形态、党管媒体、党管宣传、党管舆论、党管阵地，习近平总书记从中提出的许多新思想新观点新论断为我们提升马克思主义意识形态在网络空间中的传播力、引导力和影响力提供了根本遵循。

（二）确保意识形态安全的同时防范“意识形态泛化”

网络的自由性和开放性激发了网民政治参与的激情，中国网民热衷于通过网络平台和渠道讨论社会公共事务、开展网络舆论监督、实现网络政治参与。与此同时，当下中国的网络舆论场中存在这样一些倾向：普通问题的讨论最终上升到“左”与“右”之争，共识难成；事关经济民生的突发事件个案往往陷入舆论旋涡和意识形态争端，最终上升到对党和政府以及国家制度的攻击；正常的学术和理论争论常常遭遇网络围攻甚至网络暴力，学者被贴上“卖国贼”“汉奸”的标签，等等。也就是说，在网络舆论的形成过程中，一般性话题可能演化为国家政治性话题，非意识形态话题可能演变为关于主流意识形态的争论。这样一种将主流意识形态功能过分夸大、始终以意识形态的方式看问题的现象就是“泛意识形态化”。究其产生原因，我们可以从 3 个方面来考虑。其一，与中国特殊的政治心理有关。由于西方意识形态及其价值观的渗透长期存在，中国始终保持一种警惕和防备心理，人们的“意识形态对立”思维方式反复强化，尤其在中国进入新的历史“拐点”，“在社会运行状况呈现某种波折时，政府基于父爱的强势治理行动，还容易被某种先入为主的假设所强化，即：一定是别有用心的敌对势力在搞破坏。此时，消除隐患的自卫本能和剿灭敌人的冲动就一起张扬，使得治理的正当性被加倍放大”[①]。这种心理无形中加剧了网络空间的政治化倾向。在这样一种倾向泛化影响下，马克思主义理论作为意识形态工具的特性被无限放大，某些正常的网络论争也被渲染上意识

① 李永刚：《我们的防火墙：网络时代的表达与监管》，桂林，广西师范大学出版社 2009 年版，第 180 页。

形态色彩。其二，与网络意识形态之间的竞争有关。意识形态泛化是非主流意识形态提升其影响力和竞争力的一种十分奏效的手段。网络空间中非主流意识形态表达活跃、传播广泛，并常常对具体事件作意识形态化解读，表面上是为了国家和人民群众利益，实则伺机鼓动网民极端情绪，试图解构主流意识形态的权威性，攻击党和政府的公信力，以此来提升自身的影响力。其三，与网民群体的非理性倾向有关。网络时代网民群体尤其是青年群体的政治参与热情有余而理性不足，在网络实践中往往表现出盲目性、从众性、情绪化、偏执化等非理性特征，极易受到网络极端思潮的鼓动，加剧了网络空间意识形态泛化。

网络“泛意识形态化”现象或以强化马克思主义意识形态权威性、遵循马克思主义指导思想为表象，或站在道义制高点对国家意识形态评头论足，实则是对马克思主义意识形态的曲解和背离，不仅加大了社会矛盾和问题的化解难度，还加剧了人民同党和政府的对立情绪，不利于国家发展稳定大局。尤其在网络语境下，西方加紧对我国的意识形态渗透，我国从上至下、从中央到地方、从理论工作者到实践工作者都一致强调马克思主义意识形态的主导权和话语权，我们如何把握好维护网络意识形态安全的“度”以防范意识形态泛化的风险，考验我们意识形态工作的智慧。

（三）把握“两防”实质，回归问题本质

无论是意识形态的淡化还是泛化，其实质都背离了马克思主义的宗旨，违背了马克思主义意识形态功能发挥的客观规律，结果导致派别林立、争论不休，误导民众意识，致使网络空间主流意识形态话语权的弱化和消解。在网络意识形态的理论工作和实践工作中，如何有效应对“淡化意识形态”的论调和倾向，同时避免陷入草木皆兵的“泛意识形态化”泥淖是我们遇到的时代课题也是时代难题。第一，分清矛盾属性。事实上，对于绝大多数的网民群体来说，他们很少是有意识地运用意识形态思维去

判断网络论争或网络话题，他们通常只是为了自身实际的利益诉求而发表意见。因此，我们要具体问题具体分析，要分清意识形态纷争是属于非对抗性的人民内部矛盾还是属于对抗性的敌我矛盾，该举旗亮剑的绝不含糊，该说服解释的绝不将问题扩大化。第二，明确内涵边界。意识形态纷争的产生大多由于对一些关键概念是非界限不明、内涵认识模糊所致。例如，我们经常讲“意识形态渗透”，那么什么是意识形态渗透？边界是什么？网络空间的形式特征有哪些？如果对此概念内涵不清，边界不明，不仅容易导致泛意识形态化，也不可能正确应对淡化思潮，无法从真正意义上把握意识形态话语权。尤其对非马、反马的思想，我们要研究清楚其产生的经济社会根源与产生影响力的网民心理基础。第三，亮出底线。划清马克思主义同反马克思主义的界限，“要坚持立破并举，旗帜鲜明坚持真理、立场坚定批驳谬误，正确区分政治原则问题、思想认识问题、学术观点问题，既不能把小事说大，搞泛政治化，也不能把大事说小，搞去意识形态化”①。第四，积极引导促共识。问题是时代的声音，积极引导网民从情绪化、非理性化争论转向对问题的本质逻辑——世情、国情和民情的关注，把无谓的争论引导到发现问题、分析问题和解决问题的实效性上来；关切网民切身利益，积极引导网民辩证看待中国改革与发展中出现的问题，展现党和政府解决中国现实问题的态度、决心和力度，最大限度获得网民的“理解”和接受，促进马克思主义意识形态认同的提升。

二、开拓创新与定力坚守相统一

马克思主义理论的生命力源于实践中的不断开拓创新以及承继坚守中

① 虞爱华:《建设具有强大凝聚力和引领力的社会主义意识形态》,《学习时报》2019年1月9日。

的不断超越。互联网迅猛发展催生了新媒体、新技术、新平台、新经济、新人类，创新已经成为互联网发展的时代基因；从话语形式到话语内容，从话语表象到话语内涵，从话语载体到话语渠道，创新与创意正在不断改写网络意识形态的话语生态；网络“新文化”浪潮的涌动正在重组人们的精神生活，改变人们对主流意识形态的认识与接受方式。马克思主义意识形态网络话语权的构建面临理论创新、理念创新、话语创新、宣传创新以及方法创新等方方面面创新的迫切需求，创新与坚守如何平衡成为我们面临的时代课题。“创新”是关键是手段，也是话语传播的力量所在，只有顺应网络时代创新大势，努力实现马克思主义意识形态理论的创新、意识形态话语方式的创新、新媒体建设和新技术运用的不断创新、网络宣传思想工作创新、网络思想政治教育创新等各领域各方面的创新，才能掌握新阶段新形势新任务下人民群众对马克思主义意识形态的新需求；“坚守”是基础是根本，只有坚守政治定力，坚持党性原则，守住意识形态底线，守牢网络意识形态阵地，坚守中国主流价值和主流意识形态，创新才能方向明确、道路清晰，马克思主义意识形态话语权的实效才能得以真正发挥。开拓创新与定力坚守是相辅相成的关系，不可偏废。

（一）坚持理论创新与党性坚守相统一

马克思恩格斯认为：“每一个时代的理论思维，包括我们这个时代的理论思维，都是一种历史的产物，它在不同的时代具有完全不同的形式，同时具有完全不同的内容。”①马克思主义具有与时俱进的理论品质，理论创新是进行时，是马克思主义实现中国化、时代化的必然要求。当前我国已进入中国特色社会主义新时代，也进入了互联网的新时代，我国主流意识形态话语权建构面临复杂多变的国际国内形势，我们在不断推进新时代

① 《马克思恩格斯文集》第9卷，北京，人民出版社2009年版，第436页。

马克思主义理论创新的同时，必须坚守党性原则，站稳政治立场，确保理论创新积极健康发展。一方面，坚持理论创新与坚守马克思主义理论内核相统一。意识形态理论体系以及意识形态工作理念的因循守旧、抱守教条不利于马克思主义意识形态话语权的构建。新时代需要新思想，理论不是静止的教条，我们强调对马克思主义基本原理的承继和对马克思主义内核的坚守，并不等于将其作为解决中国现实问题的现成方案，并不等于死守马克思主义理论教条，而是要破除思想桎梏，打破僵化的思想藩篱，大胆探索，推陈出新；是要在理论创新与坚守相统一的基础上，坚持马克思主义的基本立场、观点和方法，让“理论坚守”成为自觉，让“理论创新”成为发展动力，助推马克思主义中国化取得新成果。另一方面，理论创新必须坚持“巩固马克思主义在意识形态领域的指导地位，巩固全党全国人民团结奋斗的共同思想基础”，坚决维护党中央的权威，避免走上“邪路”“老路”。新思想新观点新理念的提出要围绕中心，服务大局，把握方向，要继承和弘扬马克思主义的基本原理和根本价值取向。不仅要破除以“新思想”“新文化”“新理论”为旗号的网络错误思潮的干扰，还要批判揭露网络错误思潮的本质和目的，努力推出具有解释力和批判力并经得起历史和实践检验的理论创新成果。理论创新工作者要保持同党中央的高度一致，努力做好习近平新时代中国特色社会主义思想的研究、阐释和宣传工作，推动理论创新向实践创新的转化、向人民群众精神信仰的转化。

（二）坚持“理论彻底”与“掌握群众”相统一

构建具有解释力和说服力的意识形态理论体系对于掌握意识形态话语权至关重要，能否以有效的方式使“彻底的理论”为群众所掌握更是我们能否掌握网络空间意识形态话语权的关键。马克思主义具有科学性和彻底性，始终是当今时代的真理，习近平新时代中国特色社会主义思想更是开创了当代中国马克思主义发展的新境界，科学阐释了新时代中国特色社会主义实践，指引着中国特色社会主义的前进道路，是当代中国“彻底”的马克思主义，具有充分彻底的解释力。理论彻底是掌握群众的基础和前提，只有理论彻底才能说服群众，只有说服群众才能争取人心，从而最大限度消解理论不清给意识形态话语权带来的负面效应。当然，再彻底、再完美、再有价值的理论如果缺乏学理的深耕、缺乏行之有效的宣传阐释方式、缺乏有吸引力的话语表达方式、缺乏与民众的亲近感，“理论彻底”与“掌握群众”之间就会有一条难以逾越的鸿沟，无法实现理论的影响力，理论也就无法转化为“实践的物质力量”。因此，必须坚持“理论彻底”与“掌握群众”相统一。一方面，在学习层面要彻底地学习马克思主义理论，摒弃功利式、浅表式、自我欺骗式学习，在勤学苦读、学懂弄通马克思主义上下功夫。理论学习无捷径可走，彻底的理论需要我们认认真真、原原本本、仔仔细细地学。“马克思主义就是我们共产党人的‘真经’，‘真经’没念好，总想着‘西天取经’，就要贻误大事！”[①]马克思主义理论全貌需要我们系统学习，马克思主义科学方法论需要我们深刻领悟，马克思主义的内在逻辑需要我们深入进行学理研究，只有学好了马克思主义“真经”，我们才不会被别的理论尤其是西方理论所俘获，不会被天花乱坠的西方话语所迷惑。另一方面，在宣传教育层面要做好理论话语向大众话语尤其是网络话语的转换，让理论鲜活起来。群众能否接受理论，除了看理论本身是否科学和彻底以外，其话语表达方式是否鲜活、是否能够入脑入心也很重要。宣传话语、教育话语不同于学理气息浓厚的“学术话语”“书斋话语”，也不同于严肃僵硬的“文件话语”“政策话语”，必须是通俗易懂、大众化、接地气的表达风格，必须契合网民青睐的语言表述方式。唯有这样才能拉近理论与群众之间的距离，让理论为群众所掌握，马

① 习近平：《在全国党校工作会议上的讲话》，北京，人民出版社2016年版，第15页。

克思主义意识形态才能获得大众的认同。

（三）释放创新活力与保持内容定力相统一

构建网络空间马克思主义意识形态话语权就是要不断巩固和壮大网络主流思想舆论，就是要培育和弘扬社会主义核心价值观，就是要营造风清气正的网络空间。网络时代，我们在乘上“创新”的时代列车、用创新激活主流意识形态生产力和创造力的同时，也要用内容优势增强主流意识形态的解释力、认同力和影响力，做到释放创新活力与保持内容定力相统一。我们越来越认识到，只有用创新为主流价值和主流意识形态赋能，主流意识形态内容才能变得生动起来，获得更强大的传播力和影响力。但我们面临的现实问题是：网络时代信息量极大但优质内容却严重不足，形式多样创新但内涵和意义严重缺乏；一些媚俗化、低俗化、恶俗化、粗俗化的网络内容正在驱逐网络优质内容和主流价值；网络新技术的广泛应用不断衍生新的文化焦虑与价值焦虑。因此，我们既要坚持将创新运用于内容生产，也要在复杂多变的网络生态中保持内容定力，以打造优质内容为使命，捍卫主流意识形态的主流地位，拓展主流价值影响力版图。首先，网络新闻媒体在快餐化、碎片化甚至泛娱乐化的时代背景下要坚持做主流价值和正能量的传播者，做优质新闻内容和新闻产品的生产者和供给者，坚持正确的政治方向，不断巩固和壮大网络空间的主流思想舆论，不断增强网络舆论引导力。其次，网络技术的使用者要摒弃“价值中立”原则，用增强主流价值的供给来解决新技术生产、使用和传播过程中造成的负面价值以及可能出现的伦理难题。再次，网络平台必须避免“流量为王”“利益至上”“急功近利”的运营导向，因为有态度、有温度、有深度的优质内容自带流量，势必在收获关注的同时收获肯定和认同，收获长远利益。网络平台要担负起社会责任，强化监管责任，严格把关和审核网络内容，提高政治辨别力，树立健康积极的企业价值观。最后，网络思想政治教育切勿滑向“俗即大众”的庸俗化怪圈，避免为了创新而创新，坚持“形式服务于内容”“话语服务于思想”的取向，防止以哗众取宠、取悦迎合的方式来赢得关注度和吸引力。无论互联网技术如何变化，网络话语生态如何复杂，网络产品形态如何多样，积极向上、健康活跃的网络内容生态需要我们的共同营造，“内容为王”是始终不变的法则。

三、自由活力与规范有序相统一

自由有序的网络话语生态既是主流意识形态话语权构建必不可少的前提条件，也是其当前构建的价值追求。自由是人类的本性需求，是网络活力得以激发、网络创造力得以生成的基础；规范意味着稳定和秩序，是一切网络实践活动开展的前提，是网络空间持续健康发展的保障。自由与规范作为矛盾的统一体，既相互冲突又相辅相成、相得益彰。习近平总书记指出，“社会治理是一门科学，管得太死，一潭死水不行；管得太松，波涛汹涌也不行。要讲究辩证法，处理好活力和秩序的关系”①。在网络空间活力与秩序、自由与规范之间矛盾凸显的时期，要求网络空间的治理以及主流意识形态话语权的构建必须坚持自由活力与规范有序相统一的原则，尽力维持二者之间的张力与平衡。在确保网络自由对活力、生命力生发的同时，用规范来约束并引导网络自由，用秩序来整合网络活力，依法依规治理网络乱象，避免杂乱冲突的无序，促进网络空间健康有序且充满创造性和多样性。

（一）以向上向好的网络自由激发活力

我们构建网络空间主流意识形态的话语权，并非只允许主流意识形态的存在，并非要扼杀网络空间的思想自由、言论自由、表达自由以及行为

---

① 《习近平关于全面建成小康社会论述摘编》，北京，中央文献出版社 2016 年版，第 139 页。

自由，而是要充分利用网络的自由活力对国家和社会发展进步带来的积极作用、对人的自由全面发展的正向塑造作用；是要尊重和鼓励思想自由，畅通思想、意见的表达渠道，重视和激发网络社会的创新创造活力；是要在积极有序的网络自由生态中树立主流意识形态的强大影响力和吸引力。

网络空间中人的数字化、符号化生存极大地拓展了人的自由天性，“弱小孤寂者也能发出他们的心声”[①]，释放了长期处于密闭甚至“失声”状态的多元社会主体的话语力量，也极大地激发了人自我展示、自我表达、自我实现的欲望以及参与公共生活的热情。网民通过网络发声确证自我的存在，寻求心灵的呼应，实现着在现实社会中无法实现的欲望，创造性地满足着不同层次、不同类型的心理需求，这种虚拟的满足在移情作用的发挥下有效平衡着现实社会中的冲突和矛盾；网络社会的向前推进不断催生着网络新工具、新产品和新技术，网民通过文字、图片、影像、声音等各种形式生产和传播着丰富多样的信息，形成了形态各异、异彩纷呈的全新网络文化景观；网民在介入网络公共生活的过程中，民意表达与利益诉求得以充分涌流，网民更是练就了一身“火眼金睛”“惩恶扬善”的本领，成为监督政府、监督社会、监督公众人物等的一股强大力量……正如有学者所说，网络对于人类社会的意义，不仅在于其推动经济发展的巨大作用，而且在于它作为科技与人文、工具理性与终极理想、自由与秩序的矛盾体所带来的机遇与挑战，在于它为人类解放、社会发展、制度创新、文化建设、历史传承等方面带来的巨大动力。[②]网络自由的涌动，预示着生机和活力，也决定着网络未来发展的无限可能性。我们要充分利用网络自由激

---

① ［美］尼古拉·尼葛洛庞帝：《数字化生存》，胡泳、范海燕译，海口，海南出版社 1997 年版，第 7 页。

② 张果、董慧：《自由的整合、现实的重构——网络空间中的秩序与活力探究》，《自然辩证法研究》2009 年第 11 期。

发活力的积极作用，让网络自由向上向好的趋势生长。

一方面，立足网络自由开放，建设多样共生、共存共促的良性话语生态。适度合理的多元性有利于社会的和谐稳定和保持社会发展进步的活力和张力，要坚持“百花齐放、百家争鸣”的方针，以尊重差异、包容多样的态度对待网民的多种声音、多种调子。“众所周知，一个草原如果只有一种植物，一片森林如果只有一类动物，其命运必然走向沉寂和死亡。正如一个生态学者所说的，一堆堆牛屎或许在某些人看来是肮脏的和难以容忍的，但它对于一个草原的生态系统的平衡和可持续而言或许是不可或缺的一种存在。”[①]同理，多元话语对主流话语阵地来说是一种有益的、建设性的补充。因此，我们要畅通多元话语表达的渠道，发挥网络作为不同社会阶层进行利益博弈、诉求表达、情绪宣泄的“窗口”和“集散地”作用，促进社会冲突矛盾和问题的发现和解决，提升社会的稳定性。执政党要在网络监督中不断提高网络执政能力和网络公共服务能力，虚心接受网民对主流意识形态提出的各种批评建议，列宁说过，“维护这个具有起码理解力的人都认为是正确的理论，反对毫无根据的攻击，反对败坏这个理论的企图，这决不等于敌视任何批评”[②]。对于有建设性意义的批评和建议要采纳，多从自身方面找原因。真理越辩越明，我们要坚守意识形态自信，让马克思主义意识形态的主导性与多样网络思想文化形态之间保持必要的张力，促进网络思想文化的和谐共生，在网络多元思想的充分争论中和网民的比较选择中淘洗马克思主义真理的强大生命力和时代吸引力，不断彰显马克思主义自身的理论魅力和影响力。

---

① 喻国明：《把握网络文化生态的复杂性是搞好内容建设的关键》，《汕头大学学报（人文社会科学版）》2016 年第 4 期。

② 《列宁选集》第 1 卷，北京，人民出版社 1995 年版，第 274 页。

另一方面，要树立网络自由的底线思维。规范有序的网络话语生态对于意识形态话语权的构建来说必不可少，网络自由也要遵循一定的原则，因此所谓的网络自由并不是极端的、绝对的自由，不是以伤害他人为目的的自由，不是自行其是、胡作非为的自由，不是自私自利、各取所需的自由，也不是目无国家、集体和法制的自由。在网络主体自由受到保障的同时，网络主体也必须明确网络自由的标准和尺度，明确网络自由的底线和界限，把握好网络自由的“度”。面对当前思想氛围宽松、观点争锋激烈、舆论思潮活跃的局面，必须警惕反党、反人民、反国家、反社会主义制度以及刻意美化西方的网络言论，旗帜鲜明培育和弘扬社会主义核心价值观；同时也必须警惕乱贴标签、乱扣帽子的网络暴力行为，分清“越界”的言论以及与主流意识形态相对立的言论，辨清“批评”与“抹黑”的边界，真正实现网络思想的多元有序，塑造有活力而不混乱、有秩序而不僵化的动态网络话语生态。

（二）依法依规治理网络自由乱象

“治理”的实质就是要将马克思主义意识形态的领导权和话语权牢牢掌握在中国共产党的手中，把好底线关，把准政治方向。网络是自由的赋予者，但网络自由的极端张扬日益导致了网络空间的无序和乱象丛生。网络自由放大了人性“恶”的一面，那些隐藏于人性深处、与社会主流价值格格不入的邪恶人格统统被释放出来并呈现于网络，“总是约束着个人的责任感便彻底消失了”[①]；网络自由衍生出了非理性的狂热和无序，杀伤力极强、危害性极大的“人肉搜索”和“网络暴力”实现了野蛮生长，屡屡兴风作浪；一些网络平台已将社会责任掩埋在了利益的洪流之下；别有用

① ［法］古斯塔夫·勒庞：《乌合之众——大众心理研究》，冯克利译，桂林，广西师范大学出版社 2007 年版，第 50 页。

心之人以网络自由的名义，肆意抹黑主流意识形态，颠覆民众思想认知，企图侵吞主流意识形态话语权。污浊无序的网络空间无疑会导致网民思想的混乱、价值的迷失、行为的凌乱，不利于网络生态的激浊扬清，也不利于主流价值凝聚力的生成。依法依规治理网络自由乱象关乎主流价值观的传播，关乎主流思想舆论的巩固壮大，关乎国家改革发展稳定大局。一方面，要确立网络治理的标准和尺度，追求秩序与活力的统一。我们提倡网络的自由开放和多样共生，但是反对是非不明、善恶不分的自由，反对无原则无底线的个性张扬和非理性宣泄。当前网络自由的蓬勃生机与网络空间规范有序建设滞后性之间的矛盾较为凸显，网络管理问题尖锐、网民呼声日高。国家必须在民主和法治的轨道上，组织协调好各方力量，规划布局好网络管理的主体队伍，制定好科学的网络管理规范和执法标准；确保网络治理充满灵活性而又不乏明确的标准和尺度，避免出现“一放就乱，一管就死”的尴尬局面。另一方面，要转变互联网管理思维。尤其是对于网络言论的管控，既要引导网民理性建言，营造健康的网络舆论秩序，也要保障公众的言论自由和话语表达权，防止因言论管控引发的网民逆反效应，造成网民敢怒不敢言的民怨集聚。“互联网管理需从政法思维主导，转向意识形态思维主导。遇到突发事件和敏感话题，网上言论汹涌澎湃，政法思维关注的是社会稳定，倾向于采取强制措施，封堵不良信息乃至所有负面议论，强行消除网上的‘杂音’。与之相对应的，意识形态思维强调官民互动，占据舆论主导权，用信息开放对付似是而非的流言和不负责任的谣言，用细致的思想工作来说服民众。单纯的信息封堵是容易做到的，网民和公众也可以暂时沉默，但在其内心深处，突发事件会留下深刻的痕迹，留下对社会不公的愤恨，甚至对政府的不满。”[①]“一禁了之”“一

① 《网络管理的价值尺度》，《中国教育报》2011 年 2 月 14 日。

删了之”的手段无法从根本上解决问题，网络管理需要“软硬兼施”和细分化，旗帜鲜明反对网络不良信息，同时要学会仔细倾听和回应民意诉求背后的深层现实矛盾，打通官民之间的对话机制，维护社会公平正义，巩固网络治理的民心基础。

四、合目的性与合规律性相统一

无论是在前互联网时代还是在新的网络时代条件下，马克思主义意识形态话语权构建过程的内在逻辑就是合目的性与合规律性的统一。如果只重视对目标和价值的追求，而忽视对规律的认识与把握，那无异于“画饼充饥”；如果只注重对规律的探索和掌握，而偏离正确的政治方向和价值航向，那也不可能获得实实在在的意识形态话语权。因此，网络空间马克思主义意识形态话语权的构建不是自在自为的过程，既要合乎正确的政治方向和价值取向，也要体现时代性，把握规律性。这主要体现在：从国际国内话语权构建的总体支撑力来说，要用实力说话，提高国家的经济实力；就马克思主义意识形态话语权构建的目的指向来说，要尊重网民群体的主体地位，培育网络价值共识；就马克思主义意识形态话语有效性和传播力来说，要科学认识和把握网络传播规律，提高用网治网能力。

（一）将经济优势转化为意识形态话语优势

意识形态话语权虽然主要表现为一种“软力量”，但其背后必然是以经济社会发展的“硬实力”为支撑，其实质是“用实力说话”。以美国为代表的西方发达国家正是凭借着其强大的经济实力向全世界倾销灌输其价值观和意识形态，以经济支撑为饵料膨化出强势的资本主义文化，并在世界多个国家和地区得到认可，实现了将其“经济强势”转化为“意识形态强势”的目的，确立了难以撼动的霸主地位，诸多国家或地区因此成为其文化和价值观的附庸者和应声虫。当前，构建网络空间马克思主义意识形态话语权的目的就是要维护马克思主义意识形态的主导地位，发挥社会主义制度的优越性，在西方霸权主义的战略围攻下维护网络意识形态安全和网络文化安全。一方面，我们要始终坚持以经济建设为中心，为意识形态话语权提供坚实基础。我国能否在西方霸权主义的围追堵截中发出有影响力的“中国声音”，最根本的在于我国是否能够坚持在中国特色社会主义理论的指导之下，始终坚持以经济建设为中心，不断提高我国的经济硬实力和综合国力。如果没有强大国力的支撑，世界话语舞台中央就不可能有中国的位置。[①]马克思主义话语的真理性只有在国家强大经济实力的映衬下才能发挥魅力；只有经济实力的强大，中国才能在国际社会中发出有分量的声音，才能让国民感受到马克思主义意识形态和社会主义制度的优越性，从而整体上提升马克思主义意识形态的国内外话语权。另一方面，我们要将经济优势转化为宣传优势。意识形态话语权并非孤立、静止的存在，它与经济权、政治权、文化权等相伴而生，且相互转化。我国社会经济发展水平是马克思主义意识形态话语权构建的基础，如今我国社会经济高速发展并取得了举世瞩目的成就，为提升马克思主义意识形态话语权提供了坚强后盾和坚实底气。我们要将这种经济发展优势转化为马克思主义的话语优势和主流意识形态的网络宣传优势，凝聚网民的思想共识，提升主流意识形态的认同力；要将我国的硬实力优势转化为文化软实力的优势，将马克思主义意识形态寓于中华文化之中，不断增强网络文化软实力以及中华文化的国际影响力，将我国意识形态话语权的构建孕育于社会主义文化强国建设和网络强国战略之中。

（二）尊重网民的主体地位

网民是意识形态话语的受众，但同时也是理解的主体、选择是否接受

---

① 陈曙光：《中国话语与话语中国》，《教学与研究》2015 年第 10 期。

的主体，是网络参与的主体，是网络社会的公民主体。意识形态话语权的争夺是民心的争夺，争夺的对象是群众，依靠的对象也是群众，在网络空间意识形态争夺战中，网民是真正的主体和中心，马克思主义意识形态能否俘获网民“芳心”决定意识形态话语权构建的成败。意识形态话语权建设坚持以人民为中心，尊重网民的主体地位，凸显了合目的性与合规律性的统一。一方面，我们要探索“民心所向”。在网络空间进行意识形态工作和宣传思想工作，如果无法吸引广大网民群体的参与和认同，主流意识形态在网络空间的传播就只能是意识形态工作者的自说自话，也就无法获得良好的宣传效果。意识形态话语权的构建，重点在于以“民心所向”的方式方法创新宣传内容和开拓传播途径。传播内容要以网民兴趣点为突破口开展宣传工作，传播形式要以创新为动力激发宣传思想工作的活力，以丰富多彩的形式来传达主流意识形态话语的严肃性，增强权威性和凝聚力。另一方面，我们要相信和依靠网民的智慧和自净化能力。良好意识形态话语生态的形成，仅仅依靠执政党、政府及网络管理者等外在力量是不够的，还有赖于网民群体的力量和智慧，有赖于网民群体的自我净化功能。网民的力量和智慧是无穷无尽的，网民对真善美的价值追求从未止步。网民在网络空间的自发讨论、交流以及争辩虽然杂糅着虚假、极端、暴力以及低俗等三观不正元素，但随着互联网的发展，网民也正在发育成长，文明向善、理性真实的声音占据网络话语主流，越来越多的网民开始主动进行信息甄别，主动对网络不良信息和错误风向进行反思、抵制和纠偏，网络舆论生态正走向理性、平和、文明、有序。倚正才能驱邪，激浊才能扬清，我们要对网民群体进行导向性激励，弘扬网络正能量，推动网民自净化力量的成长和壮大，增强主流价值在网络空间的内生动力。

（三）科学认识网络传播规律

网络意识形态话语权的构建说到底就是要让互联网这个最大变量变成

我国事业发展的最大增量，这就要求我们必须深入探究马克思主义意识形态与网络传播的关系，在坚持马克思主义意识形态价值目标的前提下，科学认识和把握互联网发展与信息传播的基本逻辑和规律，有的放矢提高用网治网能力，牢牢掌握马克思主义网络话语权。有学者指出："中国崛起面临的一个重要挑战，就是主动权时常不在自己手中，而影响主动权的是话语权。无论是被妖魔化、被潜规则，还是被定价、被声东击西，许多时候，都源于我们不懂得如何掌控话语权。"[①]如何掌握话语权尤其是网络话语权的问题与认识和掌握网络规律、提高用网治网能力等问题密切相关。互联网的演进过程永不停息，我们追寻意识形态话语权构建目标的过程也永远是进行时，没有完成时；网络社会瞬息万变，我们在把握网络意识形态话语权过程中会不断面临新问题新挑战，问题出现与问题解决总是会并驾齐驱，话语创新、规律探索的步伐不会停止。马克思主义意识形态的宣传教育如何创造话语优势实现目标认同？网络技术迭代更新如何影响人们的思想观念变革？网络文化的发展呈现怎样的态势？如何理顺错综复杂的网民利益博弈等问题的探索解决需要我们尊重网络传播规律，不断去探索和总结互联网发展规律、新媒体演进规律、网络信息传播规律、网络舆情的演变规律、网络文化发展规律、网民心理和思想变化规律等。唯此，方能在世界之变、时代之变、历史之变中拨开迷雾，从容应对千变万化的网络生态，稳步提升网络空间马克思主义意识形态对社会思潮的引领力、对思想舆论的引导力、对价值共识的凝聚力。

---

① 张国庆：《话语权：美国为什么总是赢得主动》，南京，江苏人民出版社 2011 年版，第 1 页。

第三节　网络空间马克思主义意识形态话语权构建的理念

构建网络空间马克思主义意识形态话语权离不开科学有效理念的指导，理念的确立是实现网络空间马克思主义意识形态话语权有效构建的重要保证。当前我国意识形态建设进入了新时代，网络空间意识形态话语权的争夺也面临新形势和新常态，必须突破传统的意识形态工作思维和网络管控思维，以强大的定力和科学的理念去破解马克思主义意识形态网络话语权构建过程中面临的问题和挑战。从马克思主义意识形态网络话语权构建的现实基础层面看，必须树立问题先导的理念，紧扣时代，以问题为中心，增强马克思主义意识形态的说服力和解释力；从马克思主义意识形态网络话语权构建的关键领域看，必须确立起开放、融合、共生的网络文化发展理念；从马克思主义意识形态网络话语权构建的最前沿层面看，必须树立及时准确、以民为本的网络舆论引导理念。

一、树立问题先导的理念

所谓的问题先导理念，就是指构建马克思主义意识形态话语权要紧扣时代，直面问题，要增强马克思主义意识形态直抵人心的说服力和解释力。这种说服力来自中国共产党的实践，来自改革开放取得的实际成就，来自对广大人民群众切身利益的维护和美好生活愿望的实现，来自对中国特色社会主义重大现实问题的解决。问题是时代的呼声，意识形态话语权的掌握不能仅仅停留在思想理论的宣传教育层面，只有树立问题先导的理念，从现实问题出发，敢于揭示主流意识形态面临的实际问题，敢于深入到思想背后的现实问题和利益诉求中，并通过实践不断推动问题和矛盾的解决，马克思主义的宣传教育才能与实践相契合，那些崇尚西方价值观的错误言论才会不攻自破，马克思主义的认同才能获得坚实的现实基础，网络意识形态话语权才能不断增强。

（一）以强烈的问题意识解答时代新问

中国特色社会主义的成功是马克思主义意识形态最大的话语权，马克思主义有效掌握话语权的强大力量，植根于其对时代需求的回应和对社会现实问题的解答。只有树立强烈的问题意识，致力于解决网民大众所关心的社会问题，解答好时代提出的新问题，马克思主义才能获得强大的解释力和发展动力。毛泽东同志指出："问题就是事物的矛盾。哪里有没有解决的矛盾，哪里就有问题。"[①]矛盾处处有时时有，旧的问题解决了，新的问题又会产生。因此，要善于在网络众声喧哗中听清网民呼声，要"善于在实践中发现问题，在探索中提出问题，以历史勇气直面问题，以责任担当研究问题，以政治智慧回答问题，以话语的创新创造引领问题的解决"[②]。善于发现问题和提出问题是解决问题的前提，面对思想活跃、百家争鸣、新旧问题交织的网络话语生态，我们要善于找准主要矛盾并辨清具体矛盾，以实事求是的精神和解决问题的勇气多追问"是什么"和"为什么"。例如，网络民怨沸腾的导火线是什么，其社会症结何在？网络语言暴力、网络"污名化"现象背后的原因是什么？为什么有那么多人愿意消费网络中的污文化、躺平文化？这种文化大行其道的根本原因又是什么呢？为什么西方价值观会受到中国网民的认同？"普世价值"、三权分立、宪政民主的民众基础是什么？主流意识形态建设存在的不足是什么？网络思潮中的合理成分和积极因素是什么？只有认清和抓准诸如此类问题的实

① 《毛泽东选集》第 3 卷，北京，人民出版社 1991 年版，第 839 页。

② 双传学：《把发展优势转化为理论优势和话语优势》，《红旗文稿》2015 年第 4 期。

质和产生的根源，才能“对症下药”，找出解决办法，并集中主要精力解决，实现标本兼治。只有实现对现实问题的解决，人民群众在思想意识上的疑虑和困惑才能成为无水之源，网民群体在意识形态方面才能逐步达成共识；只有实现理论对现实问题的合理阐释，马克思主义意识形态的现实优势才能转化为话语优势，马克思主义的理论优势才能转化为宣传优势，从而实现话语权的构建。

（二）查找线上问题的线下根源

网络空间是现实社会的延伸，网络意识形态映射的是现实社会中人的思想观念和价值观，因此，意识形态话语权的建构不能局限于网络本身，其在网络空间面临的问题必须要回到现实中才能找到解决之道，要查找网上矛盾的线下根源并妥善解决。互联网是社会矛盾的放大器和社会不满情绪的扩散器，网络空间中产生的种种问题都能在现实社会中找到根源。身处伟大变革的网络时代，广大网民高度关切社会现实问题和利益问题，网民思想困惑的产生、网络思潮的泛滥、网络民意的汹涌都有其深刻的现实背景和现实根源。“产业工人阶层、农业劳动者阶层和无业失业半失业者阶层中，则有较多的人感到自身利益相对受损，这些阶层在某种程度上对改革和发展的目标（如共同富裕等）感到怀疑，还有不少人对某些相关政策感到不满，对未来缺乏信心。由于这些阶层的总规模庞大，所以，他们的这种态度对中国经济社会的进一步改革、发展和稳定是不利的。”[①]并且他们的态度和情绪通过网络不断放大和扩散，加大了网络思想的调控难度，降低了马克思主义在网络空间的认同度；很多网络话题自带敏感效应，具有“一点就燃”“一点就爆”的特性，往往引发不可控的网络舆

① 陆学艺：《当代中国社会阶层研究报告》，北京，社会科学文献出版社 2002 年版，第 40 页。

情，而引爆网民极端化情绪和思想的导火索正是在于长期以来悬而未决、与网民切身利益相关的现实问题；网络思潮甚至一些错误思潮势不可挡、受众甚广，根源在于其能够反映或代表人民的现实利益、社会信念和理想愿望。正如，“谣言之所以广为流传，恰恰是因为它能支持那些有社会意义的信念，这些信念是如此之美好，以至于我们不能接受它们是假的这一事实”[①]。因此，网上反映出的问题，我们要多从现实中寻找原因，并以实际行动解决问题。真正做到网民的合理诉求想方设法解决，无法“一蹴而就”的问题要做好网民情绪疏导和解释工作。只有现实问题的妥善解决才能全面消除主流意识形态信任危机，关于党和政府的质疑之声才能在网民的声讨和追问中画上圆满的句号。

二、树立开放、融合、共生的网络文化发展理念

文化是意识形态宣传和灌输的载体，其背后必然蕴含意识形态旨趣。如何发挥我国社会主义主流文化对多元、多样、多彩网络文化的引领，如何坚守网络文化的正确导向，对于构建马克思主义意识形态网络话语权至关重要。当前，网络亚文化正在与主流文化争夺网民的“精神空间”，西方文化正在寻求占领网民精神世界的制高点。处理好主流文化与网络亚文化的博弈、主流文化与西方文化博弈，发挥好主流文化对网络意识形态的导向和建构，要求我们树立开放、融合、共生的网络文化发展理念，以开放包容的心态促进主流文化与网络亚文化的融合发展，以文化话语权引领意识形态话语权，批判反思西方文化的网络渗透。

① 周裕琼:《当代中国社会的网络谣言研究》，北京，商务印书馆2012年版，第172—173页。

（一）坚持主流文化与网络亚文化的融合共生

意识形态与文化相辅相成，构建主流意识形态的网络话语权，就是要确保主流文化在网络空间的“高势位”。所谓主流文化，是指一个社会、一个时代具有主要影响力，在上层建筑领域中占主导地位，能对多数群体的行为起到规范作用的文化模式。[①]它承载着一个国家的主流意识形态和时代精神，是社会稳定和谐、向上向善的纽带和支撑。当代中国的主流文化就是中国特色社会主义文化，网络主流文化是中国特色社会主义文化在网络的延伸。在文化繁荣的网络大舞台，网络亚文化趁势而起，以强大的生命力试图在主流文化夹缝中占据一席之地，网络亚文化与主流文化“相爱相杀”，竞争激烈甚至分庭抗礼，一部分网络亚文化呈现侵蚀主流文化之势。只有以融合共生的理念处理好主流文化与网络亚文化之间的关系，发挥多元网络文化对主流文化的积极意义，主流文化才能从多元网络文化中汲取有生命力的元素，才能注入强劲的创新活力并赢得影响力。

一方面，必须正视网络亚文化存在的合理性。网络亚文化是一种客观存在，是特定群体寻求文化自我认同和文化身份的文化符号，具有极强的生命力和影响力。如网络空间中的二次元文化、粉丝文化、网红文化、网文文化、弹幕文化、恶搞文化、吐槽文化、短视频文化、梗文化等文化现象就属于网络亚文化。从文化心理来看，网民的反叛心理、创新心理和自我心理尤为突出，集中表现为反主流、反权威、破传统以及张扬个性，这也决定了网络亚文化具有批判性、颠覆性、创造性以及追求个性的基本特征。但网络亚文化并非等于网络“负文化”，它具有一定的合理性和社会积极意义。一是网络亚文化满足了部分网民群体的精神抚慰需求。对网络

---

① 《红旗大参考》编写组：《深化文化体制改革、推动社会主义文化大发展大繁荣大参考》，北京，红旗出版社 2011 年版，第 203 页。

亚文化认同感的获得既可以彰显自我存在感，还可以消除网民因社会生活压力而产生的隔绝感和无意义感，化解焦虑和苦闷，从这个意义上来说，网络亚文化并非专属于非主流人群，每个网民都能找到自身亚文化的归属圈。二是网络亚文化内含与主流文化相兼容的积极内容和正能量。网络亚文化是互联网活力的集中展现，其独特的文化形式往往为网民群体所喜闻乐见，尤其是青少年群体。网络亚文化所蕴含的与主流文化相兼容的积极内容和正能量，具有极强的亲民性，受众范围广，传播效果好，有助于网民主流价值认同的构建。

另一方面，积极引导转化，促进主流文化与网络亚文化的融合共生。网络文化表达多姿多彩，网络亚文化与主流文化的对话对抗已成为新常态，对网络亚文化采取简单粗暴的压制和排斥态度只会将广大亚文化受众群体推向对立面，这种态度是不可取的。只有以多元共生的理念和包容心态肯定它们存在的合理性和价值性，并适度加以引导疏导，才能推动主流文化与网络亚文化的交流融合，最终促进主流文化的创新发展，巩固主流文化的主导地位。其一，在包容中转化，吸纳网络亚文化的合理创新元素为主流文化所用。主流文化要以开放包容的姿态认可亚文化的存在、尊重网民群体的文化差异性，有选择地吸收亚文化元素，做到网络文化发展的“各美其美”“美人之美”。这样，既能让主流文化更加具有兼容性、内涵丰富性和受众吸引力，也能让亚文化的发展主动与主流文化融合并获得推广的生命力，最大限度减少两者之间的对抗性，在互动共生中达成更多文化共识。其二，坚守主流价值底线，积极引导和疏导网络亚文化的发展，捍卫主流文化在网民精神世界的主导地位。对网络亚文化的包容尊重，并不代表忽视网络亚文化本质上所具有的反主流、反权威本性，网络亚文化的“野蛮生长”势必会造成对主流文化和主流意识形态的侵蚀。在网络技术变革推动下，网络文化的形态、数量和规模均显现出高速增长之势，一些现象级文化更是以迅雷不及掩耳之势网罗网民大众，极大影响网民的精神世界。必须高度警惕网络亚文化对主流文化的冲击，加强对网络亚文化的积极引导以及监管和治理，以社会主义核心价值观引领好网络文化发展方向，有效遏制网络亚文化的消极面。

（二）以文化话语权引领意识形态话语权

网络文化领域是网络意识形态话语权争夺的主战场和关键领域，只有抓住了网络空间的文化话语权，依托于文化的影响力来引导公众的思想意识，网络意识形态话语权的构建才能形成坚实的思想基底。习近平总书记指出："对文艺来讲，思想和价值观念是灵魂，一切表现形式都是表达一定思想和价值观念的载体。离开了一定思想和价值观念，再丰富多样的表现形式也是苍白无力的。文艺的性质决定了它必须以反映时代精神为神圣使命。"[①]网络文化总是处于变动不居、快速流动的状态，实践证明，那些缺乏价值内涵、缺乏内容生产力的网络文化，很快便在短暂流行之后被互联网的自净功能所淡化或在主流价值观的洗礼中被淘汰，为网民所遗忘；而那些有思想内涵、三观正、能输出价值的网络文化则显示出强大的生命力，跨越重重壁垒，形成深层积淀，最终进入了主流话语空间和主流文化视野，成为文化产业的重要组成。文化若脱离了主流意识形态基因就无法获得长远发展；同样，主流意识形态脱离了文化就会变得僵硬枯燥、干瘪无趣，无法产生吸引力。一方面，主流意识形态的塑造离不开文化作用力的发挥，我们要致力于中国主流意识形态的多元文化表达，增强网络文化建设的意识形态自觉，生产更多凸显主流价值观的网络文化产品，增强主流意识形态的吸引力和传播力，使网络文化建设成为意识形态话语权构建

---

① 《习近平关于社会主义文化建设论述摘编》，北京，中央文献出版社 2017 年版，第 174 页。

的强化剂；另一方面，马克思主义意识形态的传播和发展是与中国传统文化和现代文明交融创新的动态过程，我们要善于挖掘和开采中华文化的深厚底蕴，凝练当代中国的文化精神，增强中华文化的国际理解和认同，最大限度增强基于文化共识而形成的文化自信，在提升中华文化核心竞争力的同时增强主流意识形态话语权。

（三）在文化交流融合大势下保持文化警惕

文化背后的意识形态旨趣在网络时代愈加隐蔽，意识形态斗争的传统方式不再是社会的主流，但打着文化旗号的意识形态对人的操控却无处不在。在坚持文化的合作交流与共享的基础上，分析指认、科学批判网络空间内西方文化的意识形态本性，是维护网络文化安全、建构网络意识形态话语权不可或缺的一环。一方面，要推动文化的合作与交流。中国特色社会主义文化作为我国的主流文化，具有极大的文化包容性。随着互联网全面融入人类生活，文化交流共享、交融合作既是文化发展不可阻挡的大势所趋，也是人类的愿景所在。共享是互联网的本质属性，互联网是知识共享、信息共享和文化共享的大平台，我们应秉持“和而不同”“美美与共”的精神，鼓励和支持不同文化在网络空间的交流，为文化交流共享开辟新通道新渠道。同时，要积极对外塑造、展示和传播中国文化形象，努力提升中华文化软实力；要吸收借鉴外来文化中的有益成分，与本国文化精华相结合实现本土化，激发本国文化的创新活力。此外，意识形态的宣传和灌输往往需要以文化为载体，马克思主义意识形态的有效运行同样离不开文化，我们要积极研究探索和批判性借鉴西方文化发展、文化传播的经验，为我所用。另一方面，批判反思西方文化的网络渗透。西方意识形态和价值观的网络渗透往往披上文化的华丽外衣，通过文化处理“镶进”人们潜在的感官生活，成为一种隐蔽、便捷、温和且易被接受的方式，持续对网民发挥作用。西方意识形态渗透潜伏在文化的方方面面，这样的形式很容易让人丧失判断力和辨别力，网民在无意识中就掉入西方设置的政治陷阱中。例如，在场面宏大的好莱坞大片视觉盛宴中，我们极有可能产生对西方价值观的推崇而模糊对本民族文化的认同和自信。苏联的教训就十分深刻，因为在柏林墙倒塌之前，西方的影视宣传早已“穿墙而过”。西方文化经年累月传播所形成的破坏性力量可见一斑，我们必须保持高度警惕，要增强主流意识形态对网络文化的导向力，对来源于西方的一些网络文化现象和文化思潮进行全面客观的评判分析，加大对错误文化思潮的批判，构筑网络文化安全防御系统。

三、树立及时准确、以民为本的网络舆论引导理念

网络新闻舆论是意识形态工作的重点领域和前沿阵地，新闻舆论工作的各个方面、各个环节都必须坚持正确的舆论导向，能否发挥好网络舆论的引导作用是构建马克思主义意识形态网络话语权的关键。在舆论生态、媒体格局、传播方式发生深刻变革的全媒体时代和数字化时代，新闻舆论工作求真务实、客观理性的价值取向并没有变，成风化人、凝心聚力的使命担当也没有变，但一些传统的舆论引导理念和工作方式已无法跟上时代的脚步。面对“百舸争流”“风起云涌”的网络舆论场，我们必须转变舆论引导理念，树立及时准确、公开透明、以民为本的网络舆论引导理念，采用行之有效的舆论引导方式，以正确的舆论引导人、塑造人，增强马克思主义意识形态在网络空间的凝聚力和引领力。

（一）及时准确发声，彰显权威

党的网络新闻舆论工作已进入“主动回应时代”，“快、准、全”是回应的基本要点，若回应不及时便会成为众矢之的，若回应迅疾却不直击问题要害同样会陷入被动的舆情旋涡，最终都会导致党和政府公信力的折损。在众声喧哗的网络空间，权威消息仍然是刚性需求，网络舆论引导既

要强调及时也必须要求准确，两者缺一不可。根据“首因效应”理论，一个事件发生后，最先出现的意见和观点更容易打动人，具有很强的导向性。如若主流舆论错失先机，“先声夺人”的负面舆论一旦获得大众的首肯，便不易受控制，会导致官方舆论引导陷入被动局面；加之别有用心的人从中“煽风点火”“添油加醋”，“把普通事件炒作成热点事件，把敏感事件炒成政治事件，煽动不明真相的网民助推反政府舆论”[①]，势必加剧网民群体对官方回应的不信任感，直接导致官方舆论权威性的削弱。新闻媒体既是社会声音的代表者，也是社会声音的引导者，应该为公众提供价值判断或道德选择。“如果在公众需要对舆论客体作出判断而又难于确切表达的时候，大众媒介及时提供简单明确而又为公众接受的价值判断或道德选择，往往会使那些含有哲理的简单话语很快深入人心，自然而然地为舆论框定了发展方向”[②]。这一点对于网络舆论引导来说尤为重要，只有抢占网络舆论先机，才能“先发制人”，将网络不实信息、网络谣言、网络煽动言论等消灭在萌芽状态，才能掌握网络舆论引导的主动权，塑造新闻媒体的舆论权威、真相权威形象。这也要求新闻媒体人以及领导干部摒弃传统的舆情应对思维定式，建立网络舆情的回应机制、调查处置机制以及预警机制；必须具备网络舆论引导的“两把刷子”，掌握更科学有效的网络舆情应对技巧，防止因回应不当、发言不得体而将网络舆情扩大化或引发新的舆情。

（二）以民为本，提升公信力

积极健康的网络舆论氛围必然是一种以人心思进、人心思齐为基本特

---

① 李艳艳：《如何看待当前网络意识形态安全的形势》，《红旗文稿》2015 年第 14 期。

② 陈力丹：《舆论学：舆论导向研究》，上海，上海交通大学出版社 2012 年版，第 93 页。

征，以主流舆论为引领、让网络民意充分涌流、有互动有交流的良好话语生态。在多元开放的网络舆论空间，如果政府和媒体仍然采取以“拖、堵、删、躲、压”等传统封闭、简单粗暴的舆论引导理念，不仅不会取得成效，反而会造成怨声载道，自毁媒体公信力以及党和政府形象。我们常说察民情、顺民意，从根本上来说就是新闻舆论工作要做到以人民为本，人在哪里，新闻舆论阵地就到哪里。第一，积极看待网络舆论的作用，耐心引导舆论方向。网络舆论是民声的真实写照，是人心的晴雨表，是社会进步的助推器。虽然目前的网络舆论中裹挟着浑水摸鱼、蒙蔽诱导、造谣生事等负面舆论，有些网民群体或许言论偏激，但他们的利益诉求往往趋于务实，我们需要保持足够的定力和耐性去用心甄别和引导，区别对待不同属性的网络舆论问题，对于网民的思想认识问题要做好教育转化，对于网民之间的学术争鸣要坚持百花齐放，积极引导，对于政治敏感问题要旗帜鲜明地亮剑。第二，重视与民交流对话。网络是平等对话、交流互动的平台，无论是媒体还是党和政府，不仅应发挥好桥梁纽带作用，促进各类网民群体之间的沟通对话，自身也要与民建立平等的互动机制，积极回应网民关切、解疑释惑，增加网民对舆论引导者的亲切感和认同感，提升舆论引导的公信力。特别是对于拥粉众多、万众瞩目的主流媒体，要尤其慎重采取屏蔽评论区的方式，要高度重视那些浏览主流媒体内容并发表意见的网民群体，无论是批评还是赞美，都要作出针对性回复，解答思想困惑，扭转“高姿态”形象。第三，保障网民的知情权。网络时代是一个渴望真相的时代，网民总是寄希望于媒体以及党和政府能够重视网络舆情事件，能够对网络舆论事件作出合理解释或给出最终定论。虽然随着时间的流逝，再沸腾的舆论事件都会归于平静，但网民若得不到应有的回应，心中的疑问不仅不会自然消除而且会种下“定时炸弹”，网民的主观臆测甚至会导致不实消息以及“阴谋论”的盛行，这就必然折损官方公信力。因此，我们应高度重视对网络舆情事件的调查处置并及时向网民通报，避免侥幸心理的存在，对网民关切作出有效应对，树立官方公开透明的良好形象。

（三）运用新技术，扩大影响力

网络时代是技术驱动发展的时代，谁能拥有并运用好网络新技术，谁就能控制网络信息传播的命门，谁就能牢牢掌握网络信息的传播权和话语权。因此，新闻舆论工作在始终坚持正确价值取向和政治方向的前提下，有必要与互联网新技术紧密结合起来，强化信息传播、内容宣传、舆论导向的功能发挥，让新闻产品更加“有声有色”“有滋有味”，保持新闻媒体尤其是主流媒体的竞争优势，巩固新闻媒体的影响力。例如，在人民日报“中央厨房”机制下，通过大数据分析，我们不仅能发现最新新闻热点，还能对传播效果进行评估①。此外，运用新技术构建网络舆情监测、分析、研判、预警、应对处置的智能平台系统，可以对成分复杂的网络舆情、对错综纠缠的网民利益诉求进行科学研判，有利于把准问题实质、把握网络民意精髓，有助于对网民思想动态的整体把握，找准应对之策和解决之道。我们要掌握技术研发应用的主动权，实现新技术与新媒体的深度融合，实现网络新技术赋予主流意识形态宣传和传播更大的能量。人工智能、5G网络、大数据、云计算等新技术都可以“为我所用”。当然，我们也要警惕技术异化，注意处理好新技术给人类带来的“价值焦虑”，如“投你所好”式的人工智能算法推荐所造成的“尖叫效应”“信息茧房”和“回音壁”现象，以及由此带来的人的片面狭隘认知和人与人之间的隔阂、偏见。要注意对新技术的逻辑反思，始终坚持健康价值观对技术运用的规范和指引。

① 卢新宁：《主流媒体如何巩固主流地位——关于人民日报媒体融合实践的思考》，《新闻战线》2018年第13期。

第五章

当代中国网络空间马克思主义意识形态话语权构建的路径优化

推动当代中国网络空间马克思主义意识形态话语权的构建，不仅要全面把握当前网络空间意识形态话语生态以及马克思主义意识形态话语权面临的现实挑战、制定构建马克思主义意识形态话语权的策略，还要在此基础上进一步探索、细化具体的优化路径。总的来看，构建网络空间马克思主义意识形态话语权，要着力加强网络话语生态治理，推进依法治网，构建政府主导与网民自治、媒体自律的协同治理体系，为马克思主义意识形态话语权构建提供清朗有序的良好网络生态；要着力推进网络空间马克思主义意识形态话语体系建设，提升意识形态话语质量，优化话语表达，为马克思主义意识形态话语权构建打下坚实的基础；要着力提升网络空间马克思主义意识形态话语引导力，激发话语引导多元主体力量，扩大主流价值观念影响力版图，切实增强马克思主义意识形态话语的引导效果。

第一节　加强网络空间意识形态话语生态治理

清朗有序的网络空间是构建马克思主义意识形态话语权的基本前提和有利的外部环境，加强对网络空间乱象的治理是化解意识形态安全风险的基础。互联网为我们提供了自由开放共享的话语生态，网络空间当前一面呈现出百花齐放、百家争鸣的活力气象，另一面也凸显出污浊横生、乱象纷呈的失衡情形，网络话语生态系统亟待革新。一个文明的国家必然拥有健康的网络秩序，依法加强网络生态治理，既是保护网民合法权益之措，也是维护网络意识形态安全之举，是大势所趋，也是民心所向。只有政府、网民、媒体等多元化主体联动，形成协同治理机制，才能扎牢马克思主义意识形态安全保障的藩篱，营造风清气正的网络环境。具体来说，就是既要发挥政府治理的主导作用，坚持构建自上而下的管控体系，完善法治体系；也要鼓励和支持一切积极因素共同参与，建立健全由下而上的网络自治自律体系，实现依法治网与网民自治、媒体自律良性互动，共同发力。

一、强化政府治理，规范话语生态秩序

网络意识形态话语生态治理要统筹好国内国际两个大局。从国内层面来说，政府要发挥好网络治理的主导作用，要总揽全局，统筹兼顾，谋划好网络空间治理的顶层设计；法治是网络空间必不可少的安全防线，必须将治理纳入规范化、制度化和法治化轨道；同时要重视网络社会组织建设。从国际层面来看，要积极占领制高点，掌握国际话语主动权；强化网络主权意识，倡导全球网络空间新秩序，着力构建网络空间命运共同体。

（一）构建以政府为主导的治理格局

网络空间鱼龙混杂、泥沙俱下，“可以释放出难以形容的生产能量，但它也可能成为恐怖主义者和江湖巨骗的工具，或是弥天大谎和恶意中伤的大本营”[①]。国家意识形态也不可避免地面临着网络舆论的压力以及合法性问题。当代中国网络空间，政府兼具领导者和监管者的双重身份，网络这一公共领域如果没有党领导下政府的领导和监管、保护和支持，网络空间的发展就会失去正确方向和目标。保障网络的良性发展，构建清朗有序的网络空间呼唤公权力的介入，需要政府治理主体作用的发挥。同时，网络空间作为现实社会的重要组成部分，也必然纳入党和政府对公共事务的管辖之内，这也是增强主流意识形态合法性基础的必由之路。政府是国家权力的执行机关，得到国家政治权力的赋权，居于网络意识形态话语生态

① ［美］埃瑟·戴森：《2.0版数字化时代的生活设计》，胡泳、范海燕译，海口，海南出版社1998年版，第17页。

治理的核心地位，发挥网络治理的主导作用。这种治理的主导性主要体现在以下 3 个方面。

一是制定战略目标和规划，保障网络意识形态安全。保障意识形态安全是政府网络治理的基本目标，需要政府确定好网络意识形态安全发展的战略目标与规划，不断完善相关法律法规以及网络意识形态安全管理制度，加强与不同主体的合作，共同探索网络规制与治理体系，提出切实可行的治理方案。与此同时，政府要制定精准有效的制度化设计、运用好技术手段，做到既能破解政治炒作、挑动舆论斗争、撩拨网民负面情绪等突发问题，也要重点治理好污染网络舆论生态、传播错误网络思潮、散播反动言论、隐蔽进行文化渗透演变等长期性、复杂性问题。

二是规范网络秩序，提高网络舆情应对力。网络技术发展日新月异，政府正积极探索对于网络秩序的规范。近年来，政府开展了一系列净网整顿实践，并针对网络平台、网络运营机构、网络企业、网民等职责权限制定了一系列管理规定、管理办法和政策法规，有效规范了网络言论、管控了不良内容的传播，为加快推进网络文明建设和有效净化网络意识形态话语生态奠定了坚实的基础。此外，网络时代网络舆情事件发生的概率和可控性难度都大大增加，政府要不断完善关于网络群体性事件、网络突发事件、网络虚假言论、网络政治谣言、网络煽动行为等问题的应对机制，构建稳定和谐的网络秩序，促进主流意识形态建设与健康有序的网络话语生态有机融合。

三是提供网络公共服务，提高公信力。政府既是网络治理的主体，也是网络空间的行为主体和服务主体，提供网络公共服务是政府治理能力的重要体现，也是其合法性和公信力的重要来源。政府对网络意识形态话语生态的治理并非仅仅表现为管制手段的强化，过多采用行政强制手段可能加剧公众对政府公权力的质疑，导致政府的信任危机。我们强调政府既要把持治理的绝对权力，也要以合作者、参与者的角色参与网络互动，以网络服务水平的提升彰显网络治理的有效性。在信息发布、政策解读和办事服务工作中进一步增强公开实效。用服务来赢得话语权，这也要求政府要建设好网络基础设施，搭建好公共交往和服务平台，构建一个政府与多元主体良性互动的治理长效机制。

（二）完善网络法治体系，加强监管和技术审查

网络空间不是法外之地，完善网络空间的法治体系，既是维护网络空间秩序，维护公民合法权益的迫切需要，也是保障网络意识形态安全，提升国际网络话语权的必然要求。

第一，完善立法。要守护好亿万民众的精神家园，法律法规不能缺位，网民的权益必须得到保护，社会主义核心价值观必须得到弘扬。一直以来，党中央都高度重视网络立法，积极推进网络治理法治化。目前，我国制定出台了网络领域立法 150 多部，我国已初步建立了网络综合治理法治体系，相关法律法规覆盖互联网经济、文化、信息传播、网络安全、网络犯罪等多个领域。《中华人民共和国网络安全法》《中华人民共和国国家情报法》《中华人民共和国英雄烈士保护法》《未成年人网络保护条例》等法律相继发布施行，《具有舆论属性或社会动员能力的互联网信息服务安全评估规定》《网络短视频平台管理规范》《网络直播营销管理办法（试行）》《党委（党组）网络安全工作责任制实施办法》等相关规定和办法相继出台，网络空间法律法规缺位的现状正在逐渐改善，社会主义核心价值观融入立法正在进一步推动，网络言论自由以及思想自由传播的界限逐渐明确，对反主流意识形态网络言行的制裁有了更明确的法律依据。此外，国家互联网信息办公室、中央网络安全和信息化委员会（原名为中共中央网络安全和信息化领导小组）等相关组织机构相继成立，为加强网络意识形态话语生态治理提供了坚实的组织保障。但是，一些网络法律法规也存在落后于现实需要、及时性不够、

针对性和操作性不强、规范层级不高、覆盖面不广等问题；以倡议性为主的管理条例由于缺乏一定的强制性和处罚措施，往往并不能取得良好效果；尤其是针对意识形态安全的法律保障还不够。网络立法亟待进一步的统筹规划，网络相关法律的修订、解释和废除工作也待进一步开展。

第二，加大执法监管力度。网络治理的有效性来源于网络执法力度，法律法规必须得到尊重。在明晰责任落实主体、明确权责清单的基础上，当务之急是要重视执法活动的开展、监管力度的加强。近年来，国家相继出台一系列网络管理规范、开展打击网络违法犯罪专项行动、依法约谈整改网络平台、依法打击违法 APP、关停或暂停相关网站或直播间、封禁违法违规账号、处罚造谣生事违法行为、重拳打击自媒体乱象，相关责任主体的规则意识不断增强，法纪要求不断落实。通过网络平台散布有损国家形象、破坏社会主义制度、危害社会安定等内容的行为已无藏身之地。如今，严查细查不合法网络言行以及违背主流价值的歪风邪气、彻底斩断违纪违法的利益链条，正在成为网络话语生态治理的常态，但是违法违规成本过低的现象还不同程度存在，如何将网络主体责任落实到位，如何有效监管一些负面的、不健康的观点和思潮，同时又不损害网民的言论自由权，考验着党和政府网络治理能力和智慧。

第三，加强技术审查。技术监管手段是法律手段的有效补充。对网络信息内容进行分级、敏感词过滤是当前最普遍的做法，“通过多手段、多途径、多层次、分布式的处理，实现了国家级网关的 IP 地址阻断、主干路由器的内容监测、域名过滤、监控软件、内容发布过滤等功能，把大多数网民能接触到的信息控制在一个政府能接受的水平上”[①]。如抖音短视频

① 李永刚：《我们的防火墙：网络时代的表达与监管》，桂林，广西师范大学出版社 2009 年版，第 131 页。

审核以机器审核为主，把视频还原成一帧一帧的图片，然后识别图片上是否有违规内容，识别准确度高达99.5%。再如，运用大数据手段“精准捕捉网络热点，识别隐含的风险点；精准辨析网络舆情，识别暗含的情绪面；精准挖掘网络矛盾，识别潜伏的思潮线”[①]。当前，境内外的网络攻击活动日渐猖獗且复杂隐蔽，一些网络不良信息花样百出、打法律擦边球，中国的技术监管手段和能力还存在很多不足，技术手段难以从源头治理乱象，尤其是网络安全技术还有待加强。如何让新技术更好地运用于网络治理，如何让新技术更好地承载主流价值，还需要进一步探索和规范。

（三）重视网络社会组织建设

庞杂的网络空间治理当然不可能仅仅依靠国家行政机构以及政法部门“一手包揽”，网络社会组织的自律、服务和监管是网络治理的重要组成部分，可以有效弥补政府治理的有限性。网络意识形态话语生态治理作为中国治理体系的新兴领域，远比现实社会意识形态治理要复杂得多、艰巨得多。以政府为主导的治理格局可以有效发挥“集中力量办大事”的优势，提高治理的效率和质量，但政府的多头治理也在一定程度上造成了部门职能不清、管理叠加等问题，一些网络问题仍然无法有效解决，关于政府治理的合理性合法性的质疑声也时有出现。网络行业协会、网络服务协会、互联网自律组织之类的网络社会组织在规范网络平台、服务网民需求、监管网络意识形态安全等方面具有重要作用，是有效连接党政部门、网络运营平台及网民的桥梁纽带。一方面，我们要积极支持和鼓励互联网社会组织的培育。2001 年 5 月，中国互联网协会成立；2018 年 5 月 9 日，中国网络社会组织联合会成立，它是我国首个由网络社会组织自愿结成的全

① 蒲清平、范海群等：《基于大数据的网络意识形态安全治理研究》，《学校党建与思想教育》2017 年第 5 期。

国性、联合性、枢纽型社会组织，由 10 家全国性网络社会组织发起成立，首批会员单位总共有 300 家。[①]网络社会组织规模正在不断增加、力量不断增强，我国网络社会治理迈向了新台阶。另一方面，我们要加强网络社会组织的自身建设，提升组织的网络业务能力，增强其对主流意识形态的认同，促进组织朝着积极健康方向长远发展。此外，网络社会组织虽然处于党和政府领导之下，但其作为一种非政府组织，在国际合作交流方面有其独特优势，可以通过国际合作和民间交流，既吸收借鉴国外网络治理的有益经验，也传递中国治理方案，增强我国在全球网络治理中的话语权。

（四）强化网络主权思维，构建网络空间命运共同体

建设社会主义网络强国是中国特色社会主义网络治理的战略目标。如果在网络安全、国家政权安全上不能掌握主动权，在全球网络空间秩序建设上没有话语权，在网络核心技术上受制于人，就不可能真正掌握网络空间意识形态话语权，也就不可能成为真正的网络强国。因此，网络意识形态话语生态治理必须致力于维护国家主权安全，网络空间的治理不仅要着眼于国内，也要树立开阔的全球视野。第一，强化主权思维，维护国家安全。维护我国国家主权、网络主权，是我们进行网络治理的基本前提。党的十八大以来，习近平总书记在多个重要场合、多次讲话中一再重申要尊重网络主权，将网络主权摆在了突出位置；一再强调要共同构建和平、安全、开放、合作、有序的网络空间。我们倡导建立在主权平等基础上的网络新秩序，倡导国际网络空间“多边治理模式”，就是要尊重各国自主选择网络治理模式的权利，旗帜鲜明地反对一切行径的网络霸权主义；就是要积极防范网络安全威胁和网络意识形态侵蚀，维护国家安全和社会稳

① 《中国网络社会组织联合会成立》，http://www.cac.gov.cn/2018-08/03/c_1123217696.htm，2018 年 8 月 3 日。

定。第二，突破网络核心技术受制于人的“瓶颈”，积极争取网络规则制定权。核心技术是我们最大的命门，目前我国互联网核心技术创新与网络强国建设还有很大的差距，我们既要有危机意识，也要有攻坚克难的精神，牢牢把握全球网络信息技术加速创新变革的机遇，努力成为互联网技术的贡献者和输出者，将我国打造成为世界互联网技术强国，真正提升我国互联网发展的规则制定权和话语权，维护我国网络文化安全和政治安全。第三，推进“网络空间命运共同体”的构建。网络空间是人类共同的活动空间，网络治理是全球性的挑战，构建“网络空间命运共同体”是中国为重塑全球互联网治理秩序所作出的智慧贡献，是中国价值、中国精神的生动展现，既符合中国国家安全利益，也有利于世界的真正和平，是全球网络治理的必由之路。进一步推动网络空间命运共同体建设，我们要积极搭建中国与世界互联互通、共享共治的平台，让更多国家尤其是发展中国家和人民共享互联网发展机遇；要完善网络空间对话协商机制，积极推动网络空间国际规则的制定；要坚持求同存异、包容互鉴，深化国际合作，扩大全球治理共识，为全球互联网治理贡献中国力量，提升中国的国际影响力和号召力。

二、推进网民自治，净化网络话语环境

网民群体在新媒体赋权下地位日益提升，影响力逐渐增强，他们既可能是网络乱象的制造者，也可能是网络负面信息的推波助澜者，可能是网络不良言行的监督举报者或引导者，还可能是饱受网络违法行为之害的受害者。网络治理的最终目的是网民自治，使网民将维护网络健康有序发展变为网民自我约束、自我净化、自我监督、自我完善的自觉行动。网民是修复网络意识形态话语生态、优化网络环境不可忽视的主体力量。只有充分激活网络空间中网民的力量，网络治理才能获得源源不断的内在动力，

一些治理无方的“疑难杂症”才能随之迎刃而解。因此，网络治理要推进网民自治，要提升网民媒介素养，加强网民道德修养，以网民相互监督倒逼自律自制。

（一）提升网民媒介素养

凝聚人心、弘扬正能量、促进政治共识达成是网络意识形态话语生态治理的重要目的，这与每一个网民的媒介素养密不可分。网民只有具备了较高的媒介素养，具备理性思考能力和足够的信息鉴别和判断能力，才能抵制各种错误思想的蛊惑、拒绝社会热点问题的负面投射、甄别扰乱视听的网络信息、在多元价值观的冲击中坚定立场。因此，网民媒介素养是网络治理有效性的前提，是增强意识形态话语权的可靠保证，也正是当前网民媒介素养的参差不齐导致了网络治理的艰巨性，加剧了意识形态话语权争夺的复杂性。提升网民媒介素养，就是要让网民掌握相关的网络技术，增强对网络信息的驾驭能力，提高对媒介信息的选择、甄别、批判和创新能力以及利用媒介资源促进自我完善自我发展的能力。网民媒介素养集中体现为网民在网络空间中的文明意识、责任意识、自律意识和理性精神。

对于普通网民而言，我们尤其要加强对青少年群体的媒介素养教育。青少年是网络空间的活跃者也是最易迷失方向者，他们理性不足、缺乏鉴别能力、容易轻信盲从，是我们加强媒介素养教育的主要对象。网络媒介素养教育是网络时代思想政治教育的重要内容，学校思想政治教育是青少年网络媒介素养教育的主渠道，思想政治教育要将深刻的理论阐释与鲜活生动的网络现实案例结合起来，将思想政治素质的提高与信息获取能力、逻辑分析能力以及理性思考能力的培养结合起来，将道德教育与互联网法律法规宣传普及结合起来，将促进“现实人”的自由全面发展与促进“虚拟人”的自由全面发展结合起来，全面提高网民的网络政治素养、网络道德素养以及网络法律素养。青少年只有提升媒介素养，才能避免在网络空间的言行失范，避免成为搅乱网络生态的“帮凶”或成为追随西方价值观的“无头苍蝇”。

对于党员领导干部而言，我们更强调对基层党员干部媒介素养的提高。党员领导干部是特殊的网民群体，充分了解媒介特性、网络特质、信息传播规律对他们来说具有特别的意义。在中国当前的网络舆论场中，政府部门、公权力机关始终是网民监督的焦点，加之舆情爆发的瞬时性和扩散性，任何时间任何地点任何事件的发生都必然与当地的主管部门关联起来，若当地主管部门领导干部缺乏足够的媒介素养，必然导致舆情处置不当，引发公众的不信任感；某些党员干部个人因媒介素养缺乏，在网络空间中发表不当言论引发舆论震荡的事例也时有发生。提高党员和领导干部特别是基层党员、领导干部的网络媒介素养，我们要从有组织的教育培训工作做起，着力其理念的转变、误区的消除以及规律的把握，着力提升其对网络思想动态的把握能力、对网络思潮的分析辨别能力、舆情处置能力和网络执政能力，使其成为网络空间秩序的重要管理者、引导者和维护者。

（二）加强网民道德自律

网络乱象中以打法律“擦边球”的道德失范现象最甚，网络意识形态话语权的构建必须正视网络道德的治理。由于网络的虚拟性、匿名性以及有利可图的巨大经济诱惑，一些主播、自媒体用户、网红等各类网民为达到赚取名气、收割流量等名利双收的目的，可谓“天马行空”、无所不用其极，虚假造谣、以丑为美、拜金炫富、侵权抄袭、暴力色情、猎奇窥私等“辣眼睛”“毁三观”的失范越轨行为应有尽有，道德底线一再被践踏，社会主义核心价值观一再滑落。这些网络负面道德内容一定程度上折射了现代人的道德心态和道德情感，虽然具有真实性、客观性的一面，但更大程度上具有虚假性、表演性、夸张性和情绪性，其对广大网民的道德认知和道德判断能力的影响不可小觑。法律制度和技术监控作为刚性的治理手段，在极其复杂又瞬息万变的网络空间中，面临现实的治理难度，在这种情况下，网络道德规范、网民道德自律的至关重要性便凸显出来了。从道德建设视角看，一是要加强网民的网络道德教育，将网络道德教育纳入学校日常教育和课程教学中，纳入社会主义核心价值观的培育工程中，大力弘扬网络文明风尚，弘扬健康向上的先进网络文化；每个网民都从属于一定的组织和集体，家庭、社会、学校、企业、社区都应承担起相应的道德教化功能，提升网民道德认知能力和道德素质。二是要完善规范网民言行的网络道德体系，建构具有普遍共识的网络道德伦理规范，使网络道德成为网民的自觉追求。从道德自律视角看，提倡"律己""慎独""择善而从"等修身观念；网民要自觉遵守网络用户协议和规则，遵守网上行为基本规范，践行诚信无害原则、平等互惠原则、理性宽容原则、自尊自爱原则；要善于明辨是非，正确看待网络言论自由，主动抵制网络多重诱惑，自觉追求高雅趣味；要敢于担当，自觉维护主流价值，自觉传播先进文化，自觉抵制低俗之风，做有内涵、有道德、有思考、有定力的网民。网络环境的净化离不开每个人内心道德善意的自觉生发，只有网民加强自我道德修养，自觉践行网络道德，外部的法律制度约束才能更好地发挥作用。

（三）发挥网民监督效力

网络监督具有无穷的力量，只有人人都积极发挥网络监督的作用、坚决抵制网络乱象，网民才能不断增强对主流价值的认同感，树立对法律的敬畏感，那些网络不良现象才会无地自容、无处遁形。网络监督是发挥网络民主的重要途径，是网民行使监督权的重要手段，也是约束网络行为主体的有效方式。某种程度上，愈演愈烈的网络乱象与广大网民分不开，网民对网络不良现象的点赞、转发行为以及"围观"态度是一种对网络乱象的默认和纵容放任，是一种事不关己的政治冷漠和道德淡漠，这种倾向必须制止。因此，网民要有高度的社会责任意识和主体意识，对网络不良现象、违法违规行为、践踏道德底线的言行不能视而不见、不理不睬，应积极主动发声抵制、义正词严地批评指正，积极引导认识不清、是非不明的网民。对于情节严重者，网民可以主动进行举报或向相关部门汇报，及时化解网络违法违规等不良行为可能带来的风险，降低其影响程度和范围。总的来说，就是要充分调动网民监督的力量，让网民用积极的关注和参与态度代替“冷漠旁观”，用理性思考和质疑思辨代替“感性盲从”“随波逐流”，用责任担当代替“一笑了之”或“一叹而过”。在这样的氛围下，才能让遵纪守法、崇德向善者广受敬重，让漠视法律法规、践踏道德底线、背离社会主义核心价值观的人声名狼藉。值得注意的是，我们强调对网络不良现象的舆论谴责、批评指正是以理性为基础，以真诚、对话为原则，不是鼓励不分青红皂白的所谓“喷子”“键盘侠”行为以及网络暴力、网络骂战、人肉搜索和道德绑架，这些行为本身就是我们应该抵制的不良风气。当然，我们也要有“容错”“容异”的胸怀和气度，不以道德审判的方式绑架司法审判，不以话语暴力的方式镇压异见人士。

三、加强网媒自律，打造清朗舆论空间

作为马克思主义意识形态话语传播的重要渠道和平台，网络媒体是网络意识形态话语生态治理体系中的重要一环。在“万物皆媒、人机共生”的全媒体时代，媒体形式种类繁多，媒体与媒体之间的界限越来越模糊，这里所说的“网络媒体”主要是指新闻媒体，既包括官方和主流媒体也包括商业化媒体。网络舆论治理是网络治理的有机组成部分，网络舆论工作是意识形态工作的重中之重，无论是强调网络治理还是强调意识形态网络话语权的构建，都必须将网络媒体行业作为重点对象。当前，在“剪不断，理还乱”的网络不良现象中，媒体行业乱象也占据部分比重，由于网

络媒体社会责任意识的缺乏等种种因素，也一定程度上加重了网络乱象程度，媒体公信力不断流失。“少干预、重自律”是当前国际互联网管理的共性思路，根据我们的国情网情，我们既强调政府的干预，也强调网民、网络平台尤其是网络媒体的自律。所谓网络媒体自律，是指网络媒体及其从业人员的自我限制、自我提升行为，是网络媒体的内省和自我监管活动。加强网络媒体自律，必须重视媒体业自我监管，加强职业道德建设，完善行业自律机制。

（一）重视媒体业自我监管

网络媒体作为传播真实新闻事件、传递人民呼声、监督政府行为的重要承担者，理应担负起网络信息的监督、管理和审核的主体责任，营造健康向上的网络舆论生态。其一，要处理好社会责任与经济效益之间的关系，要以一种对社会、对网民负责的态度来创造经济价值。在媒体市场化、商业化大潮之下，资本逐渐操纵媒介，有偿新闻、媒体腐败、新闻敲诈、新闻炒作、虚假媚俗之风屡禁难绝。“经济效益至上”似乎成了很多网络媒体的价值准则，成为网络媒体业难以破除的“魔咒”。长此以往，这些现象必将吞噬网民对媒体的信任，颠覆媒体形象。人民群众的眼睛是雪亮的，真正有品位、有价值、有内涵，将社会效益放在首位的媒体才能最终获得长足发展，那些剥离了主流意识形态基因、只为博人眼球的媒体最终无立身之地。网络媒体必须坚持正确的价值取向和舆论导向，决不能以牺牲社会效益、牺牲媒体形象来换取经济收益。其二，要完善内容把关机制，加强对低俗劣质内容的过滤和审查，传播优质内容、传递正向价值，繁荣主流文化。要鼓励网络媒体的优质内容生产，对不符合精神文明建设要求的虚假新闻、炒作信息、恶意营销的网络内容要及时过滤筛选；对传播具有危害政治安全、破坏社会稳定风险的网络内容要严厉查处。特别是对故意炒作明星隐私、八卦、炫富等过度娱乐化的内容和媒体平台要有所限制，不能任凭挑战道德底线、法律边线的恶搞、戏说、炒作乱象蔓延，不能任由媒体泛娱乐化现象影响网络意识形态话语生态，挑战主流意识形态话语权。网络媒体要加强用户管理、内容审查，努力为受众营造良好的网络话语生态。其三，严格遵守网络管理规范，严格落实主体责任。国家制定的法律法规、网络管理规定，最终要靠网络媒体的积极配合才能最终落实。2019 年 1 月 29 日，“咪蒙”推文《一个出身寒门的状元之死》刷屏朋友圈并引起极大争议，2 月 21 日，凤凰网大风号发表声明称永久关闭“咪蒙”“才华有限青年”等账号，并强调“凤凰网坚决落实主体责任，坚决落实自媒体相关管理规定，自觉抵制虚假营销的账号，坚决抵制虚假信息，抵制无污不成文的文化、丧文化，抵制毒鸡汤，反对贩卖焦虑，坚决打击骗取流量的行为，要让严重影响社会稳定、人为撕裂社会的行为，付出惨痛的代价”[①]。凤凰网这一举动表现出了网络媒体对肆意造假、玩弄网民情感等不良网络现象的零容忍态度，彰显了网络媒体对网络平台管理规范的维护和落实，树立了媒体有责任有担当的良好形象，也重塑了媒体公信力。

（二）提升从业人员职业素养

伴随互联网的飞速发展，网络媒体从业者一方面在技术赋权下获得了前所未有的发展空间和话语权，另一方面也面临“节操失守”的风险。一些媒体人化“公器”为“私器”牟取高额利益，在巨大的经济诱惑面前，背弃了新闻使命和社会责任，甚至成为西方价值观的代言人。媒体人只有不断提升职业素养，才能发挥其作为塑造社会价值观的先行者作用以及引领时代前进的拓荒者作用。首先，维护新闻真实性，增强媒体公信力。真

① 《凤凰网永久关闭“咪蒙”“才华有限青年”等账号》，https://www.yicai.com/brief/100121438.html，2019 年 2 月 21 日。

实性是媒体的生命，媒体人必须全面、准确、真实地报道新闻事实，不跟风、不炒作，不能一味为了点击量、时效性和热点效应而忽略了对新闻真实性的核查和对信息源的核实。虚假新闻之风盛行只会污染媒体环境，败坏媒体声誉，损害媒体人形象，造成媒体信任危机。其次，坚持以人民为中心，增强社会责任意识。社会责任是媒体的核心，在当今时代背景下，网络媒体既要铁肩担道义，也要肩负好讲好中国故事、弘扬主旋律、传播正能量的责任担当，坚持正确的舆论导向，积极构建健康和谐的网络话语生态。媒体人一定程度上代表着社会的良心，要树立维护公众利益的意识，强化社会责任意识，建立以信任关系为基础的媒体话语权。媒体人要发挥“调查采访深入、报道事实及时、新闻生产专业、提供信息权威等强项”[①]，行使好“民意调查”的权利和义务，真实反映民意诉求，搭建好民间与政府、民间与社会企业或机构的沟通桥梁。正如习近平总书记对广大新闻工作者所寄予的厚望，“一句话，就是要做党和人民信赖的新闻工作者”[②]，这也是媒体人的良心和职业使命坚守。再次，加强职业道德修养。能否维护好新闻的真实性，能否担当好社会责任使命，与媒体人的道德修养分不开。媒体人要秉持公心、恪守职业道德、守住底线；要时时自律，敬畏事实，抑恶扬善，在价值多元中坚守正义和良知，守护国家利益和人民利益。当然，媒体人还需具备丰富的专业知识储备和优秀的业务能力，才能正确引导网络舆论，传播好党和政府声音，讲好中国故事，反映好人民群众的愿望，担负起巩固壮大主流思想舆论的责任。

---

① 丁柏铨：《论新闻舆论传播力、引导力、影响力、公信力》，《新闻爱好者》2018年第1期。

② 习近平：《论党的宣传思想工作》，北京，中央文献出版社2020年版，第255页。

（三）完善行业自律机制

整治媒体业乱象除了需要加强媒体业的自我监管和媒体人的自我批评提升以外，还需要媒体行业的同行监督。目前，无论是从自律机构到自律专员，还是从自律公约到自律规则，无论是从新媒体到自媒体，还是从全国性到地方性，网络媒体行业已经构建了较为完备的自律机制。2006 年 4 月，千龙网等北京网络媒体协会 42 家成员为加强北京网络媒体行业自律，在全国率先推出了网络新闻信息评议制度并发布了《北京网络媒体行业自律公约》，这是网络媒体自律的首次尝试。2011 年，104 家网络媒体签署了重新修订的《北京网络媒体行业自律公约》，在新修订的《北京网络媒体行业自律公约》中融入了“维护互联网信息安全流动”“倡导社会主义核心价值观”“大力发展中国特色网络文化”等理念，强化了推行“妈妈评审团”“自律专员”“新闻信息评议专业委员会”等行业自律机制；并开始建立自律专员的选拔体系和培训机制，据统计，仅新浪自律专员在 1 年时间内就举报有害信息 5 万余条，为维护网络信息传播秩序发挥了重要作用。2016 年“湖南首届自媒体主题分享沙龙”发布了湖南省首个自媒体自律公约，倡导自媒体严格自律，积极传播正能量。2021 年，《网络文学作家职业道德公约》发布，号召在网络文学创作中抵制历史虚无主义、歌颂真善美、传递正能量。我国网络媒体行业自律组织不断成长，自律机制建设取得了长足发展，但也存在一些问题和不足，其中最突出的就是“重原则轻操作”，这在一定程度上影响了网络媒体行业自律公约的权威性，网络媒体的失范行为也得不到较好的纠察。未来我们要进一步推动网络自律机制构建，查漏补缺，以约束网络媒体失范行为为手段，以引导网络媒体持之以恒的自治自律行动为重点，营造共同自觉维护积极健康网络生态的氛围，有效抵御网络媚俗、庸俗和低俗等不良现象的侵袭。

第二节 推进网络空间马克思主义意识形态话语体系建设

意识形态话语体系建设是一项与时俱进、强基固本、正本清源的系统工程，也是紧迫的时代性课题，对话语权的确立至关重要。“一个国家和民族道德价值主体性的确立，精神独立性的生成，政治思想文化制度独立性的高扬，首先需要一个国家和民族构建体现自身意志特性的话语体系。”[①]只有构建了富有中国特色、中国气派、中国风格的话语体系，才可能在社会意识形态多样化的格局中真正树立起中国特色社会主义道路自信、理论自信、制度自信和文化自信，才能在异常激烈的意识形态斗争中岿然不动，最终掌握意识形态话语权。话语体系是概念、范畴、基本原理按照一定逻辑关系组成的思想理论体系[②]，是马克思主义意识形态传播和表述的载体，直接关系意识形态话语效力。要使网民真正认同和接受马克思主义意识形态，就必须构建一套有解释力、有吸引力、有渗透力、有传播力的意识形态话语体系，增强马克思主义意识形态话语内容说服力，优化话语的网络表达方式，巧妙运用多元网络传播渠道和方式，不断巩固马克思主义意识形态网络话语权。

一、提升马克思主义意识形态话语质量

构建马克思主义意识形态话语体系，就是要用新的概念系统对新时代中国特色社会主义的重大理论问题和现实问题作出具有自主性、独创性的

① 马云志、郝相赟：《切实维护网络意识形态安全》，《红旗文稿》2018 年第 21 期。

② 贾建芳：《以问题为导向的中国特色社会主义话语体系》，《上海师范大学学报（哲学社会科学版）》2015 年第 5 期。

理论回答，增强马克思主义意识形态话语的解释力和对自身的辩护力。话语质量是话语体系之本，我们要加强马克思主义意识形态作为科学理论体系的话语质量建设，不仅要立足于中国现实问题的解决以增强话语阐释力，还要吸收古今中外文化的合理要素以增加话语丰富性，也要在回应西方挑战中提升话语批判力和国际话语权。

（一）立足中国问题，增强话语阐释力

马克思主义意识形态能否获得话语权，与其话语体系本身的现实解释力息息相关。这种现实解释力的增强必须回到“以中国为中心”“以问题为导向”的话语逻辑，“应该以我们正在做的事情为中心，从我国改革发展的实践中挖掘新材料、发现新问题、提出新观点、构建新理论”①。话语体系建设只有以“我”为中心，才不为外界所左右，才能建立真正的自信，才能获得属于自己的话语权。

首先，要以中国为中心，破除“西方中心论”。当前，我们某种程度上“依然在走依附发展的道路，很多理论都是西方引进来的理论体系和概念系统，而没有形成独立的、自主的、中国特色的话语体系；或者还是停留在马克思、列宁、毛泽东、邓小平时代的理论框架和话语系统，而没有形成承载新思想、支撑新思想、体现新思想、具有新时代特点的话语体系”②。我们强调中国特色、中国风格、中国气派，其核心在“中国”，就是用中国理论解释中国实践，即我们的话语体系必须把中国特色社会主义伟大实践的过去、现在和未来讲清楚、讲明白，必须对中国社会现实重大问题作出有说服力、有创造性的阐释，既不能落后于时代也不能失去理论

① 习近平：《在哲学社会科学工作座谈会上的讲话》，北京，人民出版社 2016 年版，第 21—22 页。

② 金民卿：《中国特色哲学社会科学话语体系的建构基础与内在张力》，《中共中央党校学报》2018 年第 5 期。

的自主性。解读中国独一无二的伟大实践，我们自己最有发言权，我们亟须破除对西方理论的生搬硬套，摒弃用西方理论来剪裁中国实践的做法。

其次，要以时代问题为导向。真正有说服力的话语体系必须是紧扣时代、直面问题、能够解决问题的，而不是仅仅停留于抽象的理论教条。解释时代性问题的能力成为衡量话语体系价值与合理性的标准，决定了其能否树立权威，能否获得意识形态话语权。在新的历史起点，我们在意识形态领域正面临着突出的矛盾和问题，人们价值取向的多样性、社会思潮的活跃程度以及意识形态话语权争夺的激烈程度都是前所未见的，构建能够及时回答时代难题和人民拷问、能够合理解释美好理想与现实社会相去甚远的悖论、能够把思想争论和舆论争斗引导到解决中国问题上、能够增强人们对中国特色社会主义信心的意识形态话语体系迫在眉睫。

再次，要形成具有中国特色的哲学社会科学学术话语体系。“话语权是通过对特定国家的历史文化、政治发展道路和政治现实的历史叙事而形成的哲学社会科学影响力”①，意识形态话语需要学术话语运用逻辑力量去科学论证，需要依靠中国哲学社会科学工作者深入开展理论研究和学术创新的力量。构建马克思主义意识形态话语体系、掌握话语权成功与否，最根本的是是否形成具有中国特色的哲学社会科学学术话语体系。目前，我国的哲学社会科学“在学术命题、学术思想、学术观点、学术标准、学术话语上的能力和水平同我国综合国力和国际地位还不太相称”②，在科学研究中“言必称西方”的现象还很常见，这也是我国意识形态话语权式微的缘由所在。中国哲学社会科学工作者迫切需要运用中国智慧从学理上“对

---

① 杨光斌：《有必要弄清“话语权”到底是什么》，《北京日报》2018 年 9 月 10 日。

② 习近平：《在哲学社会科学工作座谈会上的讲话》，北京，人民出版社 2016 年版，第 15 页。

中国实践作出科学的解释和说明，将中国经验上升为系统的概念体系和知识范式，为解决人类面临的共同难题给出中国方案”①，源源不断地为马克思主义意识形态话语体系建设输送能量和养分。

（二）融通古今中外，增加话语丰富性

马克思主义意识形态话语体系是以思想为核心的话语体系，离不开文化的积累和对不同思想文化的差异融合。习近平总书记指出：“哲学社会科学的现实形态，是古往今来各种知识、观念、理论、方法等融通生成的结果。”②构建马克思主义意识形态话语体系就是要坚持古为今用、洋为中用，把古今中外不同文化资源的合理要素吸收进来，形成具有深厚文化积淀、既反映中国实际又符合国际话语习惯的话语体系。其一，要坚守马克思主义的指导地位，坚持和发展马克思主义基本原理，不断推进马克思主义中国化、时代化和大众化，形成符合中国特色社会主义新时代期待、符合网络时代需要的概念范畴和表述体系。例如，围绕中国特色社会主义实践发展，我们提出了诸如“中国梦”“四个全面”“新发展理念”“网络空间命运共同体”等极富时代性、创新性的概念，生动体现了中国智慧、中国经验和中国价值，有效彰显了意识形态话语的说服力。其二，充分挖掘中华优秀传统文化资源，不断推动中华优秀传统文化的创造性转化和创新性发展，充分发挥其与马克思主义的同一性和互补性。中华优秀传统文化是马克思主义意识形态话语体系构建的精神土壤和文化铺垫，是中国化马克思主义绕不开、割裂不断的历史文化。从中华优秀传统文化中汲取营养，有助于提升当代中国人的文化自信，也有利于解构西方中心主义话

---

① 陈曙光：《更好用中国理论解读中国实践（新知新觉）》，《人民日报》2019年3月14日。

② 习近平：《在哲学社会科学工作座谈会上的讲话》，北京，人民出版社2016年版，第16页。

语、抵御西方话语体系的强势渗透。其三，批判借鉴国外理论研究的积极成果，充分汲取有益养分，使之成为马克思主义意识形态话语体系中的有机组成部分，以提升马克思主义意识形态的国际话语权和阐释力。立足于承继本土优秀传统文化的马克思主义意识形态话语体系，并非要排斥西方话语体系，而是要结合中国实践对西式话语、理论和概念加以分析、分解、鉴别、改造和重组，为我所用。此外，价值理念是话语体系影响力的关键，社会主义核心价值观作为中国成功实践的价值精髓和价值引领，必须成为马克思主义意识形态话语权建设的内在遵循。

（三）增强话语批判力，提升国际话语权

马克思主义意识形态话语体系不仅仅是思想理论体系建构的问题，其中还包含着深刻批判反马克思主义思潮的意识形态话语权塑造问题，包含着强势回应西方话语挑战提高国际话语权的过程。只有坚持国内话语权和国际话语权的协调统一，我们的话语权能量才能得到最大效度的发挥。首先，坚持立破并举，批判错误思潮。建立马克思主义意识形态话语体系，就是要在与各种思潮的交锋中彰显马克思主义的科学性、先进性和比较优势，就是要破除西方中心话语体系的支配，就是要摆脱西方话语霸权。对错误思潮尤其是反马克思主义思潮的批判，不仅要从政治正确的角度进行批判，还必须从学术批判的角度进行深刻分析，对错误思潮的话语体系、理论框架、议题设置及其网络表现形式作出科学论证和战略辨析，提高马克思主义意识形态话语的解释力和说服力，从而掌握批判错误思潮、回击西方话语霸权的主动权，防止西方敌对势力利用网络对我国进行和平演变。其次，提升话语体系的国际发言权。国际话语权的提升，一方面要求话语体系的构建以及话语表达和传播体系必须顺应国际话语表达习惯，以便我们的声音能被西方人听懂听明白，能减轻国际社会对于中国的误解和误读，更好地塑造国家形象；另一方面，我们必须提升学术创新能力。表

象繁荣、研究成果低水平重复、缺少学术大师的学术生态凸显了我国学术界学术创新能力还有不小的提升空间。只有不断提高我国科研学术水平，我们的学术成果才能不断走出去，才能被国内外同行所认可甚至引用借鉴，我们才能在国内国际相关问题上赢得发言权和解释权。此外，我们也要善于设置国际议题，要有理有利有节回应西方对我国的抹黑和负面言论。虽然话语权尤其是国际话语权背后是硬实力的支撑，但在中国经济总量位居世界第二的背景下，仍未摆脱被西方歪曲抹黑、无端指责的被动地位，原因固然是多方面的，但这也说明中国的外宣能力和国际传播能力还需提高。因此，我们的官方媒体以及外宣部门需要重新审视我国对外话语体系的内容和效果，要精心设计与我国相关的国际议题，掌握主动权，要善于讲好中国故事，以获得国际舆论的支持和认同。

二、优化马克思主义意识形态话语表达

先进的思想只有通过生动形象的语言才能产生应有的话语魅力。话语方式是话语体系的表现形式，在话语言说方式、受众接受方式发生深层次变革的网络时代，如何优化话语表达方式成为有效发挥意识形态话语影响力的关键。同样的思想，通过不一样的话语表达方式，会产生不一样的功效。主流意识形态话语能否穿透人心、引导人心，能否获得影响力，不仅仅取决于意识形态话语内容本身的科学性和彻底性，还与话语的表达方式、表达技巧等息息相关。优化马克思主义意识形态话语表达方式，我们需要实现政治话语向大众话语转化，严肃性话语与趣味性话语相协调，理性话语与感性话语相交融，不断增强主流意识形态话语的亲和力、吸引力和感染力。

（一）政治话语向大众话语转化

政治话语是承载政治信息的符号形式，具有规范性、稳定性和权威

性，不仅制约和影响其他一切形式的话语，还直接关系着政治认同的实现以及马克思主义意识形态主导地位的巩固。但其往往对受众关注不够，缺乏对大众的亲和力，导致曲高和寡。如今，越来越多的意识形态工作者意识到，文件话语、宏大叙事、理论说教、生硬灌输等政治话语模式没有亲近感和吸引力，无法形成真正意义上的意识形态话语权。因此，做好政治话语向多元多变、生动活泼、通俗易懂的大众话语和网络话语转化，对于构建意识形态话语权显得尤为重要。列宁曾指出："应当善于用简单、明了、群众易懂的语言讲话，坚决抛弃难懂的术语，外来语，背得烂熟的、现成的但是群众还不懂、还不熟悉的口号，决定和结论等一系列重炮。"[①]面对众口难调的广大网民群体，政治话语要实现入脑入心，就必须充分关注网民的接受心理和语言习惯，注重区分受众对象，切忌"一刀切"的话语方式。但共通性的在于把干瘪、枯燥的理论话语、文件式话语、教科书式的解读转化为生动灵活、直观可视的言说方式，尽量用朴实的、贴近现实的语言将政治话语的思想性、科学性、严谨性阐释出来，促进政治话语在大众化和生活化过程中深入人心。例如，习近平总书记作为政治话语的形象代言人，就非常注重讲话的场合和艺术，他的讲话常常妙语连珠，"鞋子合不合脚，自己穿了才知道""小康不小康，关键看老乡"等通俗话语，"APEC 蓝""给力""点赞""蛮拼的"等网络流行语，"空谈误国，实干兴邦""艰难困苦，玉汝于成""从善如登，从恶如崩"等引经据典的表述，平实而不失生动，形象且又准确，给人们留下了深刻印象，获得了良好的传播效果。再如，人民日报海外版的微信公众号"侠客岛"，其政治立场和态度不言而喻，其以百姓视角、平民口吻，用通俗易懂又深刻犀利的笔触解读国内外热点事件、焦点话题，圈粉无数，成功地实现了其作为官方

---

① 《列宁全集》第 14 卷，北京，人民出版社 2017 年版，第 89 页。

媒体在网络时代担负的舆论引导、思想引领工作。除了强调政治话语的大众化，我们也要加强对政治话语的学术研究，用学术话语来增强政治话语的解释力，使其在不失亲和力的基础上同时具备严密的逻辑性和思辨性，塑造自身的话语权威性。

（二）严肃性话语与趣味性话语相协调

在全民娱乐的网络时代，灵动活泼、幽默风趣、不落俗套、亲民接地气的语言风格往往受到网民青睐，而主流意识形态话语常常因其严肃刻板而不易对网民产生吸引力。以轻松活泼的方式阐释理论、传达思想往往收到事半功倍的效果，主流意识形态话语体系中的大政方针、深奥的理论需要依靠娱乐和通俗化的形式去普及，需要一些趣味性的创新表达为主流意识形态提供"神助攻"，去提升吸引力和关注度。例如，"一本正经讲段子"的央视主持人朱广权，一改央视新闻主持人严肃正经、正襟危坐、字正腔圆的经典形象，在新闻播报中频频爆出精彩段子，既风趣幽默又流露出一股思想智慧和魅力，话语表达既精辟独到又出其不意，朱广权时下已成为不少人关注时政热点的理由。抖音短视频里备受追捧的"四平警事"寓教于乐，以轻松幽默的方式进行法治宣传，收到良好的教育效果。但是，我们在强调利用生动形象的网络语言、网络概念来创新主流意识形态话语表现形式的同时，也要避免走向娱乐化、庸俗化、戏谑化的极端。所谓的幽默风趣并非刻意而为的哗众取宠，所谓的话语吸引力并非不分时机地追逐"热点"，所谓的亲民也并非毫无内涵和思想深度的娱乐化内容。主流意识形态话语的严肃严谨、理性深刻、准确周密仍旧具有其独特的价值和意义，某些严肃性内容需要我们去维护和保护：英雄不容戏谑，民族情感不容戏说，沉痛历史不容娱乐化，国家尊严不容炒作。话语表达的创新和多样化必须拿捏好主流与非主流话语表达之间的"度"，必须注意处理好话语表达与话语时机、话语对象、话语内容的关系，让严肃的归严肃，戏说的归戏说。

（三）理性话语与感性话语相交融

主流意识形态话语能否穿透人心、引导人心，能否获得影响力，与其话语的感染力密切相关。意识形态话语的传递过程不仅仅是信息认知的过程，更是一种美的欣赏、情感的激发过程。因此，意识形态话语体系既需要理性表达也需要感性表达，要借助多元表现形式以及道德温情的力量进行动之以情、晓之以理的传播，将感性的共鸣升华为理性的共识，以增强人们的主流意识形态认同。“在网络时代社会认同的建构中起到关键性作用的意识形态形式不再是意识形态的理论形式，而是实践中的意识形态的感性形式。”[①]传统时代的文字文化受到影像时代的视觉文化的强大冲击，意识形态话语只有借助感性形式的表达才能获得更广泛、更有效的传播。有价值的图片、图形、插画、数字、动态图、视频、表情包等多视角多方面的素材不可或缺；严肃、僵硬的理论宣传中不妨融进有温度、暖人心的情感话语。例如，网络媒体利用数据图表讲述错综复杂的新闻事件，将本身非视觉性的东西图像化，将文字含义直观化，使得新闻报道更加完整、立体、客观，更具说服力，符合网民的阅读习惯。这种“读图形式”不仅给网民增添了视觉快感，而且有助于解析和表达事件的深刻内涵。再如，2019 年伊始，一条警情通报意外走红。“生命不易，一路前行，且行且珍惜。父母渐老，羔羊跪乳，须报养育恩”，这样的话语，少了官方通报的说教、生硬口吻，多了温情、质朴和人性关怀，引发了网民的情感共鸣，获得“10 万 +”的点赞。与此同时，我们不能一味地迎合网民的感性需求，更要注意引导网民的理性回归。总的来看，目前网络空间中网民具有

① 宋辰婷：《网络时代的感性意识形态传播和社会认同建构》，《安徽大学学报（哲学社会科学版）》2015 年第 1 期。

明显的非理性色彩，感性和情绪因素极易滚动蔓延形成“群体极化”，我们要加强引导和规范，防止网民的非理性情绪成为不利于网络空间良性发展的逆流或成为冲击、解构主流意识形态话语的力量。

三、巧妙运用多元话语传播渠道和方式

网络为话语体系的大众化传播提供了丰富的信息渠道，能否利用好这些渠道，直接关系着话语体系的传播力和话语权的争夺。丰富多样的话语载体形式，广阔的网络媒体平台，层出不穷的网络热点话题，只要发掘、运用得当，都可以成为扩大主流意识形态话语辐射力和渗透力的渠道，都可以赢得网民广泛共鸣，形成育人、化人的强大氛围，巩固主流意识形态的网络阵地。

（一）充分利用多元网络文化载体

意识形态是阶级社会精神文化的核心要素，文化是主流意识形态传播的最佳载体。网络一方面为主流意识形态传播带来了更为复杂的形势，弱化了主流价值认同，另一方面也为主流意识形态话语转换和传播提供了新契机和新途径，网络文化成为网络空间主流意识形态话语权建构的重要载体。有人的地方就有文化，网络文化与网民的日常交往、情感体验、思维方式、价值取向等具有高度的内在关联性，相比于单纯的意识形态传播，具有更强的广泛性、灵活性以及传播力和认同力。将主流意识形态的内容和诉求嵌入文化的交流和传播，有利于将强硬的政治说教变为一种柔性的文化熏陶，润物无声地发挥意识形态的教化和思想整合功能，构建主流意识形态网络话语权。

一方面，发挥网络文化的思想引领、价值塑造作用。将饱含主流意识形态价值导向的话语内容渗透进受众甚广的网络影视、网络动漫、网络文学、网络游戏、网络音乐、网络综艺等文化形式，着力实现网络文化发展

理念从娱乐至上、利益至上到思想引领、价值塑造的转变。网络文化要更加自觉地挖掘文化的时代符号，打造文化的时代精品，激发网民对社会正能量、社会主流价值的自觉认可。例如，二次元文化作为一种自日本舶来的亚文化形式，拥有不少中国粉丝，尤其是青少年群体。2011 年，在微博上开始连载的《那年那兔那些事儿》漫画抛弃了“大叙事”和政治化形式，以二次元叙事方式、二次元化的动漫形式对国家形象进行处理，诠释了中国一系列近现代史观念，建构了一套完整的爱国逻辑，引发了青少年的广泛关注和共鸣。再如，从《第二个答案》《法治中国》《大国外交》等政论专题片亮相荧屏到《诗画中国》大型文艺系列节目的推出再到全国各地“快闪”活动，形式丰富多样的文艺创作为主流意识形态的传播注入了强劲的生机和活力。

另一方面，在文化走出去的过程中提升中国国际话语权。在全球化步伐日益加快的今天，各国在加速商品输出的同时也更加重视文化输出，文化走向世界的过程也是增进国际社会对中国价值观念、中国精神、中国道路的了解和认同的过程，其在捍卫国家文化安全、意识形态话语权方面的重要性不言自明。以传播能力和辐射能力最强的文化产品电影为例，法国电影学者雷吉斯·迪布瓦指出：“一切电影皆是意识形态的载体。无论是隐含其中，还是鲜明彰显；无论是在不经意间，还是经过深思熟虑，每一部电影都归结于一种主观的、独特的世界观，因此它在任何情况下都承载着一种意识形态的信息。”[①]隐藏着强烈意识形态诉求的好莱坞电影已成为世界范围内最具影响力的文化品牌，中国电影也要更加自觉地承担起传播中华民族的价值观、传递主流意识形态的使命，主动争夺意识形态阵地。

① ［法］雷吉斯·迪布瓦：《好莱坞电影与意识形态》，李丹丹、李昕辉译，北京，商务印书馆 2014 年版，第 8 页。

网络文学也是传递中国魅力的重要文化形式，目前网络文学出海之势渐成规模。截至2022年年底，海外市场规模超过30亿元，累计向海外输出网络文学作品1.6万余部，海外用户超1.5亿人，遍及200多个国家和地区……经过20多年发展，中国网络文学已经成为中国文化走出去最具活力的创新载体之一。[①] 我们要进一步加强文化的对外交流，在不断提升中华文化软实力的进程中增强中国意识形态话语权。

（二）占据各类网络平台“制高点”

网络平台是指主流意识形态话语借以表达和宣传的工具和渠道。类型多样、功能不一的网络平台和移动终端，表面上是一种传播信息、提供娱乐和服务的工具，但实质上所有媒介都发挥着一定的思想引导和价值引领等功能，因为任何网络媒体都具有意识形态属性。除了常见的思想政治宣传平台——官方和主流媒体、主题网站和门户网站以外，微博、微信、QQ等社交平台，抖音、快手等网络短视频平台，斗鱼、虎牙等网络直播平台，喜马拉雅FM、荔枝等音频分享平台，天涯、略懂、知乎等问答社区以及其他各类贴吧、论坛、手机APP等都为主流意识形态的辐射提供了广阔的平台和空间。主流意识形态话语应该主动嵌入这些多样网络平台，占领制高点，增强主流意识形态话语影响力。其一，运用好政务新媒体平台。“社交”是网络媒体的核心要素，我们要将宣传思维转变为互动思维和对话思维，善于运用服务来赢得受众，赢得话语权。除了搭建好主流意识形态网络宣传体系，我们还要聚焦网民需求，运用好政务微博、微信、微直播平台来连接大众、沟通用户，积极主动了解和解决人们的诉求，促进政府和民众彼此之间理解和包容；通过向公众提供新闻信息、政务信

① 陈园园：《网络文学，开拓“出海”新航道（文化市场新观察）》，《人民日报》2023年12月5日。

息、应急信息、辟谣信息、公益平台等，回应网民关切，诠释官方立场，发挥政府作为舆论引导的主导作用。其二，顺势而为，积极开辟主流意识形态建设的新模式。网络平台虽然滋生了诸多乱象，但是任何事物都具有两面性，形形色色的网络平台满足了网民多元的精神需求，满足了人们广泛的兴趣爱好。在这些平台，我们既看到了朴实平和的乡村文化，也接触到了积淀深厚的中华饮食文化、非遗文化，更见识了民间艺人的执着坚守以及广大网民的聪明才智，我们的审美、价值观和文化素养也在潜移默化中逐步提升。除了强制性的管控和法律规范以外，我们也要积极探索将主流意识形态话语植入各类网络平台的新途径。以斗鱼直播平台为例，其开创了包括“直播＋党宣”“直播＋政务”“直播＋红色旅游”“直播＋公益”“直播＋非遗”“直播＋农业”等多种网络直播模式，诠释了担当社会责任的网络直播平台新形象。2017 年 6 月 30 日，全国首个“网红党支部”在斗鱼直播平台成立，并举办党建主题活动，观众众多。可见，只要运用管理得当，网络平台也能成为育人的土壤、弘扬正能量的阵地。同时，通过网民喜闻乐见的网络平台开展意识形态宣传教育也更接地气，更富感染力。

（三）善于巧用网络热点话题表达

在网络时代，网民讨论的话题虽然层出不穷，但最终只有很少的话题能成为网络中能见度高的热点话题。热点话题一旦形成，其在一定程度上决定了网民想什么、怎么想，进而对网民的思想、行为和价值取向产生影响。除了刻意、有计划而为的议程设置手段以外，我们也可以把握时机、因势利导，将主流意识形态话语传播融进业已形成的公共话题领域。例如，电影《战狼 2》的热播，成为全民讨论的焦点话题，网民各种赞美之词溢于言表。借此机会，我们可以把握主流意识形态话语传播的主动权，适应“分众化”“差异化”的传播态势，为网民提供多个分析视角，用影评、采访报道、新闻评论、沙龙式探讨等多种形式将其与中国文化自信、与中国精神的内在关联阐释出来，将如何进行中国文化对外传播，如何弘扬社会主义核心价值观，如何展示好中国精神、中国气派、中国风格的文化产品揭示出来，将爱国主义精神的时代内涵宣扬出来，将中国广大文艺工作者的时代使命意识激发出来。此外，敢于直面社会现实问题的主流意识形态更具吸引力。主流意识形态想要实现网络“圈粉”，就必须敢于融进“水深火热”的网络舆论场，而不只是贪恋“风平浪静”中的“形势大好”。要敢于面对网络“声讨”话题中的民生话题、环保话题、健康话题以及安全话题，坚持以问题为导向，以有效的理论框架、观点表达、案例分析解答好网民的思想困惑和思想症结，彰显党和政府重视问题解决问题的信心和决心，最大限度凝聚网民共识、引领舆论，增进网民对主流意识形态的信服力。

第三节　提升网络空间马克思主义意识形态话语引导力

提升网络空间马克思主义意识形态话语引导力是增强意识形态话语效力的方法论关键。网络舆论是网络意识形态话语的“显示器”，网络空间内的多元意识形态总是通过异彩纷呈的网络舆论来表达和展现、来聚合认同者，以形成一定的“气候”和环境。因此，制造话题、操纵网络舆论成为网络空间争夺意识形态话语权的重要手段。在当前的网络舆论生态中，马克思主义意识形态话语虽是主流舆论，但由于网络空间意识形态工作战线长、涉面广、不确定因素多，加之网民群体话语力量崛起、西方话语强势渗透、新闻舆论工作能力问题等复杂因素，马克思主义意识形态常常面临“遭遇战”与“闪电战”的突然袭击，一些不利的网络舆论与主流舆论分庭抗礼，主流舆论影响力遭侵蚀，甚至存在局部丧失话语主动权的情形。休谟曾指出，一切权力都以意见为基础，并受意见的限制[①]，“少数人统治多数人之谜，不在前者的暴力，而在后者接受了前者创造的舆论”[②]。提升网络空间主流意识形态话语引导力，形成规范有序、客观理性、正能量充沛的网络舆论生态，是构建马克思主义意识形态网络话语权的关键所在，也是其必然要求。“谁来引导”，即引导的主体力量在哪里；“用什么内容来引导”，即引导坚持什么样的价值导向；“怎么引导”，即引导能力提升的关键是什么，是我们提升主流意识形态话语引导力需厘清和遵循的逻辑理路。

一、激发网络空间多元话语主体的引导力量

互联网开放自由的话语环境极大释放了网民的主体性，技术赋权使网民在网络空间畅所欲言、自由发表意见成为新常态，网络舆论场成为了“意见的自由市场”。网民积极谋求行使网络舆论监督权、网络舆论批判权，网络理性对话中掺杂着情绪化的失控，建设性谏言中隐现着杂音噪音，平和有序中混杂着暴力失序。促进积极健康的网络舆论生态的生成，党和政府部门以及党领导下的主流媒体乃至网络意见领袖不仅不能缺席，还应该发挥“领头羊”和“主力军”作用，肩负起主流意识形态话语引导的重要使命，担当起举旗亮剑、凝心聚力的重任，实现政府、媒体与意见领袖之间的良性互动。

（一）强化党和政府的主导作用

党和政府是网络空间的治理主体和监管主体，是主流意识形态话语引

---

① ［英］哈耶克：《法律、立法与自由》第 1 卷，邓正来译，北京，中国大百科全书出版社 2000 年版，第 141 页。

② 何玉兴：《话语影响力研究的学术价值和现实意义》，《社会科学论坛》2017 年第 12 期。

导的核心力量。新闻舆论工作坚持党性原则，坚持党管媒体、党管宣传原则就是强调党对新闻舆论工作的领导权，强调通过党和政府制定各项政策和决策加强对网络舆论的管理和调控，积极引领网络舆论导向，守好网络舆论阵地，创造有利于主流意识形态话语权生成的舆论环境。发挥党和政府对主流意识形态话语引导的主导作用，首先，要加强对主流意识形态话语引导的顶层设计和宏观把控。党和政府要对新闻舆论工作负总责，要在对国情网情民情深刻把握的基础上，以高超的政治智慧做好新闻舆论工作的科学统筹、整体部署、协调配合。其次，既要强化政府作为网络舆论“把关人”的角色，也要切实保障网民的自由表达权。防民之口，甚于防川，对网络舆论的一味强制性管控并非守牢舆论阵地、获取意识形态话语权的有效保证。只有不断提高对互联网规律、网络舆论规律、网络信息传播规律的把握能力和驾驭能力，进一步制定和完善网络空间相关法律法规，制定科学有效、具有可操作性的网络舆论引导制度规范，确保网络舆论空间开放与稳定的平衡，才能做到造福于民，取信于民，赢得网民尊重。国家互联网信息办公室多次约谈各大网络媒体平台、网络应用APP负责人并提出整改意见，制定了一系列规章和规范性文件，起到了良好的规范引导作用。再次，要提高舆论引导的本领。党和政府既是新闻舆论工作的顶层设计者也是实践参与者，要积极主动投身网络舆论引导的第一线，引领主流舆论，构建党政新形象，规避舆论风险，应对舆论挑战。在网络问政时代，党和政府能否运用好微博、微信等政务平台，能否处理好网络舆论事件，直接关系网民对舆论引导内容的认同、关系党和政府的公信力。信任是影响力的基础，党和政府要将自身拥有的无可比拟的政治、资本和技术等方面的优势转化为网民的信任和认同优势，实现主流意识形态话语权的民众赋权。

（二）提升主流网媒的主力作用

网络主流媒体是党和政府的喉舌，是人民的话筒，是联结政府和人民之间的纽带，担负着传递和捍卫主流价值、培育和弘扬社会主义核心价值观、引导网络舆论、建构主流意识形态认同的重要角色。提升网络空间主流意识形态话语的引导力，是网络主流媒体建设的应有之义。信息海量、舆论多元的网络空间，同时也是权威信息稀缺、极度渴望真相的空间，网络主流媒体的影响力和覆盖率虽面临不断弱化的困境，但其作为信息权威、舆论权威、真相权威的地位仍然无可撼动。《2017 年中国网络媒体公信力调查报告》显示，网络媒体在综合影响力方面，已经形成了以人民网、新华网、腾讯网、人民日报客户端、腾讯新闻客户端等为主的第一梯队。2023 年上半年主流媒体网络传播力榜单结果显示，中央广播电视总台、人民日报和新华社在新媒体渠道融合传播效果位列前三，“人民日报”微信公众号爆款作品占比达到 97.8%，在微信渠道传播能力突出。[①]可见，传统主流媒体在网络时代因势而新，即便在信息传播方式、公众阅读方式发生了深刻变革的背景之下稳住了公信力和权威性。网络主流媒体要爱惜并维护好自身的影响力和优势，增强主流价值的内容供给，在引导舆论尤其是对社会重大问题进行引导时应善于利用自身的影响力、借助媒体的权威性提升话语引导的效果。一方面，在情绪盛行甚至“情绪胜于真相”的网络舆论场，主流媒体在处理网络舆情时除了必须坚持全面、及时、准确、真实的原则以外，还必须注重对网民情绪的引导，注重挖掘和探寻网络舆论问题背后深层次的社会问题和网民心理，关注网民社会心态对网络舆论的影响，从而找准舆论引导的有效应对之道。另一方面，树立主流媒体的榜样效应。在众声喧哗所导致乱象丛生的网络时代，网络主流媒体始终要把正确政治方向、舆论导向、价值取向放在首位，无论是在舆论引导

① 《CTR 解读 2023 上半年主流媒体网络传播力榜单》，http://ad.cnr.cn/hyzx/20230817/t20230817_526383226.shtml，2023 年 8 月 14 日。

还是内容报道抑或是审核把控等方面，必须坚持高标准、严要求，以权威专业的媒体形象形成对行业的导向和引领。让不同类型、不同层次、不同领域的网络媒体以主流媒体为行业标杆，践行对社会责任、职业道德的坚守，合力助推健康网络舆论生态的生成。

（三）激发网络意见领袖的驱动作用

网络时代是“去中心化”的时代，同时也是“再中心化”的时代，QQ群、微信群、朋友圈、贴吧、论坛等一个个“信息部落”和“兴趣同盟”不断壮大。在这些众说纷纭、自我伸张的网络舆论场中，总会涌现出一批为他人提供信息且有一定影响力的“活跃分子”，即网络意见领袖。他们是网络舆论场中的中坚力量和“核心轴”，拥有众多粉丝和拥趸，深得网民喜爱、信任和崇拜，具有强大的话语号召力和社会动员能力。话语力量巨大的网络意见领袖，在观点影响、情绪渲染与传导、价值输出等方面具有特殊的意义，他们既可以是网络舆论监督者和引导者、正义伸张者，也可能成为名利操纵的谣言制造者、舆论误导者、哗众取宠者甚至异见人士。那么，如何激发网络意见领袖作为网络主流舆论引导的主体力量？

首先，要增进网络意见领袖的政治认同，对于一些与主流价值相悖、以奇谈怪论出位的意见领袖要加强引导、规范和约束。但凡能成为意见领袖的大都是有阅历、有观点、善于思考之人，对于这类群体我们要尽可能地把他们团结起来；对于一些在“网络粉丝经济”刺激下“剑走偏锋”的意见领袖我们不仅要规范管理还要依法处置。例如，“秦火火”“立二拆四”作为网络名人，组成网络推手团队，伙同少数所谓的“意见领袖”，组织网络“水军”长期在网上兴风作浪、炮制虚假新闻、故意歪曲事实，制造事端、混淆是非、颠倒黑白，制造了诸如“‘7·23’动车事故政府花两亿元天价赔偿外籍旅客”“雷锋生活奢侈”“残联主席张海迪拥有日本国籍”

等恶意中伤谣言。[①]他们的种种言行践踏社会道德底线，扩大了官民冲突、损害了政府公信力、败坏了社会风气，其负能量不可小觑。

其次，我们要重视并依靠网络意见领袖的话语影响力，发挥其对网民的权威效应、名人效应、信任效应，最大限度上凝聚共识、以正视听。正如李普曼所说："除了我们生活中极少数转瞬即逝的问题以外，我们在所有问题上能够做到的最大独立就是大力增加能让我们恭恭敬敬聆听其高见的权威的数量。作为天生的外行，我们对真理的追求就在于刺激专家并迫使他们对任何信誓旦旦的异端邪说作出反应。"[②]网络意见领袖对粉丝群体具有强辐射力和高到达率，对广大网民的观点形成、情绪疏导有重要影响，在网络舆论引导中，我们需要他们的"出场"和发声，需要他们的"冲锋陷阵"，用他们"一呼百应"的力量去影响一片人，凝聚最广泛的人心和共识。

再次，培育能够准确传递和阐释主流意识形态的"红色意见领袖"。网络空间中的各个舆论场都需要代言人，我们要着力打造一批导向正确、判断准确、懂政策、懂理论、懂网络、懂传播的专业人才队伍，他们可以是受学生群体欢迎的教师、学生干部队伍，也可以是知名专家学者、政府官员，可以是专业网络评论员、网络舆情信息员，还可以是知名记者、知名艺人，通过他们有意识、有独到见解、有思想内涵的发言，以达到引导网络舆论的目的。此外，我们不仅要有"正规军"和"主力军"，还要有"义勇军"，网络中的"自干五"[③]群体也是我们需要依靠的重要舆论力量。

---

① 《北京查处一造谣传谣的网络推手公司》，《中国青年报》2013年8月20日。

② ［美］李普曼：《公众舆论》，阎克文、江红译，上海，上海人民出版社2006年版，第166页。

③ "自干五"："自带干粮的五毛"，简称"自干五"。是指那些自觉自愿针对网络恶意中伤的谣言而自发有理有节地用数据资料戳破对方谎言以争取大多数不明真相者的群体。他们是为社会正能量点赞、为中国发展鼓劲的爱国网民。（来自：百度百科）

他们聚集于论坛、贴吧、社区，他们是践行网络文明的志愿者，是理性共识的追求者，是尊重中国历史与现实的爱国者，是不惧污名的勇者，是网络情绪化翻涌中的一股清流，表现出维护国家根本利益的坚定决心。在互联网的舆论博弈和较量中，我们需要这些“战士”和“勇士”，需要网民群体自发生成的无穷力量。

二、扩大网络空间主流价值观念影响力版图

引导力的前提在于导向，坚持正确的导向是做好主流话语引导工作的重中之重。习近平总书记在党的新闻舆论工作座谈会上指出：“新闻舆论工作各个方面、各个环节都要坚持正确舆论导向。各级党报党刊、电台电视台要讲导向，都市类报刊、新媒体也要讲导向；新闻报道要讲导向，副刊、专题节目、广告宣传也要讲导向；时政新闻要讲导向，娱乐类、社会类新闻也要讲导向；国内新闻报道要讲导向，国际新闻报道也要讲导向。”[①]在众声嚷嚷导致网络乱象丛生的时代，真正有价值、有内容的新闻媒体才能走得更远，只有坚持正确舆论导向和主流价值导向的新闻媒体才能赢得掌声和尊重。

（一）做强网上正面宣传

网络思想舆论阵地，积极正面、向上向善的内容不去占领，消极负面、低俗落后的内容就会乘虚而入、大行其道。“好的舆论可以成为发展的‘推进器’、民意的‘晴雨表’、社会的‘黏合剂’、道德的‘风向标’，不好的舆论可以成为民众的‘迷魂汤’、社会的‘分离器’、杀人的‘软刀子’、动

① 《习近平在党的新闻舆论工作座谈会上强调　坚持正确方向创新方法手段　提高新闻舆论传播力引导力》，《人民日报》2016 年 2 月 20 日。

乱的‘催化剂’。”[①]我国目前正处于社会矛盾凸显期，与之相关的负面新闻爆出不可避免，但其中不乏有的媒体在“流量经济”的导向下迎合受众日益增强的猎奇心理，炒作放大社会阴暗面，报道一些未经证实、捕风捉影的负面新闻。我们强调新闻媒体要弘扬主旋律、传播正能量，坚持正面宣传为主的原则，始终将正确的价值导向放在一切舆论引导工作的首位，必须注意以下两个方面的问题。其一，坚持正面宣传为主，要站在人民的视角，引导民众对社会公共话题的理性认知。坚持传播正能量并非不能报道负面新闻，而是要有正确的态度和倾向性，坚持客观公正、准确严谨的态度。负面报道、批评性报道是为了加强舆论监督，是为了解决问题、弘扬正气，不能为了博人眼球而偏离主流价值、为了刻意迎合而失去原则。例如，如今网民在看到类似“城管殴打摊贩”的新闻时，习惯性地将城管放到对立面，这与常年来相关新闻报道有失偏颇的态度和视角不无关系。因此，新闻媒体必须做好释疑解惑、化解矛盾的工作，既要做好舆论监督也要传播好正能量。其二，正面宣传切忌不切实际的假话、空话和套话，要切实反映人民呼声。正面宣传要传播好党和政府的声音，展示好社会的进步和人民群众的美好愿景，就必须贴近人民生活实践、把准民众需求、照顾好网民情绪、讲好百姓故事。当某一事件的发生引发民众的抱怨、愤慨等负面情绪时，如果过度正面宣传，反倒会加深网民的不满情绪和逆反心理，甚至发展成为民粹情绪，影响媒体公信力。正面宣传坚持以人民为中心，才能汇聚起同心同德的强大凝聚力；思想宣传、舆论引导在弘扬主旋律、传播正能量的同时，必须把握好时机、分寸和受众心理，必须匹配现实问题的解决，否则再多的正面宣传都只会沦为自说自话和自娱自乐。

---

① 《习近平关于社会主义文化建设论述摘编》，北京，中央文献出版社 2017 年版，第 38 页。

（二）构建弘扬核心价值观的网络阵地

网络空间“杂草”丛生、“野草”疯长，原因固然是多方面的，是错综复杂的，但价值观的错位与迷失是最关键的因素。就新闻舆论工作来看，有的媒体靠标新立异来制造轰动效应，有的媒体为追求点击率不择手段，有的媒体丧失职业理想和使命意识，陷入追名逐利的怪圈无法自拔。诸如此类的怪象在自媒体领域更是数不胜数。这些现象归根结底是价值观的问题，价值观的迷失是其产生的重要症结所在。一个民族的复兴离不开价值的指引也离不开精神力量的支撑，培育和践行社会主义核心价值观，高扬主旋律、传播正能量，既是网络空间的文明诉求和价值追求，也是主流意识形态话语权构建的根本路径。一是，以各种形式和多种渠道加强社会主义核心价值观的宣传和传播，让社会主义核心价值观占领网络阵地和舆论阵地。在众声喧哗的网络舆论场，声音大的人群在得到支持和回声后，声音会越来越大，其意见便呈螺旋式上升甚至发展成为网络主流话语，而其他的声音则归于沉默。当前网络民粹主义活跃，主流意识形态话语面临污名化环境，我们要警惕社会主义核心价值观宣扬者陷入“沉默的螺旋”。社会主义核心价值观在任何时候都不能缺场，要把大力培育和践行社会主义核心价值观作为舆论引导工作的常态。二是，用社会主义核心价值观来引导和规范网络媒体、网络平台、网络技术运用者等行为主体。西方国家的专家、学者、科学技术人员、旅行家、旅游者、西方官员、文艺和体育工作者、留学生、探亲访友者等等都是西方资产阶级价值观的“载体”，是自觉的“流动的”宣传员。[①]社会主义核心价值观只有真正融入人的日常心理、行为规则，成为实践主体的活动路径，才能真正成为人

① 刘廷亚：《警惕没有硝烟的世界大战——反“和平演变”问题研究》，天津，天津社会科学院出版社 1991 年版，第 97—98 页。

的信念持守和精神依归。因此，要将社会主义核心价值观融入网络企业价值观建设，规范网络企业、网络平台的价值取向，鼓励其打磨更优质的网络内容和产品；网络媒体不仅自身要加强社会主义核心价值观的培育，也要以更大的耐心和信心去探索和挖掘社会主义核心价值观的深刻内涵，丰富和优化其内容表现形式，不断满足网民大众日益增长的价值需求和精神需求；网络技术的运用要更加彰显价值关怀和人文关怀，让技术为社会主义核心价值观的宣扬插上“翅膀”。

（三）有理有利有节回击错误思想言论

坚持正面宣传与回击错误言论是坚持正确导向的一体两面，只有有效遏制错误信息和有害言论，才能更好地弘扬主旋律、传播正能量，增强网络空间主流意识形态话语影响力；只有敢于、善于同错误言论交锋的正面宣传才是有信服力、有生命力的宣传。首先，要坚持以理服人，用有说服力的论据对错误言论予以回击。对错误言论的回击务必准确有力、清晰透彻，对于一些低级的错误言论，可以实事求是地直接指出；对于一些貌似“有图有真相”“有细节有事实”“有逻辑有历史”的错误观点，我们要用更全面、更客观的真相和细节以及更严密的逻辑予以驳斥；对于政治意图明显、处心积虑地争夺新闻舆论阵地以及歪曲事实、恶意攻击党和政府的极端言论，必须及时制止，肃清其不良影响；对于影响甚广、存在时间长、花样翻新的网络错误思潮，我们要不遗余力地揭示其错误价值立场、政治企图、本来面目和现实危害，理直气壮地进行批判和斗争。唯有如此，才能避免思想混乱，把牢马克思主义意识形态话语权。其次，要始终站在党和人民的立场上，站在正义和真理的立场上，坚持原则，不当“开明绅士”和“老好人”，鲜明地显示出自身的价值倾向和准则。将“疑”解释清楚、将“惑”解开才能增信；面对错误观点不妥协不回避，才能增强网民明辨是非的能力，才能帮助网民澄清思想困惑，才能将民众更广泛地团结在党和政府周围，凝聚人心、汇聚力量，推动中国特色社会主义事业发展。再次，要遵循规律，讲究方法策略。要遵循网络传播规律，运用好新媒体技术，采用具象具体、可知可感、通俗易懂、严谨有力等网民喜闻乐见的形式积极发声，解疑释惑；要防止因舆论斗争的泛化和扩大化而造成言论自由被压制，形成人人不敢发声或不发出真实声音的“寒蝉效应”，避免造成不利于党和人民群众密切联系的不良局面；对于不同性质、不同程度的错误言论要采取不同的方法，强化依法办事、依法治网的法律意识。

三、增强网络空间主流意识形态话语引导效果

主流意识形态话语引导力实质上是一种引导网民朝预设方向形成认知或共识以确保主流意识形态安全的一种能力。这种能力关涉网络舆论引导的技巧、方法和规律，追求舆论引导的科学化、规律化和长效化。如何畅通对话渠道、如何提升主流话语影响力、如何应对汹涌极化的网络舆情、如何打通官方舆论场与民间舆论场等问题是我们提高网络舆论引导能力必须回答的关键问题，也是难点问题。基于对当前网民认知规律、网络信息传播规律、网络舆论演变规律以及网络话语表达规律的把握和研判，我们强调提高主流意识形态话语引导能力要提升议程设置能力，提高舆情应对能力，构建多元互动机制。

（一）提升议程设置能力

在信息传播主体多元化趋势下，虽然人人都争相发言争夺受众，但议程设置能力始终是判断媒体舆论引导力的重要指标。舆论议题多是自发形成，如微博实时热点话题，但这种自发性往往存在诸多问题和弊端，尤其是在一些重大舆情事件中，如何避免被网络负面舆论牵着鼻子走？如何扭转被动局面？议程设置能力就显得尤为重要。人民日报社副总编辑在总结人民日报的媒体融合实践时指出，主流媒体不仅要看发行量，更要看影

响力，要能在舆论场上具备定义事件、引导舆论、凝聚共识的设置议程能力。[①]“高明的议题设置往往都是时机、技巧、方法的最佳运用。”[②]一方面，要重视对公共议题的设置，把握优先权，以贴合民众心理特点的方式对舆论进行引导和认同建构。在受众较多的社交媒体平台，可以选定并设置一些有社会意义、公众关心的公共议题、热点话题，吸引和聚合网民注意力，引导网民参与探讨。例如，知乎社交平台拥有高质量的话语表达以及专业、理性、友善的独特舆论氛围，其“热榜”栏目设置了很多与网民息息相关的问题，其不动声色、网民理性互动的形式具有引导舆论的良好效果。另一方面，要积极制造议题，主动“蹭热点”，顺势增强主流价值供给。议题设置不仅要善于在舆论发酵时“让该热的热起来，该冷的冷下去”，还要善于顺势而为，借助已有话题规模提升议题设置的影响力，增强引导舆论的主动性。例如，2019 年《流浪地球》的热映获得观众一致好评，其一度成为微博热搜话题。国务院国资委新闻中心的官方微博“国资小新”对《流浪地球》作者刘慈欣两次回应，2019 年 2 月 12 日，“国资委回复刘慈欣电厂写作”相关话题在微博平台两次进入热搜前 10 名，在百度平台位列热搜榜第 2 名。截至 2 月 13 日上午 8 点半，“国资小新”相关微博被转发 2901 次、评论 1308 条、点赞 3945 次，阅读量 184 万。[③]在 # 国资委回应刘慈欣 # 事件中，国资委借着《流浪地球》的热度实事求是地回应了网民关切，在网民的广泛参与和高接受度中既塑造了官方媒体公

---

① 卢新宁：《主流媒体如何巩固主流地位——关于人民日报媒体融合实践的思考》，《新闻战线》2018 年第 13 期。

② 《习近平新闻思想讲义（2018 年版）》，北京，人民出版社、学习出版社 2018 年版，第 85 页。

③ 《从 # 国资委回应刘慈欣 # 事件，看政务新媒体如何走好网上群众路线》，http://home.gsdata.cn/news-report/articles/2633.html，2019 年 2 月 22 日。

开透明、温情善意的新面貌，也提升了新时代国企形象，是政务新媒体舆论引导水平的有力展现。此外，议程设置作为媒体的客观功能，要谨防媒体“出于单方面的经济利益考虑，无条件迎合受众，设置者主观上不是为了引导什么”[①]所带来的负面影响。

（二）提高舆情应对能力

在内宣外宣无界线的互联网时代，意识形态领域的风险变数在增多、难度系数在变大，宣传思想工作者若欠缺相应的专业能力，缺乏足够的知识储备和应对经验，在面对汹涌的舆论浪潮和极化的网络群体时会出现“老办法不管用，硬办法不能用，新办法不会用”的尴尬局面。提高舆情应对能力，是党政领导干部的必修课，也是新闻媒体锤炼业务能力的必然要求。首先，提高党和政府网络执政能力，树立党政新形象。如今，随着微博、微信成为两大主导性网络舆论场，政务微博、政务微信公众号等网络平台快速发展，已经成为党和政府的官方发言人、形象代言人以及网络舆情回应的主要渠道，也成为网民的重要关注对象和监督对象。在“山呼海啸”的网络舆论监督和“全民侦探”环境下，政府主管部门也常常卷入舆论旋涡。党和政府要将这种压力和恐惧转化为主动作为的动力，不断提高网络执政能力，积极主动提供信息服务、与民平等交流沟通，构建政府公开透明、阳光运行、亲民爱民的良好形象。其次，面对舆情事件，党政相关部门必须第一时间发声。舆情回应及时与否直接决定整个舆情事件的走向和影响程度。网民在舆情事件中所表现出的对党和政府的质疑、对抗和误解，往往是他们缺乏安全感的本能反应，一般随着政府和官方部门的积极介入和回应而偃旗息鼓，党和政府必须及时回应，积极疏导网民情

① 陈力丹：《舆论学：舆论导向研究》，上海，上海交通大学出版社 2012 年版，第 172—173 页。

绪；政务媒体与地方媒体以及主流媒体要形成联动，合理推进舆情事件的处置，做到信息透明、调查跟进、通报翔实，从而有效化解网络舆情引起的网民负面情绪，维护和提升党和政府公信力。再次，针对舆情事件，官微以及主流媒体要敢于发声、勇于亮剑，以鲜明的立场积极介入主流意识形态的宣扬和表态，激浊扬清，遏制负能量，对错误和有害论调形成震慑，壮大主流舆论。例如，共青团中央在“文登 7·22 事件”引发的多方角力的舆论战中勇敢亮剑，对事件的发展走向起到了重要、积极而强大的作用。此外，提升舆情应对技巧也必不可少，例如，信息发布灵活多样、及时澄清虚假信息、善于转移负面话题、淡化舆情政治色彩、官方通报措辞严谨、把准公众情感需求，不能疏漏事件细节等。2018 年 9 月，河南平顶山市鲁山县检察院官方微博通报一起未成年人强奸案，使用了词不达意的“冰释前嫌”“握手言和”等容易产生歧义的词汇。2021 年 2 月，甘肃省合作市某政务号发布文章《工头爬塔吊讨薪 被行政拘留 10 天》，使用了“恶意讨薪”等表述，说法失当，不仅受到网民广泛批评，而且在社会上造成了不良影响，也透支了司法公信力。类似因官方通报、舆情回应不当引发舆论震荡的事例时有发生，思想宣传工作者的网络舆情应对能力还有待进一步提高。

（三）构建多元互动机制

网络空间是一个开放交互、平等对话的空间，只有尊重网民的主体地位，强化舆论引导的对话思维和互动思维，构建话语的互动反馈机制，才能引导舆论走向理性，才能拉近媒体与受众、“官方”与“民间”的距离，才能在互动交流中强化对主流意识形态的认同。其一，对于媒体与媒体的互动，要不断探索传统媒体和新媒体的良性互动和深度融合。传统主流媒体和新兴主流媒体之间尚未形成良性互动，是制约当前网络舆论引导效果的重要因素之一。全媒体时代，推进媒体的深度融合发展，就是要将传统媒体和新媒体的优势融为一体，增强媒体竞争力，赢得受众；就是要做到传统主流媒体深度挖掘、权威解读、专业严谨与新媒体先声夺人、及时补位、抢占舆论制高点的同频共振、合而为一，提升网络舆论引导的有效性。其二，对于“官”与“民”的互动，要打通两个舆论场。网络空间存在两个舆论场，即主流媒体、官方媒体着力营造的“官方舆论场”与网民通过社交媒体自由发声和表达意见形成的“民间舆论场”，两者并非总是一致的，存在相背离的现象：网民对官方舆论或议题的漠不关心，官方舆论出于种种原因在网民高声疾呼的事件中“失声”。实现两个舆论场的融通一致，官方和主流媒体要关切并真实反映民间诉求，畅通和拓展民意表达、信息交流互动渠道，建立互动与反馈机制，建立民间舆论的风险认知和预警机制；要尊重网民的舆论监督功能，敢于面对民间舆论场的热点焦点问题并及时回应，与民平等对话；要注重网民心态疏导和提升网民心理安全感，增强官民互信。同时，网民的理性素养亟待提升，避免利益表达的情绪极化。其三，对于意见领袖与普通网民的互动，要重视“新闻评论”的作用。新闻评论是新闻媒体的重要宣传手段，是以评论的形式为大众提供认知的一种工具，具有引导舆论、弥合社会分歧的作用。在众说纷纭的网络舆论场中，其中很大一部分网民是“不发言只围观”的状态，即所谓的“吃瓜群众”，对网络事件持观望态度，他们对事件的看法具有跟风、从众的不稳定性。作为主流意识形态的坚定维护者，新闻评论者是特殊的网络意见领袖，他们若能够高屋建瓴，以其敏锐的洞察力、严密的逻辑分析力、辛辣精准的笔力，全面、客观厘清事件发展的来龙去脉，对事件所蕴含的意义、价值和真理作出公正、是非分明的评价，为网民看待网络事件提供一个客观理性的视角，就能极大地发挥新闻评论凝聚人心、树立正确舆论导向的作用。因此，要高度重视新闻评论引导舆论的作用，更加重视信息传播过程中的网评引导和跟帖管理，更加重视网络评论员队伍建设。

结　语

意识形态是对社会经济关系与阶级关系的反映，其以独特的话语体系集中表达特定社会集团的利益及诉求，以系统性的话语来建构自身的社会身份、地位甚至权力；掌握意识形态话语权，是特定阶级意识上升为统治思想与国家意志的必要前提，同时也是确保政权稳固的思想保障。随着互联网与政治、经济、文化、社会各领域的日益深度融合，虚拟的网络空间与现实的社会生活一体链接，并深刻影响社会公众的思维方式、思想观点与价值观念。虚拟网络的兴起不可避免地随带多元思想意识的暗潮汹涌，网络空间意识形态话语权成为意识形态斗争的聚焦点，引发了多元意识形态以话语权为中心的攻防对抗，网络演变为国家意识形态安全的“最大变量”，同时也日益凸显成为意识形态话语权竞争的“主战场”。意识形态话语权之争，实质上是舆论喧嚣与观点争鸣之下异质意识形态之间的对立及其对人心的争夺，是国家权力之争，关乎国家发展的旗帜、道路与政治安全。推进当代中国网络空间马克思主义意识形态话语权的研究既是深化理论研究的需要，也是回应国家意识形态安全及话语体系建设、国家文化软实力建设、网络强国建设、网络空间治理等实践诉求的需要。本书坚持以马克思主义的立场、观点和方法为指导，综合运用文献研究法、规范研究法、系统研究法和案例分析法等主要方法，对当代中国网络空间马克思主义意识形态话语权的话语生态、生成逻辑、面临的挑战、构建策略和路径等相关议题展开了系统研究。科学认识当代中国网络空间马克思主义意识形态话语权问题：

第一，必须厘清马克思主义意识形态话语权赖以存在和发展的网络话语生态，这是探究马克思主义意识形态话语权生成和构建的基本前提。多元意识形态的共息共存，是当代中国网络空间意识形态话语生态的基本场景。当前，网络空间意识形态话语资源极为丰富，多元话语主体活跃其中，意识形态话题领域宽泛，信息燃点的“泛政治化”倾向明显，舆情变化可谓是瞬息之间风云变幻。虽然网络空间多元意识形态千帆竞逐，不同意识形态话语交锋风起云涌、暗潮涌动，但整体上，当代中国网络空间意识形态话语处于承继中有创新、分化中有共鸣、多元中有主导、冲突中有交融、无序中有规范的动态平衡中。这种平衡，绝非指除马克思主义意识形态以外的其他意识形态话语“万马齐喑”的景象，而是马克思主义意识形态主导下多元意识形态五彩纷呈、互容碰撞的动态图景。这为网络空间马克思主义意识形态话语权的生成奠定了良好的“水文”“土壤”“气候”“养分”等生态条件。这是我们构建网络空间马克思主义意识形态话语权的信心和底气所在。

第二，网络空间马克思主义意识形态话语权的生成遵循怎样的逻辑，其生成的现实根基以及必然性、合法性与合理性何在？弄清楚这些问题是我们科学建构马克思主义意识形态网络话语权的基础所在。从生成依据来看，网络空间马克思主义意识形态话语权，作为现实社会马克思主义意识形态话语权在虚拟空间内的拓展，社会存在为其生成提供了物质基础、现实支撑以及最广泛的主体力量；国家政权则是网络空间马克思主义意识形态话语权生成的合法性支撑与重要保障；而确保文化安全，成为网络空间马克思主义意识形态话语权生成的重要内在诉求。从生成机理来看，网络空间马克思主义意识形态话语权有着从萌生、发展到确立的生成理路。自由竞争的网络生态促进了多元意识形态话语权利意识的普遍觉醒与权利诉求的积极伸张，马克思主义意识形态的“话语权”意识开始萌生，并在树立话语权威的基础上，在政权、资本、技术等赋权的联合共振下实现了最终确立。从这一层面看，网络空间意识形态话语权，作为一种软权力，不是依靠暴力的手段、强制性的方法建构起来的，而是凭借广大网民的自愿认同和服从而实现的；但同样需要“硬力量”为其话语权威的巩固、话语影响的深入、话语认同的持久提供保障。网络空间马克思主义意识形态话语权是一套由多元要素构成的话语权力体系，是在多元话语权力要素系统运作、动态演进中实现的。马克思主义意识形态能够在众声喧嚣中脱颖而出，从而树立起话语权威，关键取决于自身话语的说服力，取决于马克思主义意识形态话语对理论与实践问题的解释力和穿透力，因此，网络空间马克思主义意识形态话语的提问权、论断权与解释权是其生成的关键要素。

第三，正视当前我国网络空间马克思主义意识形态话语权面临的挑战和问题。在我国网络空间多元意识形态话语“百舸争流”、乐音噪音杂音勾连同存的生态格局中，虽然马克思主义意识形态仍居主流、占据主导地位。但“千帆竞逐”的网络多元意识形态向马克思主义意识形态话语权提出的现实挑战不可小觑。一方面，网络传媒的兴起深刻改变了意识形态话语传统的传播方式、传播理念和传播生态，马克思主义意识形态话语权的构建在网络化、信息化趋势下面临严峻的时代性考验。另一方面，网络社会思潮的传播、西方价值观的强势输出、新理论观点的网络喧嚣无不挤压着马克思主义意识形态的话语空间，挑战着马克思主义意识形态的解释力和批判力，网络空间马克思主义意识形态话语权的构建面临复杂性挑战。此外，网络宣传思想工作“本领恐慌问题”日渐凸显，主流意识形态话语的领导力、宣传力、导向力、教育力、创新力均存在不同程度的欠缺。党员干部意识形态能力有待提升，主流媒体的舆论引导以及管控能力还亟待加强，网络思想政治教育的有效性仍需提高，能力性挑战严重制约马克思主义意识形态网络话语权的构建。

第四，在当前网络现实境遇下如何构建马克思主义意识形态话语权，本书尝试提出构建的有效对策。从中观层面来看，我党能否在激烈的意识形态论战中突出重围，将网络空间中的意识形态话语权紧紧掌握在手中，最根本的在于我党能否始终坚持马克思主义在意识形态领域的指导地位，是否能够以强大的文化自信支撑政治定力。立足于这两个基本点的坚守，我们必须树立问题先导的理念，确立起开放、融合、共生的网络文化发展理念，树立及时准确、以民为本的网络舆论引导理念，并正确处理好网络空间“意识形态泛化”与“意识形态淡化”、创新与坚守、自由与规范、合目的性与合规律性之间的关系问题。从微观层面来看，马克思主义意识形态网络话语权的构建，要积极发挥党和政府在网络话语生态治理和网络话语引导方面的主导作用，谋划好顶层设计和宏观把控，做好网络乱象治理以及新闻舆论工作的科学统筹、整体部署和协调配合；要构建一套有解释力、有吸引力、有渗透力的马克思主义意识形态话语体系，增强马克思主义意识形态话语内容说服力，优化话语的表达方式，充分运用多种网络传播渠道；要提升网络空间马克思主义意识形态话语引导力，实现政府、媒体与意见领袖之间的良性互动，扩大网络空间主流价值观念影响力版图，提升议程设置能力、舆情应对能力以及对话能力。

互联网的演进过程永不停息，问题出现与问题解决总是会并驾齐驱，作为一项宏大复杂、动态更新的系统工程，我们探寻马克思主义意识形态话语权的构建永远是进行时，不可能一劳永逸。对当代中国网络空间马克思主义意识形态话语权问题的探讨当然不可能仅仅局限于以上几个方面，其还存在广阔的研究空间有待我们去挖掘。由于笔者知识和能力水平有限等各种因素的限制，本书尚存在不足之处，也还有不少问题尚未展开，如马克思主义意识形态网络话语权形成的心理机制问题、马克思主义意识形态话语权构建的有效性问题、网络意识形态演变逻辑问题等，这些问题将是笔者未来继续研究的努力方向。

参考文献

一、文献类

[1]《马克思恩格斯文集》第 1—10 卷，北京，人民出版社 2009 年版。

[2]《马克思恩格斯选集》第 1—4 卷，北京，人民出版社 2012 年版。

[3]《列宁选集》第 1—4 卷，北京，人民出版社 2012 年版。

[4]《毛泽东文集》第 1—8 卷，北京，人民出版社 1993、1996、1999 年版。

[5]《毛泽东选集》第 1—4 卷，北京，人民出版社 1991 年版。

[6]《毛泽东书信选集》，北京，人民出版社 1983 年版。

[7]《邓小平文选》第 1—2 卷，北京，人民出版社 1994 年版。

[8]《江泽民文选》第 1—3 卷，北京，人民出版社 2006 年版。

[9]《习近平总书记系列重要讲话读本》，北京，学习出版社、人民出版社 2014 年版。

[10]《习近平谈治国理政》第 1 卷，北京，外文出版社 2018 年版。

[11]《习近平谈治国理政》第 2 卷，北京，外文出版社 2017 年版。

[12]《习近平关于社会主义文化建设论述摘编》，北京，中央文献出版社 2017 年版。

[13]《习近平关于全面建成小康社会论述摘编》，北京，中央文献出版社 2016 年版。

[14]《习近平关于全面从严治党论述摘编》，北京，中央文献出版社2016年版。

[15]《建国以来重要文献选编》第1—20册，北京，中央文献出版社2011年版。

[16]《毛泽东新闻工作文选》，北京，新华出版社2014年版。

[17]《十一届三中全会以来党的宣传工作文献选编》，北京，中共中央党校出版社1989年版。

[18]《十二大以来重要文献选编》（上、中、下），北京，中央文献出版社1986、1988年版。

[19]《十三大以来重要文献选编》（上、中、下），北京，中央文献出版社1991、1993年版。

[20]《十四大以来重要文献选编》（上、中、下），北京，中央文献出版社1996、1997、1999年版。

[21]《十五大以来重要文献选编》（上、中、下），北京，中央文献出版社2000、2001、2003年版。

[22]《十六大以来重要文献选编》（上），北京，中央文献出版社2005年版。

[23]《十六大以来重要文献选编》（中），北京，中央文献出版社2006年版。

[24]《十六大以来重要文献选编》（下），北京，中央文献出版社2008年版。

[25]《十七大以来重要文献选编》（上），北京，中央文献出版社2009年版。

[26]《十七大以来重要文献选编》（中），北京，中央文献出版社2011年版。

[27]《十七大以来重要文献选编》(下),北京,中央文献出版社 2013 年版。

[28]《十八大以来重要文献选编》(上),北京,中央文献出版社 2014 年版。

[29]《十八大以来重要文献选编》(中),北京,中央文献出版社 2016 年版。

[30]《十八大以来重要文献选编》(下),北京,中央文献出版社 2018 年版。

[31]《十九大以来重要文献选编》(上),北京,中央文献出版社 2019 年版。

[32]《十九大以来重要文献选编》(中),北京,中央文献出版社 2021 年版。

[33]《十九大以来重要文献选编》(下),北京,中央文献出版社 2023 年版。

二、著作类

[1]俞吾金:《意识形态论》,北京,人民出版社 2009 年版。

[2]童世骏:《意识形态新论》,上海,上海人民出版社 2006 年版。

[3]侯惠勤:《马克思主义的意识形态批判与当代中国》,北京,中国社会科学出版社 2010 年版。

[4]侯惠勤:《国外马克思主义意识形态研究著作评析》,北京,中国社会科学出版社 2015 年版。

[5]杨昕:《中国共产党意识形态话语权研究》,北京,社会科学文献出版社 2015 年版。

[6]申文杰:《马克思主义意识形态话语权理论阐释与实践探索》,北

京，人民出版社 2017 年版。

[7] 张立:《新媒体视域中主导意识形态话语权建构问题研究》，西安，陕西人民出版社 2015 年版。

[8] 罗晶:《新时代党的意识形态安全理论创新研究》，天津，天津人民出版社 2023 年版。

[9] 邹放鸣:《意识形态的历史与逻辑》，北京，学习出版社 2021 年版。

[10] 郭明飞:《网络发展与我国意识形态安全》，北京，中国社会科学出版社 2009 年版。

[11] 杨洋:《网络意识形态话语权构建研究》，北京，光明日报出版社 2023 年版。

[12] 李永刚:《我们的防火墙：网络时代的表达与监管》，桂林，广西师范大学出版社 2009 年版。

[13] 于德山:《共识与分歧：网络舆论的信息传播研究》，北京，社会科学文献出版社 2016 年版。

[14] 尹章池:《网络传播导论》，武汉，武汉大学出版社 2013 年版。

[15] 黄冬霞:《网络意识形态话语权研究》，北京，中国社会科学出版社 2020 年版。

[16] 梅荣政:《用马克思主义引领社会思潮》，武汉，武汉大学出版社 2008 年版。

[17] 王浩:《我国网络社会主流意识形态建设研究》，昆明，云南人民出版社 2021 年版。

[18] 郑元景:《中国网络文化软实力研究》，北京，人民出版社 2016 年版。

[19] 陈力丹:《舆论学：舆论导向研究》，上海，上海交通大学出版

社 2012 年版。

［20］胡泳:《众声喧哗：网络时代的个人表达与公共讨论》，桂林，广西师范大学出版社 2008 年版。

［21］周裕琼:《当代中国社会的网络谣言研究》，北京，商务印书馆 2012 年版。

［22］王国华:《解码网络舆情》，武汉，华中科技大学出版社 2011 年版。

［23］黄世虎等:《网络时代中国主流意识形态建设研究》，南京，南京大学出版社 2020 年版。

［24］匡文波:《网络传播学概论》第 3 版，北京，高等教育出版社 2015 年版。

［25］李江静:《网络空间意识形态话语权提升研究》，北京，人民出版社 2023 年版。

［26］张爱军:《网络政治意识形态传播规律研究》，天津，天津人民出版社 2024 年版。

［27］李晓阳:《新时代中国主流意识形态的感性传播研究》，上海，上海人民出版社 2022 年版。

［28］乐媛:《超越左与右：中国网络论坛的公共讨论与意识形态图景》，北京，中国传媒大学出版社 2014 年版。

［29］夏一璞:《互联网的意识形态属性》，北京，首都经济贸易大学出版社 2015 年版。

［30］王承哲:《意识形态与网络综合治理体系建设》，北京，人民出版社 2018 年版。

［31］王爱玲:《中国网络媒介的主流意识形态建设研究》，北京，人民出版社 2014 年版。

[32] 林晖:《断裂与共识：网络时代的中国主流媒体与主流价值观构建》，上海，复旦大学出版社 2013 年版。

[33] 杨文华、何翘楚:《网络意识形态领导权研究》，沈阳，东北大学出版社 2017 年版。

[34] 张国庆:《媒体话语权——美国媒体如何影响世界》，北京，中国人民大学出版社 2012 年版。

[35] 张国庆:《话语权：美国为什么总是赢得主动》，南京，江苏人民出版社 2011 年版。

[36] 石云霞:《十六大以来意识形态建设研究》，武汉，武汉大学出版社 2012 年版。

[37] 骆郁廷:《文化软实力：战略、结构与路径》，北京，中国社会科学出版社 2012 年版。

[38] 沈壮海:《软文化·真实力：为什么要提高国家文化软实力》，北京，人民出版社 2008 年版。

[39] 沈壮海:《论文化自信》，武汉，湖北人民出版社 2019 年版。

[40] 沈壮海、王晓霞等:《中国大学生思想政治教育发展报告 2017》，北京，北京师范大学出版社 2018 年版。

[41] 沈壮海:《文化软实力及其价值之轴》，北京，中华书局 2013 年版。

[42] 秦小琪:《网络空间治理研究》，北京，光明日报出版社 2024 年版。

[43] 郭同峰:《新时代网络思想阵地建设研究》，北京，新华出版社 2024 年版。

[44] 杨果:《网络思想政治教育基本规律研究》，北京，人民出版社 2023 年版。

[45] 薛海玲:《融媒体时代网络舆论生态研究》，北京，北京出版社2023年版。

[46] 王伟:《信息时代的现实与虚拟》，北京，中国社会科学出版社2023年版。

[47] 刘远亮:《新时代网络意识形态安全治理的法治路径研究》，西安，西北工业大学出版社2023年版。

[48] 李宏、李民等:《传媒政治》，北京，中国传媒大学出版社2005年版。

[49] 柯惠新等:《传播研究方法》，北京，中国传媒大学出版社2009年版。

[50] 郑永年:《大格局：中国崛起应该超越情感和意识形态》，北京，东方出版社2014年版。

[51] 郑永年:《中国软力量建设中的知识体系问题》，北京，外文出版社2012年版。

[52] 郑永年:《民主，中国如何选择》，杭州，浙江人民出版社2015年版。

[53] 王爱玲:《技术嬗变中的网络意识形态安全研究》，北京，人民出版社2023年版。

[54] 俞可平:《论国家治理现代化》，北京，社会科学文献出版社2014年版。

[55] 赵汀阳:《论可能生活》，北京，生活·读书·新知三联书店1994年版。

[56] 陈曙光:《中国话语——说什么？怎么说？》，武汉，湖北人民出版社2017年版。

[57] 陆学艺:《当代中国社会阶层研究报告》，北京，社会科学文献

出版社 2002 年版。

[58] 林毓生:《中国传统的创造性转化》，北京，生活·读书·新知三联书店 1988 年版。

[59] 王永进:《思想政治教育话语权研究》，上海，上海交通大学出版社 2023 年版。

[60] 秦露:《互联网时代如何执政与为官》，北京，党建读物出版社 2012 年版。

[61] 喻国明、李彪:《社交网络时代的舆情管理》，南京，江苏人民出版社 2015 年版。

[62] 王易:《社会主义现代化新征程中的意识形态安全》，北京，中国人民大学出版社 2022 年版。

[63] 韩震:《社会主义核心价值体系研究》，北京，人民出版社 2007 年版。

[64] 郑若麟:《自由的幻觉：开放中抵御精神殖民》，北京，东方出版社 2018 年版。

[65] 赵鲁杰、何仁学:《美国全球霸权与中国命运》，北京，北京出版社 1999 年版。

[66] 刘廷亚:《警惕没有硝烟的世界大战——反“和平演变”研究》，天津，天津社会科学院出版社 1991 年版。

[67] 王永贵:《马克思主义意识形态理论与当代中国实践研究》，北京，人民出版社 2013 年版。

[68] 徐海波:《中国社会转型与意识形态问题》，北京，中国社会科学出版社 2003 年版。

[69] 张骥:《中国文化安全与意识形态战略》，北京，人民出版社 2010 年版。

[70] 刘明君:《多元文化冲突与主流意识形态建构》，北京，中国社会科学出版社 2008 年版。

[71] 赵勇:《社会主义意识形态功能研究》，上海，上海人民出版社 2012 年版。

[72] 萧功秦:《超越左右激进主义：走出中国转型的困境》，杭州，浙江大学出版社 2012 年版。

[73] 韩美群、宋州:《文化建设的中国话语》，武汉，武汉大学出版社 2014 年版。

[74] 张国祚:《中国文化软实力发展报告》，北京，北京大学出版社 2014 年版。

[75] 梁松柏:《网络综合治理研究》，北京，人民出版社 2022 年版。

[76] 赵志立:《网络传播学导论》，成都，四川人民出版社 2009 年版。

[77] 石义彬:《批判视野下的西方思想传播》，北京，商务印书馆 2014 年版。

[78] 申小翠:《全球主义批判与当代中国意识形态建设》，北京，光明日报出版社 2011 年版。

[79] 宫承波、管璘:《传播学史》，北京，中国广播影视出版社 2014 年版。

[80] 李智:《国际政治传播：控制与效果》，北京，北京大学出版社 2007 年版。

[81] 张耀灿、郑永廷等:《现代思想政治教育学》，北京，人民出版社 2006 年版。

[82]《思想政治教育学原理》编写组:《思想政治教育学原理》第 2 版，北京，高等教育出版社 2018 年版。

[83] 张再兴:《网络思想政治教育研究》，北京，经济科学出版社

2009 年版。

[84] 唐亚阳:《网络思想政治教育学》,北京,人民出版社 2016 年版。

[85] 陈秉公:《思想政治教育学原理》,北京,高等教育出版社 2006 年版。

[86] 贾英健:《社会主义意识形态话语权研究》,北京,人民出版社 2024 年版。

[87] 刘勇:《当代中国主流价值观话语权研究》,北京,光明日报出版社 2024 年版。

[88] 韩美群、宋州:《文化建设的中国话语》,武汉,武汉大学出版社 2014 年版。

[89] 方爱东:《当代中国主流价值观话语权生成机制研究》,北京,光明日报出版社 2021 年版。

[90] 边芹:《谁在导演世界》,北京,中央编译出版社 2013 年版。

[91] 李艳艳:《西方文明东进战略与中国应对》,北京,社会科学文献出版社 2015 年版。

[92][美] 罗宾洛克夫:《语言的战争》,刘丰海等译,北京,新华出版社 2001 年版。

[93][美] 斯蒂文・小约翰:《传播理论》,陈德民等译,北京,中国社会科学出版社 1999 年版。

[94][德] 施尔玛赫:《网络至死:如何在喧嚣的互联网时代重获我们的创造力和思维力》,邱袁炜译,北京,龙门书局 2011 年版。

[95][美] 爱德华・W. 萨义德:《东方学》,王宇根译,北京,生活・读书・新知三联书店 1999 年版。

[96][美] 恩格尔:《意识形态与现代政治》,张明贵译,台北,桂冠

图书股份有限公司 1981 年版。

[97][美] 西摩 · 马丁 · 李普塞特:《政治人: 政治的社会基础》, 张绍宗译, 上海, 上海人民出版社 1997 年版。

[98][加] 莫斯可:《数字化崇拜: 迷思、权力与赛博空间》, 黄典林译, 北京, 北京大学出版社 2010 年版。

[99][美] 曼纽尔·卡斯特:《网络社会的崛起》, 夏铸九等译, 北京, 社会科学文献出版社 2001 年版。

[100][美] 阿尔温·托夫勒:《权力的转移》, 吴迎春、傅凌译, 北京, 中共中央党校出版社 1991 年版。

[101][美] 奥托 · 纽曼、[美] 理查德 · 德 · 佐萨:《信息时代的美国梦》, 凯万等译, 北京, 社会科学文献出版社 2002 年版。

[102][英] 安德鲁 · 查德威克:《互联网政治学: 国家、公民与新传播技术》, 任孟山译, 北京, 华夏出版社 2010 年版。

[103][美] 凯斯 · 桑斯坦:《极端的人群: 群体行为的心理学》, 尹宏毅、郭彬彬译, 北京, 新华出版社 2010 年版。

[104][美] 托马斯 · 弗里德曼:《世界是平的》, 何帆、肖莹莹、郝正非译, 长沙, 湖南科学技术出版社 2010 年版。

[105][俄] 谢 · 卡拉 . 穆尔扎:《论意识操纵 (上)》, 徐昌翰等译, 北京, 社会科学文献出版社 2004 年版。

[106][法] 古斯塔夫 · 勒庞:《乌合之众——大众心理研究》, 冯克利译, 桂林, 广西师范大学出版社 2007 年版。

[107][美] 埃瑟 · 戴森:《2.0 版数字化时代的生活设计》, 胡泳、范海燕译, 海口, 海南出版社 1998 年版。

[108][加] 马歇尔 · 麦克卢汉:《理解媒介》, 何道宽译, 北京, 商务印书馆 2000 年版。

[109][美]尼尔·波兹曼:《娱乐至死》，章艳译，桂林，广西师范大学出版社2004年版。

[110][法]福柯:《权力的眼睛：福柯访谈录》，严锋译，上海，上海人民出版社1997年版。

[111][瑞士]萨拉森:《福柯》，李红艳译，北京，中国人民大学出版社2010年版。

[112][荷]迪克:《网络社会新媒体的社会层面》第2版，蔡静译，北京，清华大学出版社2014年版。

[113][法]雷吉斯·迪布瓦:《好莱坞电影与意识形态》，李丹丹、李昕辉译，北京，商务印书馆2014年版。

[114][英]诺曼·费尔克拉夫:《话语与社会变迁》，殷晓蓉译，北京，华夏出版社2003年版。

[115][美]塞缪尔·亨廷顿:《文明的冲突与世界秩序的重建》，周琪等译，北京，新华出版社2009年版。

[116][德]卡尔·曼海姆:《意识形态与乌托邦》，黎鸣、李书宠译，北京，中国社会科学出版社2009年版。

[117][美]沃尔特·李普曼:《公众舆论》，阎克文、江红译，上海，上海世纪出版集团2006年版。

[118][美]詹姆斯·韦伯斯特:《注意力市场：如何吸引数字时代的受众》，郭石磊译，北京，中国人民大学出版社2017年版。

[119][法]皮埃尔·布尔迪厄、华康德:《实践与反思——反思社会学导论》，李猛、李康译，北京，中央编译出版社1998年版。

[120][意]安东尼奥·葛兰西:《狱中札记》，曹雷雨等译，北京，中国社会科学出版社2000年版。

[121] J.Habermas: *The Philosophical Discourse of Modernity*, The MIT

Press, 1990.

[122] Eagleton T.: *Why Marx was right*, Yale University Press, 2011.

[123] Bourdieu P.: *Language and Symbolic Power*, Harvard University Press, 1991.

[124] Potter W. J., Potter J. W.: On media violence, Sage, 1999.

[125] Gans H. J.: *Deciding what's news: A study of CBS evening news, NBC nightly news, Newsweek, and Time*, Northwestern University Press, 2004.

[126] Laclau E., Mouffe C.: *Hegemony and socialist strategy: Towards a radical democratic politics*, Verso Trade, 2014.

[127] Betz D. J.: *Cyberspace and the State: Towards a Strategy for Cyber-power*, Routledge, 2017.

[128] Eagleton T.: *Ideology*, Routledge, 2014.

[129] Goldstein P.: *Post-Marxist theory*: *an introduction*, SUNY Press, 2012.

[130] Larrain J.: *Ideology and cultural identity: Modernity and the third world presence*, John Wiley & Sons, 2013.

[131] Kshetri N.: *The Quest to Cyber Superiority*, Springer，2016.

三、期刊类

[1] 侯惠勤:《正确认识改革开放掌握社会主义意识形态话语权》,《马克思主义研究》2009 年第 1 期。

[2] 侯惠勤:《意识形态话语权初探》,《马克思主义研究》2014 年第 12 期。

[3] 王习胜:《意识形态及其话语权审思》,《马克思主义研究》2007 年第 4 期。

[4] 曾令辉:《论党的十八大以来我国意识形态建设的伟大成就与根

本性转变》,《马克思主义研究》2022 年第 10 期。

[5] 孙洲、张志丹:《数字赋能意识形态治理现代化的内在逻辑与优化路径》,《河海大学学报(哲学社会科学版)》2024 年第 6 期。

[6] 陈联俊、张宝丽:《算法技术推动网络空间意识形态话语权变革及其治理》,《理论学刊》2022 年第 5 期。

[7] 杜先颖:《网络空间意识形态风险的现实表征、生成机理及化解策略》,《思想理论教育导刊》2024 年第 12 期。

[8] 郝文斌、路坤皓:《网络意识形态建设:生成逻辑、风险挑战和实践进路》,《学术交流》2024 年第 12 期。

[9] 钟君:《增强数智时代社会主义意识形态凝聚力和引领力》,《党建》2024 年第 11 期。

[10] 徐菲:《网络主流舆论的生成机理与价值引领》,《南京社会科学》2024 年第 10 期。

[11] 李红:《网络舆情的符号化风险及其治理路径》,《西北师大学报(社会科学版)》2024 年第 6 期。

[12] 蒋俊明:《推荐算法影响下主流意识形态传播的挑战及应对策略》,《马克思主义研究》2024 年第 3 期。

[13] 姜志强、郭奕冰:《习近平总书记关于意识形态工作重要论述的创造性贡献》,《河海大学学报(哲学社会科学版)》2024 年第 6 期。

[14] 吴瑛:《全球互联网舆论生态的历史演变与未来走向》,《人民论坛·学术前沿》2020 年第 15 期。

[15] 侯天佐:《网络空间中意识形态安全的现实境遇与应对策略》,《思想理论教育导刊》2019 年第 7 期。

[16] 李江静:《新传播语境下网络意识形态领域的风险及其应对》,《思想理论教育》2020 年第 8 期。

[17] 洪向华、于欢:《新时代网络意识形态领域中流行话语的样态呈现及其社会影响探论》,《科学社会主义》2023 年第 4 期。

[18] 赵丽涛:《我国主流意识形态网络话语权研究》,《马克思主义研究》2017 年第 10 期。

[19] 石超:《网络意识形态话语权的构建》,《理论视野》2017 年第 9 期。

[20] 李艳艳:《习近平关于网络意识形态工作重要论述的逻辑探析》,《思想理论教育导刊》2022 年第 5 期。

[21] 张瑜:《网络意识形态的内在逻辑与正确导向》,《马克思主义研究》2021 年第 4 期。

[22] 唐庆鹏:《政治认同:网络意识形态话语权的建构路径》,《探索》2021 年第 2 期。

[23] 肖唤元:《新时代网络意识形态话语权研究的思想聚焦、范式局限及未来展望》,《宁夏社会科学》2021 年第 4 期。

[24] 谢玉进、赵玉枝:《网络主流意识形态传播的基本矛盾与优化策略》,《思想理论教育》2018 年第 8 期。

[25] 李艳、马金婷:《牢牢把握新时代党对网络思想舆论的主动权》,《思想战线》2022 年第 6 期。

[26] 袁鑫:《习近平关于意识形态工作重要论述探析》,《思想理论教育导刊》2024 年第 2 期。

[27] 杨亮才:《网络虚拟社会与意识形态话语权的变革》,《理论学刊》2024 年第 3 期。

[28] 王晓菊、朱喆:《网络领域主流意识形态话语权的生成逻辑及其提升策略》,《社会主义研究》2022 年第 3 期。

[29] 陈联俊:《网络空间中主流价值认同的分化与重塑》,《中国特色

社会主义研究》2017 年第 6 期。

[30] 张振、郝凤:《新媒体时代中国共产党强化意识形态话语权的多维路径》,《江苏社会科学》2016 年第 5 期。

[31] 陈联俊:《网络空间中马克思主义认同的挑战与应对》,《马克思主义研究》2017 年第 6 期。

[32] 冯茜、黄明理:《中国网络主流意识形态面临的挑战与应对》,《华南师范大学学报(社会科学版)》2017 年第 4 期。

[33] 肖唤元、郑晶晶:《新时代网络舆论生态治理的内在逻辑及实践指向》,《思想教育研究》2020 年第 11 期。

[34] 吴琼:《我国主流意识形态话语困境及提升路径》,《科学社会主义》2017 年第 1 期。

[35] 洪晓楠、王坤平:《新时代意识形态安全治理:总体样态、原则遵循和实践方略》,《探索》2020 年第 6 期。

[36] 蔡勇春:《牢牢掌握意识形态工作领导权》,《求是》2017 年第 22 期。

[37] 赵宬斐、赖乐涵:《网络空间公共话语表达范式转向》,《教学与研究》2020 年第 10 期。

[38] 何玉兴:《话语影响力研究的学术价值和现实意义》,《社会科学论坛》2017 年第 12 期。

[39] 潘忠党:《新闻改革与新闻体制改造》,《新闻与传播研究》1997 年第 3 期。

[40] 赵丽涛:《网络空间治理的伦理秩序建构》,《中国特色社会主义研究》2018 年第 3 期。

[41] 巢乃鹏:《网络政治谣言扰乱主流政治文化》,《人民论坛》2016 年第 19 期。

［42］唐佳海：《网络意识形态危机的科学防范与有效化解》，《思想理论教育导刊》2020年第9期。

［43］刘瑞生、孙萍：《海外社交媒体的内容过滤机制对我国互联网管理的启示》，《世界社会主义研究》2018年第6期。

［44］胡中月：《微信视域下主流意识形态话语权探赜》，《新疆社会科学》2020年第4期。

［45］梁刚：《论网络时代的意识形态领导权问题》，《当代世界与社会主义》2012年第3期。

［46］荆学民：《中国政治传播研究的学术路径与现实维度》，《中国社会科学》2014年第2期。

［47］黄一玲、焦连志等：《网络文化“泛娱乐化”背景下的社会主义核心价值观认同培育》，《湖北社会科学》2016年第11期。

［48］陈雪、王永贵：《新时代社会主义意识形态的功能提升研究》，《河海大学学报（哲学社会科学版）》2020年第3期。

［49］杜骏飞：《网络民族主义表达及文化消费景观——美联航事件、〈人民的名义〉谈话录》，《编辑之友》2017年第7期。

［50］杨国斌：《悲情与戏谑：网络事件中的情感动员》，《传播与社会学刊》2009年第9期。

［51］陈力丹：《关于媒介经济的若干问题》，《新闻界》2005年第3期。

［52］谢新洲、陈春彦：《网络政治谣言消解策略》，《人民论坛》2015年第34期。

［53］蒋建国：《网络媒体的价值冲突与文化反思》，《南京社会科学》2016年第4期。

［54］张峰：《论西方网络文化的特征》，《北京理工大学学报（社会科学版）》2008年第13期。

[55] 常新:《“读图时代”意识形态的镜像——从冷战式思维到技术逻辑看意识形态的存在方式》,《江西社会科学》2015年第8期。

[56] 徐刚、胡铁生:《美国迪斯尼动画影像中的后殖民意识——解析〈风中奇缘〉中的西方话语霸权》,《电影文学》2013年第17期。

[57] 秋石:《巩固党和人民团结奋斗的共同思想基础》,《求是》2013年第20期。

[58] 刘同舫:《在应对当代各种社会思潮的挑战中发挥马克思主义的威力》,《马克思主义研究》2010年第3期。

[59] 朱继东:《党的思想理论建设与意识形态安全》,《马克思主义研究》2016年第2期。

[60] 王贤卿、董扣艳:《网络二次元叙事对提高主流意识形态传播力的启示》,《毛泽东邓小平理论研究》2018年第5期。

[61] 吴涛:《“坚决打赢网络意识形态斗争”——学习习近平相关重要论述》,《党的文献》2021年第6期。

[62] 秦宣:《中国特色学术话语体系构建思路》,《人民论坛·学术前沿》2012年第11期。

[63] 田改伟:《试论我国意识形态安全》,《政治学研究》2005年第1期。

[64] 张爱军、靳娜:《网络非主流意识形态的“差序怨恨”“差序谣言”及其治理》,《甘肃行政学院学报》2018年第5期。

[65] 中央党校中国特色社会主义理论体系研究中心:《坚持以社会主义核心价值体系引领社会管理创新》,《求是》2012年第17期。

[66] 孔德永:《当代我国主流意识形态认同建构的有效途径》,《马克思主义研究》2012年第6期。

[67] 张磊、王建新:《新时代主流意识形态具象化传播的表征、困境

及优化》,《思想教育研究》2021 年第 11 期。

[68] 沈壮海:《坚定文化自信提振文化国力》,《时事报告(党委中心组学习)》2018 年第 1 期。

[69] 沈江平:《文化的意识形态性与意识形态的文化性》,《教学与研究》2018 年第 3 期。

[70] 黄晓波:《论文化自信的生成机制》,《科学社会主义》2012 年第 3 期。

[71] 张果、董慧:《自由的整合、现实的重构——网络空间中的秩序与活力探究》,《自然辩证法研究》2009 年第 11 期。

[72] 陈曙光:《中国话语与话语中国》,《教学与研究》2015 年第 10 期。

[73] 双传学:《把发展优势转化为理论优势和话语优势》,《红旗文稿》2015 年第 4 期。

[74] 喻国明:《把握网络文化生态的复杂性是搞好内容建设的关键》,《汕头大学学报(人文社会科学版)》2016 年第 4 期。

[75] 张彦、马亮亮:《新时代网络空间道德建设的前提、特征与路径》,《思想理论教育》2021 年第 8 期。

[76] 卢新宁:《主流媒体如何巩固主流地位——关于人民日报媒体融合实践的思考》,《新闻战线》2018 年第 13 期。

[77] 范燕宁、赵伟:《中国网络公共领域的两面性及网络秩序的合理构建——兼谈哈贝马斯公共领域理论的当代启示》,《湖南社会科学》2014 年第 6 期。

[78] 蒲清平、范海群等:《基于大数据的网络意识形态安全治理研究》,《学校党建与思想教育》2017 年第 5 期。

[79] 丁柏铨:《论新闻舆论传播力、引导力、影响力、公信力》,《新

闻爱好者》2018 年第 1 期。

[80] 金民卿:《中国特色哲学社会科学话语体系的建构基础与内在张力》,《中共中央党校学报》2018 年第 5 期。

[81] 严松:《网络空间虚拟共同体的在场样态与治理逻辑》,《思想教育研究》2021 年第 7 期。

[82] 马云志、郝相赟:《切实维护网络意识形态安全》,《红旗文稿》2018 年第 21 期。

[83] 贾建芳:《以问题为导向的中国特色社会主义话语体系》,《上海师范大学学报(哲学社会科学版)》2015 年第 5 期。

[84] 胡春阳:《话语整合与马克思主义意识形态主导地位的巩固》,《理论探索》2014 年第 1 期。

[85] 刘俊、胡智锋:《媒介融合时代主流媒体如何提升舆论引导力》,《人民论坛》2019 年第 6 期。

[86] 李超民:《建设网络文化安全综合治理体系》,《晋阳学刊》2019 年第 1 期。

[87] 漆亚林:《"后真相时代"新型主流媒体的价值重构》,《新闻与传播研究》2018 年第 S1 期。

[88] 王雪冬:《警惕文化虚无主义与历史虚无主义的网络勾连》,《红旗文稿》2018 年第 21 期。

[89] 方付建:《网络社会思潮的表现形态与主要特征分析》,《思想教育研究》2018 年第 1 期。

[90] 刘东超:《网络思潮给国家安全带来新挑战》,《红旗文稿》2017 年第 7 期。

[91] 金凤:《主流媒体加强创新 构建网络舆论阵地》,《中国出版》2016 年第 7 期。

[92] 姜胜洪、殷俊:《论主流媒体提高网络舆论引导能力的途径》,《兰州学刊》2015 年第 3 期。

[93] 房正宏:《论网络视域中的马克思主义大众化》,《思想理论教育导刊》2012 年第 9 期。

[94] 白毅:《网络环境下意识形态话语权的争夺与掌控》,《安徽师范大学学报(人文社会科学版)》2016 年第 5 期。

[95] 胡刚:《当代中国马克思主义意识形态话语权的审视与建构》,《社会主义研究》2016 年第 5 期。

[96] 朱效梅、谢萌:《网络意识形态话语权建构研究》,《社会主义核心价值观研究》2016 年第 3 期。

[97] 周耀宏:《新媒体场域下社会主义意识形态话语权的建构》,《理论探讨》2017 年第 2 期。

[98] 杨国华:《网络论坛的"有限公共性"对主流意识形态话语权的冲击》,《大连理工大学学报(社会科学版)》2012 年第 4 期。

[99] 黄丹:《牢牢掌握新媒体时代马克思主义意识形态话语权》,《军队政工理论研究》2012 年第 1 期。

[100] 陈联俊、姚硕:《移动网络空间主流意识形态话语的消解与转换》,《思想教育研究》2019 年第 11 期。

[101] 姚崇、王涛:《网络虚拟空间社会主义意识形态建设的有效性研究》,《兰州大学学报(社会科学版)》2019 年第 4 期。

[102] 罗桢、徐建军:《"受众本位"下把握网络意识形态领域话语权的挑战与策略》,《思想教育研究》2017 年第 6 期。

[103] 文大山:《挑战与回应:新媒体时代的意识形态话语权》,《中国社会科学院研究生院学报》2016 年第 3 期。

[104] 史献芝:《新时代网络意识形态安全治理的现实路径》,《探索》

2018 年第 4 期。

［105］赵欢春：《论网络意识形态话语权的当代挑战》，《河海大学学报（哲学社会科学版）》2017 年第 1 期。

［106］葛亚坤：《网络语境下社会主义意识形态话语权的建构》，《人民论坛》2016 年第 14 期。

［107］李江静、徐洪业：《准确把握互联网意识形态话语权争夺的新形势》，《红旗文稿》2015 年第 22 期。

［108］魏建国：《新媒体时代马克思主义意识形态话语权的建构》，《理论月刊》2014 年第 2 期。

［109］Singh G., 2016: "Mass Media in Xi's China: Markets Versus Control", *Strategic Analysis,* May.

［110］Stockmann D., Luo T., 2017: "Which social media facilitate online public opinion in China?", *Problems of post-communism*, May.

［111］Savigny H., 2002: "Public Opinion, Political Communication and the Internet", *Politics*, Jan.

［112］Metzger M. J., Flanagin A. J., Medders R. B., 2010: "Social and heuristic approaches to credibility evaluation online", *Journal of communication*, Feb.

［113］Berinsky A. J., 2017: "Rumors and health care reform: Experiments in political misinformation", *British Journal of Political Science*, Mar.

［114］Tudoroiu T., 2014: "Social media and revolutionary waves: The case of the Arab spring", *New Political Science*, Mar.

［115］Katz E., 1957: "The two-step flow of communication: An up-to-date report on an hypothesis", *Public opinion quarterly*, Jan.

［116］Moyer M., 2010: "Internet Ideology War", *Scientific American*, Apr.

［117］Mercea D., 2012: “Digital prefigurative participation: The entwinement of online communication and offline participation in protest events”, *New Media & Society*, Jan.

［118］Goldsmith J., 2007: “Who controls the Internet? Illusions of a borderless world”, *Strategic Direction*, Nov.

［119］Hunter A., 2009: “Soft power: China on the global stage”, *Chinese Journal of International Politics*, Mar.

［120］Choi K., Lee C. S., Cadigan R., 2018: “Spreading Propaganda in Cyberspace: Comparing Cyber-Resource Usage of Al Qaeda and ISIS”, *International Journal of Cybersecurity Intelligence & Cybercrime*, Jan.

［121］Jang S. Y., Lim C., 2019: “Authority of Image in Internet Space”, *International journal of advanced smart convergence*, Jan.

［122］Kostka G., 2019: “China’s social credit systems and public opinion: Explaining high levels of approval”, *New Media & Society*, Jul.

［123］Knake R., Segal A., 2018: “How the next US president can contain china in cyberspace”, *Journal of International Affairs*, Jan.

四、报纸文章

［1］《习近平在十八届中央纪委七次全会上发表重要讲话强调　全面贯彻落实党的十八届六中全会精神　增强全面从严治党系统性创造性实效性》,《光明日报》2017年1月7日。

［2］《习近平在全国宣传思想工作会议上强调　举旗帜聚民心育新人兴文化展形象　更好完成新形势下宣传思想工作使命任务》,《光明日报》2018年8月23日。

［3］《习近平在党的新闻舆论工作座谈会上强调　坚持正确方向创新

方法手段　提高新闻舆论传播力引导力》,《人民日报》2016 年 2 月 20 日。

[4]《习近平主持召开中央网络安全和信息化领导小组第一次会议强调　总体布局统筹各方创新发展　努力把我国建设成为网络强国》,《人民日报》2014 年 2 月 28 日。

[5]《依法治理网络乱象，净化网络生态》,《人民日报》2022 年 5 月 10 日。

[6] 李捷:《建设具有强大凝聚力和引领力的社会主义意识形态（深入学习贯彻习近平新时代中国特色社会主义思想）》,《人民日报》2023 年 10 月 25 日。

[7]《习近平致信祝贺中国人民对外广播事业创建 80 周年强调　加强国际传播能力建设　打造具有强大引领力传播力影响力的国际一流新型主流媒体》,《人民日报》2021 年 12 月 4 日。

[8] 徐强、刘欣:《我国正从网络大国向网络强国阔步迈进》,《法治日报》2022 年 8 月 26 日。

[9] 张璐:《加强思政工作筑牢网络意识形态安全防线》,《新华日报》2023 年 11 月 10 日。

[10]《在各种文化交汇融合中进一步壮大主流价值、主流舆论、主流文化》,《人民日报》2024 年 1 月 19 日。

[11]《警惕挑起意识形态对抗的危险行径》,《人民日报》2020 年 12 月 9 日。

[12]《依法加强网络空间治理》,《光明日报》2017 年 4 月 19 日。

[13]《习近平在全国宣传思想工作会议上强调　胸怀大局把握大势着眼大事　努力把宣传思想工作做得更好》,《人民日报》2013 年 8 月 21 日。

[14] 沈壮海:《建设具有自己特色的学术话语体系》,《光明日报》2016 年 7 月 1 日。

[15] 沈壮海:《统筹推进社会主义文化强国建设》,《学习时报》2017年6月21日。

[16] 沈壮海:《文化强国建设的中国逻辑》,《人民日报》2016年9月21日。

[17] 孟威:《把握规律 主动引导 以内容建设涵养网络舆论生态(治理之道)》,《人民日报》2018年9月18日。

[18] 李殿仁:《高度重视网络意识形态安全》,《中国社会科学报》2014年6月13日。

[19] 十一:《推动社会主义文化繁荣兴盛》,《人民日报》2019年8月6日。

[20] 蔡文慧:《构建新型网络空间主流意识形态话语权》,《学习时报》2019年3月29日。

[21] 郑洁:《加强网络意识形态话语权建设》,《中国社会科学报》2019年3月5日。

[22] 张胜:《掌握意识形态话语权须加强马克思主义理论建设及创新》,《光明日报》2016年3月31日。

[23] 虞爱华:《建设具有强大凝聚力和引领力的社会主义意识形态》,《学习时报》2019年1月9日。

[24]《齐抓共管切实维护网络安全》,《光明日报》2017年4月20日。

[25]《敏锐抓住历史机遇 加快建设网络强国》,《光明日报》2018年4月22日。

[26] 高翔:《开创网络宣传管理工作新局面》,《人民日报》2018年9月11日。

[27] 刘光峰:《网络视域下丰富马克思主义大众化宣传》,《社会科学报》2018年5月17日。

［28］郭洪平：《打造权威网络宣传阵地》，《检察日报》2014年11月28日。

［29］陈曙光：《更好用中国理论解读中国实践（新知新觉）》，《人民日报》2019年3月14日。

［30］杨光斌：《有必要弄清“话语权”到底是什么》，《北京日报》2018年9月10日。

［31］赵勇：《增强社会主义意识形态话语权的四个维度》，《人民日报》2016年2月22日。

［32］《网络管理的价值尺度》，《中国教育报》2011年2月14日。

［33］《〈英烈保护法〉亮剑网络“恶搞”》，《人民日报》2018年9月27日。

［34］《让主流媒体成为“全媒体”》，《人民日报》2019年1月30日。

［35］《扩大主流价值影响力版图》，《人民日报》2019年1月29日。

［36］《习近平在全国网络安全和信息化工作会议上强调 敏锐抓住信息化发展历史机遇 自主创新推进网络强国建设》，《光明日报》2018年4月22日。

［37］任贤良：《网络社会同样需要“秩序之美”》，《光明日报》2015年8月20日。

［38］杨军：《互联网已成意识形态交锋的主战场》，《中国社会科学报》2014年4月18日。

［39］汪晓东：《让主流媒体牢牢占领传播制高点》，《人民日报》2019年1月26日。

［40］慎海雄：《在推进融合发展中巩固壮大主流舆论阵地》，《光明日报》2014年8月9日。

［41］毕玉才：《主流媒体就要引导主流舆论》，《光明日报》2012年7

月 13 日。

[42]《推动媒体深度融合，做大做强主流舆论》,《人民日报》2019 年 1 月 26 日。

[43] 何鼎鼎:《融合发展，做大价值增量》,《人民日报》2018 年 9 月 11 日。

[44] 穆森:《守土有责　敢于亮剑》,《光明日报》2016 年 5 月 6 日。

[45] 左玉河:《追根溯源：历史虚无主义的认识论误区》,《光明日报》2014 年 10 月 26 日。

[46] 邓卓明:《在凝聚共识中引领社会思潮》,《人民日报》2014 年 7 月 23 日。

[47] 张贺:《引领社会思潮　凝聚社会共识》,《人民日报》2014 年 1 月 21 日。

[48] 曹建文:《夯实意识形态安全的思想基础》,《人民日报》2016 年 11 月 29 日。

[49]《习近平就人民日报海外版创刊 30 周年作出重要批示　用海外乐于接受方式易于理解语言努力做增信释疑凝心聚力桥梁纽带》,《人民日报》2015 年 5 月 22 日。

[50] 骆郁廷:《提升国家文化话语权》,《人民日报》2012 年 2 月 23 日。

[51]《习近平在中共中央政治局第十二次集体学习时强调　建设社会主义文化强国　着力提高国家文化软实力》,《光明日报》2014 年 1 月 1 日。

[52]《习近平致信祝贺〈求是〉暨〈红旗〉杂志创刊 60 周年强调　不断提高理论宣传水平　更好服务党和国家工作大局》,《人民日报》2018 年 7 月 5 日。

[53]《建设具有强大凝聚力和引领力的社会主义意识形态》,《人民日报》2018 年 8 月 30 日。